Fatema Mernissi
Der politische Harem
Mohammed und die Frauen

Das französische Original:
Le harem politique – Le Prophète et les femmes

Fatema Mernissi

Der politische Harem

Mohammed und die Frauen

Aus dem Französischen von Veronika Kabis-Alamba

Dağye

CIP-Titelaufnahme der Deutschen Bibliothek
Mernissi, Fatema: Der politische Harem: Mohammed und die Frauen
/ Fatema Mernissi.
Aus d. Franz. von Veronika Kabis-Alamba. – 1. Aufl.
– Frankfurt (Main): Dağyeli, 1989
Einheitssacht.: Le harem politique <dt.>
ISBN 3-89329-112-1

1. Auflage, 1989

Merianstraße 27, D-6000 Frankfurt 1, Telefon: 069/438138

Umschlag: Mehmet Özdemir
unter Verwendung einer Miniatur
aus dem Buch »Siyer-i Nebi« im Topkapı-Serail in İstanbul
[redacted]ektorat: Monika Rieth
[redacted]s der Garamond 11/13 Punkt
[redacted]übernahme): LetraSatz, Alsfeld
[redacted]nz Spiegel Buch GmbH, Ulm
[redacted]rinted in Germany
[redacted]SBN 3-89329-112-1

Inhalt

Einführung

»Kann eine Frau die Muslime anführen?«, habe ich meinen Lebensmittelhändler gefragt, der, wie die Mehrzahl der Lebensmittelhändler Marokkos, ein wahres »Barometer« der öffentlichen Meinung ist.

»Allah stehe mir bei«, rief er entrüstet aus, trotz der Freundschaft, die uns verbindet. Starr vor Entsetzen beim bloßen Gedanken an diese Möglichkeit ließ er fast das halbe Dutzend frischer Eier fallen, das ich bei ihm kaufen wollte.

»Gott bewahre uns vor den Unbilden des Wetters«, murmelte ein Kunde, der Oliven gekauft hatte und so tat, als wolle er ausspucken. Mein Lebensmittelhändler ist ein Sauberkeitsfanatiker, und selbst ein lästerlicher Gedanke ist seiner Meinung nach kein Grund, den Boden zu beschmutzen.

Ein zweiter Kunde, den ich flüchtig von einer Begegnung beim Zeitschriftenhändler kannte, ergriff das Wort. Während er langsam über die feuchten Blätter seines Pfefferminzsträußchens strich, antwortete er mit einem Hadith, auf das es keine Einwände gab: »Niemals wird das Volk zu Wohlstand gelangen, das seine Geschäfte einer Frau anvertraut!« *(lam yaflah qawmun wallaw amrahun imra'a)*. Es trat Schweigen ein. Ich hatte das Spiel verloren. In der muslimischen Theokratie ist ein Hadith keine Kleinigkeit. Die Hadithsammlungen sind Dokumente, in denen peinlich genaue Beschreibungen der Taten oder Worte des Propheten festgehalten sind. Diese Sammlungen ergeben zusammen mit dem Koran das Buch der Offenbarungen, das zugleich Rechtsquelle, Referenz und Maßstab ist. In ihm wird das Wahre vom Falschen, das Erlaubte vom Verbotenen unterschieden, um die Ethik und die Werte zu begründen. Leise, ohne ein weiteres Wort zu verlieren, verließ ich das Geschäft. Was hätte ich auch einwenden können, um die Macht dieses so unerbittlichen wie populären politischen Aphorismus' zu erschüttern? Besiegt, fassungslos und wütend zugleich fühlte ich auf einmal die zwingende Notwendigkeit, Material über dieses Hadith zu sammeln und nach Texten zu forschen, in denen es erwähnt wird, um seinen erstaunlichen Einfluß auf die bescheidenen Bürger eines modernen Staates besser zu verstehen.

Ein Blick auf die Statistiken der letzten Wahlen in Marokko bestätigt die »Prophezeiungen« aus dem Lebensmittelgeschäft. Räumt die Verfassung auch den Frauen das Recht ein, zu wählen und gewählt zu werden, genehmigt ihnen die »Realpolitik« jedoch nur das erstere. Bei den Parlamentswahlen von 1977 gaben die sechseinhalb Millionen Wähler, darunter drei Millionen Frauen, den acht Kandidatinnen, die sich zur Wahl stellten, keine Chance. Am Tag der Parlamentseröffnung war keine Frau anwesend. Wie in den Cafés waren die Männer wieder unter sich. Sechs Jahre später, bei den Kommunalwahlen von 1983, faßten 307 Frauen den Mut zur Kandidatur. Fast dreieinhalb Millionen Wählerinnen machten sich auf den Weg zu den Urnen. Nur 36 Frauen gelang es, gegen 65.502 Männer gewählt zu werden![1]

Die Auslegung des Wahlergebnisses – hohe Wahlbeteiligung der Frauen einerseits, niedrige Zahl der gewählten Frauen andererseits – entspricht dem üblichen stereotypen Blickwinkel gegenüber der arabischen Welt. Es wäre daher klüger, das Wahlergebnis als Spiegelung jener intensiven und einschneidenden Konflikte zu betrachten, die zwischen den sich auf die Verfassung berufenden Frauen und den Männern bestehen, die ungeachtet der Gesetzgebung davon ausgehen, daß die Macht notwendigerweise männlich ist. Es ist daher wichtig, diese dunklen Zonen des Widerstands und der tief verwurzelten Denkstrukturen aufzuspüren, damit die symbolische, das heißt explosive Tragweite einer Geste begreifbar wird, die anderswo so banal scheint: die Wahl einer Frau. In diesem Sinne hatte mein Mißgeschick im Krämerladen an der Ecke nicht nur Symbolcharakter. Indem es mir das frauenfeindliche Verhalten meiner Gesprächspartner enthüllte, wurde mir ein gangbarer Weg zum besseren Verständnis dieses Verhaltens gezeigt; ein Weg, der über die allgemein bekannten religiösen Schriften führt, denen niemand wirklich auf den Grund geht, abgesehen von den Mullahs und Imams, die Autoritäten auf diesem Gebiet sind.

Einblick in die religiöse Literatur zu gewinnen, ist kein einfaches Unterfangen. Zunächst verwirrt über die große Anzahl der Bände, versteht man aber zugleich, weshalb der durchschnittliche Muslim niemals soviel darüber wissen kann wie ein Imam. Die berühmte Hadithsammlung Bukharis, der *Sahih* (»Das Authentische«), mit dem obskuren Kommentar eines as-Sindi, der mit seinen Kenntnissen geizte, umfaßt vier Bände.[2] Nun hat aber ein Laie, ist er nicht im Besitz eines guten Kommentars, Schwierigkeiten, einen religiösen Text aus dem 9. Jahrhundert zu lesen (Bukhari starb im Jahre 256 der muslimischen Zeitrechnung, die im Jahre 622 n.Chr. beginnt). Für jeden Hadith mußte die Identität des Schülers des Propheten, unter welchen Umständen und mit welchem Ziel er ihn ausgesprochen hatte, nachweisbar sein. Zudem mußte die Kette der Überlieferer festgestellt werden, die es einander weiterreichten, schließlich existierten mehr gefälschte Hadithe als echte. Für jeden Hadith legte Bukhari die

Ergebnisse seiner Untersuchungen vor. Wenn er von X oder Y sprach, mußte er belegen, um welchen Schüler es sich handelte, von welcher Schlacht die Rede war, damit dem schriftlich niedergelegten Dialog oder der Szene ein Sinn gegeben werden konnte. Außerdem hatte Bukhari nicht nur einen Kommentator, sondern Dutzende, die Dutzende von Bänden füllten. Selbst der geringste Irrtum bei der Auswahl eines Kommentators kann einige Monate Lektüre kosten.

Wie soll nun der Beste ausgewählt werden? Zunächst ist es wichtig, sich mit den angesehensten Experten der *Fikh* (Religionswissenschaft) aus der Umgebung in Verbindung zu setzen: Bittet man einen *Fikh* um Auskunft über die Quellen eines Hadith oder eines Koranverses, so ist er, gemäß seiner Standespflicht und den überlieferten Konventionen, verpflichtet, diese Bitte zu erfüllen. Es ist der Wunsch des Propheten, andere an der Wissenschaft teilnehmen zu lassen. Mehrere Experten empfahlen mir *Fath al-Bari* von 'Asqalani (gestorben im Jahre 852 d.H., 15. Jahrhundert): Sein Werk umfaßt siebzehn Bände, die in den Bibliotheken während der Öffnungszeiten einsehbar sind, was in Anbetracht des Umfanges des Vorhabens und der mehr als beschränkten Lesezeit schnell entmutigen kann.

Der Lehrer aus dem Lebensmittelgeschäft hatte recht: Das Hadith »Niemals wird das Volk zu Wohlstand gelangen, das seine Geschäfte einer Frau anvertraut« fand sich tatsächlich in dem dreizehnten Band der *Sahih* Bukharis, und zwar unter jenen Hadithen, die er nach einem strengen Auswahlverfahren der Prüfungen und Gegenprüfungen als authentisch zurückbehielt. Seit zwölf Jahrhunderten gilt nun Bukharis Werk als das meistgeachtete.[3] Das erwähnte Hadith wird als schlagendes Argument von jenen eingesetzt, die die Frauen von der Politik ausschließen wollen. Auch bei Autoritäten, die für ihre wissenschaftliche Genauigkeit bekannt sind, wie Ahmad ibn Hanbal, Verfasser des *Musnad* und Begründer des hanbalitischen *Madhab*, einer der vier großen Rechtsschulen, die die sunnitische muslimische Welt unter sich aufteilten, ist es zu finden.[4]

Dieses Hadith ist so bedeutend, daß es so gut wie unmöglich ist, sich der Frage der politischen Rechte der Frau anzunähern, ohne darauf Bezug zu nehmen, darüber zu diskutieren und Stellung zu beziehen. Fuad 'abd al-Mun'im zum Beispiel, dessen Doktorarbeit über *Das Prinzip der Gleichheit im Islam* 1976 veröffentlicht wurde[5], rollt in einem Kapitel über das »Prinzip der Gleichheit im Islam und dem Problem der Frau« alle Debatten über dieses Hadith seit dem 9. Jahrhundert wieder auf, ohne sich jedoch auf eine persönliche und zeitgemäße Analyse dieser Problematik einzulassen. Jeglicher Versuch, über die Problematik des politischen Status' nachzudenken, ist aufgrund der Debatte über das allgegenwärtige und so bedeutungsvolle Hadith von vornherein zum Scheitern verurteilt.

Ein in jüngster Zeit veröffentlichtes Buch über *Die Rechte der Frau im Islam* von Mohammed 'Arafa vertritt die Position, daß die Frau in der politischen Geschichte nicht nur rechtlos, sondern schlichtweg inexistent ist. »Zu Beginn des Islams spielte die muslimische Frau im öffentlichen Leben trotz aller Rechte, die ihr der Islam einräumte und die oft denen des Mannes ähnelten, überhaupt keine Rolle. Während der Versammlung im Hause der Bani Saida, bei der die Anhänger des Propheten nach dessen Tod über die Nachfolge beratschlagten, wird eine weibliche Beteiligung so gut wie nicht in Betracht gezogen. Es gibt keinerlei Hinweise für ihre Teilnahme an der Ernennung der drei anderen »rechtgeleiteten« Kalifen. In der Geschichte des Islams finden sich keinerlei Quellen, die auf die Beteiligung von Frauen an der Führung von Staatsgeschäften hinweisen, sei es an der politischen Entscheidungsgewalt oder der strategischen Planung.«[6] Was macht der Verfasser dieses Buches dann mit Aischa, der Frau des Propheten, die eine bewaffnete Opposition gegen den damals regierenden Kalifen anführte? Da er sich auf die ersten Jahrzehnte des Islams bezieht, kann er sie nicht ignorieren, ohne seine Glaubwürdigkeit zu verlieren. Der Prophet starb am 8. Juni, einem Montag, im Jahre 632. Seine Frau Aischa, damals 18 Jahre alt, begab sich mit 42 Jahren auf das Schlachtfeld an der Spitze eines Heeres, das die Legitimität des vierten »rechtgeleiteten« Kalifen, Ali, anzweifelte. Dies geschah in Basra am 4. Dezember 656 (Dschumada II des Jahres 36). Ist der Aufruf der Bevölkerung zum Aufstand und Bürgerkrieg gegen einen Kalifen etwa keine aktive Beteiligung am politischen Leben? Aischa spielte sehr wohl eine entscheidende Rolle im Leben zweier Kalifen. Sie trug dazu bei, daß die Stellung des dritten »rechtgeleiteten« Kalifen, 'Uthman, ins Wanken geriet, als sie ihm bei der Belagerung seines Hauses durch Aufständische die Unterstützung verweigerte. Sie verließ Medina trotz der Proteste zahlreicher Würdenträger aus ihrer Umgebung, als es am Rande des Bürgerkrieges stand, um die Pilgerfahrt nach Mekka anzutreten. Sie hatte Anteil am Sturz Alis, dem vierten Kalifen, als sie die Führung der bewaffneten Gegner übernahm, die seine Rechtmäßigkeit bestritten. Die Historiker nannten diese Konfrontation später »die Kamelschlacht«, nach dem Kamel, das Aischa ritt, um zu vermeiden, daß sich in der Erinnerung der kleinen Musliminnen ein Frauenname mit einer Schlacht verband. Aischas Name läßt sich jedoch nicht aus der Geschichte des Islams ausklammern, unser Autor kann nicht so tun, als kenne er ihn nicht: »Es stimmt wohl, daß Aischa Ali ibn Abu Talib bei der Kamelschlacht bekämpfte (...) Aber auf diese individuelle

Handlung einer Anhängerin (...) kann nicht verwiesen werden (um die Beteiligung der Frauen an den politischen Geschäften zu legitimieren), denn der Weg Allahs und seines Propheten ist deutlich, was diesen Punkt betrifft. Im übrigen darf man nicht vergessen, daß diese einsame Handlung Aischas von den größten Schülern als Irrtum betrachtet und von den anderen Frauen des Propheten verurteilt wurde. Und schließlich bereute Aischa selbst ihre Handlung. Es ist also nicht erlaubt, sich auf die Erfahrung Aischas zu berufen, die als *Bid'a* betrachtet wurde.«[7] Jede *Bid'a* (Neuerung im Islam) gilt als Irrweg, als skandalöse Verletzung der heiligen Traditionen.

Ein anderer zeitgenössischer Historiker, Said al-Afghani, machte das Leben Aischas zehn Jahre lang zum Gegenstand einer Untersuchung. Diese Biographie sollte dem Autor zufolge den Muslim über das Verhältnis der Frau zur Politik, eine seit der Modernisierung vordringlich gewordene Frage, aufklären. Diese Biographie, bei der schon allein der Titel *Aischa und die Politik*[8] keinen Zweifel an der Zielsetzung ließ, erschien zum ersten Mal 1946. Wir verdanken Said al-Afghani die Veröffentlichung zweier anderer größerer Schriften über Aischa, die bis dahin nur in Form von Manuskripten unklarer Herkunft existierten. Die erste ist eine Sammlung von Einwänden und Korrekturen, die Aischa zu Hadithen machte, die ihrer Meinung nach falsch von den Schülern wiedergegeben wurden.[9] Die zweite, ein Sonderband des *Siyar an-Nubalaa* von at-Dehbi, ist eine Lebensbeschreibung Aischas.[10] Mit der Betreuung der Veröffentlichung dieser beiden Dokumente trug al-Afghani als Historiker unbestreitbar zur Erhellung der Persönlichkeit Aischas bei. Seine Schlußfolgerung lautet jedoch, daß der Einstieg der Frauen in die Politik um jeden Preis verhindert werden müsse, denn Frauen und Politik bildeten eine unglückselige Verbindung. Folgerichtig spricht das Beispiel Aischas seiner Meinung nach also gegen die Beteiligung der Frauen an der Ausübung von Macht. Aischa beweise, daß »die Frau nicht dafür geschaffen sei, ihre Nase in die Politik zu stecken *(li tadussa anfaha)*«.[11] Ihm zufolge »wurde das Blut der Muslime vergossen. Tausende von Anhängern des Propheten wurden getötet (...) Gelehrte, Helden der *Futuhat* (Eroberungen), herausragende Anführer ließen ihr Leben (...)«[12], und das aufgrund der Einmischung Aischas in die Politik. Aischa sei nicht nur verantwortlich für das Blutvergießen bei der Kamelschlacht, die die Zweiteilung der muslimischen Welt (in Sunniten und Schiiten) einleitete, sondern für alle in den darauffolgenden Schlachten erlittenen Verluste. »An jenem Tag (dem Tag der Kamelschlacht) wurden nach vorsichtigsten Schätzungen in wenigen Stunden 15 000 Menschen getötet, und es ist besser, wenn Sie nicht wissen, was bei der Schlacht von Nahrain, bei der von Siffin und bei allen anderen Schlachten geschah, als wir unsere Waffen gegen uns selbst richteten (...) Und dies, wenn man bedenkt, daß kurz zuvor Allah die Reihen der Muslime zusammengeführt und ihre Herzen vom Haß gereinigt hatte (...).«[13]

Afghani ist überzeugt, daß, hätte sich Aischa nicht in die öffentlichen Angelegenheiten des muslimischen Staates eingemischt, »die muslimische Geschichte den Weg des Friedens, des Fortschritts und des Wohlstands genommen hätte«.[14] Er glaubt, daß Allah am Beispiel Aischas den Muslimen eine Lehre erteilen wollte: »Man sollte glauben, daß Allah die Frauen zur Fortpflanzung des Geschlechts, zur Erziehung der Generationen und zur Führung der Haushalte schuf. Er wollte uns eine praktische Lehre erteilen, die man nicht vergißt.«[15] »Die Kamelschlacht ist wie ein Leuchtfeuer in der

Geschichte der Muslime«, »sie ist in den Köpfen der Muslime als Warnung gegenwärtig, sobald sich eine Strömung unter ihnen zeigt, die blind die anderen Nationen nachahmt, indem sie politische Rechte für die Frauen fordert«.[16] »Wir müssen uns heute mehr als je zuvor an Aischa erinnern. Die Erinnerung an sie sagt dem Muslim: Seht, wie dieser Versuch in unserer muslimischen Geschichte gescheitert ist! Wir dürfen ihn nicht sinnlos wiederholen, wir dürfen nicht von neuem Blut vergießen und neue Heime zerstören (...) Wie können wir so etwas tun, solange wir das Beispiel Aischas noch so lebhaft vor Augen haben?«[17] Die Aufgabe, der sich Afghani mit dem Schreiben der Biographie – die auch für die Zukunft noch eine Fülle von Lektionen bietet – stellte und der er einen großen Teil seines Lebens widmete, wurde belohnt, denn sein Werk erlebte 1971 in Beirut eine Neuauflage.

In welchen Quellen muslimischer Geschichte konnte Afghani gelesen haben, daß Aischa – jene Frau, die »ihresgleichen weder unter den Frauen noch unter den Männern ihres Jahrhunderts findet«, und dies nach den Aussagen ihrer eigenen Zeitgenossen – eine Mörderin und Rebellin war? Bei welchen Autoren fand er die Information, nach der Aischa für das Blut, das in der muslimischen Welt seit dem 4. Dezember 656 vergossen wird, verantwortlich ist? Und vor allem, in welchen Quellen der Religionsgeschichte entdeckte er jene Argumente, die ihm erlaubten, vom Fall Aischas auf den aller anderen Frauen zu schließen, womit er Millionen von Bürgerinnen ihrer politischen Rechte beraubte? Auf welchen Seiten unserer so umfangreich dokumentierten muslimischen Geschichte fand er als Historiker und Experte die Beweise, die ihn dazu bevollmächtigten, die Frauen vom öffentlichen Leben auszuschließen, sie in die Häuser zurückzudrängen und zu stummen Zuschauerinnen zu machen?

Afghani zog die großen Namen der religiösen Literatur des Islams heran, insbesondere Tabari, der auf dem Gebiet dieser Literatur als kaum anfechtbar gilt: »Dieser Autor, der unter den Historikern einen unvergleichlichen Ruf genießt, ist von unbestrittener Rechtschaffenheit und Ehrlichkeit, auf ihn beziehen sich ergeben alle, die seine Nachfolge als Historiker antraten (...).«[18] Die dreizehn Bände des *Tarikh* von Tabari sind wahrhaftig ein Markstein und ein glanzvolles Gemälde der ersten Schritte des Islams für alle, die sich damit befassen wollen. Der Leser wird jedoch auf Seite 5 darüber aufgeklärt, daß Tabari die Niederschrift seines *Tarikh* (»Geschichte«) nur unternahm, um seinen *Tafsir* (»Kommentar«, Auslegung des Koran), der zu Beginn nicht weniger als 30 000 Seiten umfaßte, zu vervollständigen. Sein Werk über die Geschichte ist nichts anderes als die Zusammenfassung seines *Tafsir*, den er schließlich auf dreißig Bände kürzte. Welch enorme Aufgabe für jeden oder jede, die zu den Quellen zurückkehren möchte! Ich habe also, gerüstet mit jenem unbeugsamen Wunsch nach Wissen, Tabari und die anderen Autoren gelesen, hauptsächlich ibn Hisham, den Verfasser der Sira, der Biographie des Propheten, ibn Saad, den Verfasser der *at-Tabakat al-Kubra* (»Die großen Klassen«), ibn Hajar, den Autor des Biographienverzeichnisses der Schüler, *al-Isaba*, die Hadithsammlungen von Bukhari und Nissai... und dies, um das Geheimnis jener Frauenfeindlichkeit zu verstehen und zu erhellen, dem die muslimischen Frauen im Jahre 1986 ausgesetzt sind.[19] .

Der Prophet des Islams ist eine der Persönlichkeiten unserer Geschichte, über die wir am meisten wissen. Wir besitzen Informationen in Hülle und Fülle über ihn, Einzelheiten über die Art und Weise, wie er seine Expeditionen leitete, aber auch eine Unzahl von Beschreibungen seines Privatlebens, seines Verhaltens gegenüber seinen Frauen, der Streitigkeiten in seinen Ehen, seiner Vorlieben beim Essen, der Dinge, die ihn zum Lachen brachten und solcher, die ihn betrübten, usw... Falsche Aussagen über seine Persönlichkeit zu machen, ist in einem muslimischen Land, wo die Erziehung schon im Vorschulalter beginnt, unmöglich. Ein muslimischer Fachmann kann durchaus behaupten, daß der Prophet Mohammed die Frauen vom öffentlichen Leben ausschloß und sie in die Häuser verbannte, er tut jedoch Mohammed als historischer Persönlichkeit, über die wir unzählige Dokumente besitzen, damit unglaubliche Gewalt an. Hier stellt sich folgende Frage: In welchem Ausmaß kann den Heiligen Schriften Gewalt angetan werden? Das Heilige Buch ist nicht nur stets manipuliert worden, seine Manipulation ist sogar ein strukturelles Charakteristikum der Machtausübung in den muslimischen Gesellschaften. Da die Macht schon ab dem 7. Jahrhundert nur durch die Religion gerechtfertigt wurde, haben die politischen und wirtschaftlichen Interessen zur Erzeugung falscher Hadithe angestiftet. Der falsche Hadith wird als Zeugnis der Legitimation einer bestimmten Haltung eingesetzt, indem vorgegeben wird, der Prophet habe dies oder jenes gesagt oder getan. Je nach Lage der Dinge, je nachdem, was politisch auf dem Spiel stand und welcher Druck ausgeübt wurde, streuten die religiösen Machthaber Hadithe aus, die gewisse Privilegien ihrer Besitzer legitimierten und zwar in einem Ausmaße, daß sich von den ersten Generationen an die Experten gezwungen sahen, eine Wissenschaft des Aufspürens erfundener Hadithe zu entwickeln. Der hanbalitische Imam ibn Qayyim al-Jawziya versuchte einige davon festzuhalten, um an ihnen eine Technik der Entdeckung falscher Hadithe vorzuführen, die auf der Analyse der Inhalte beruht. Eine große Anzahl gehört schlichtweg in den Bereich des Grotesken, nicht nur, was die politische Strategie anbelangt. Der Prophet soll einem unfruchtbaren Mann geraten haben, viele Eier und Zwiebeln zu essen, er soll gesagt haben, daß der Gläubige Süßigkeiten essen solle, daß das Betrachten eines schönen Gesichtes eine Form des Gebets sei usw.[20]. Wir werden am Beispiel Bukharis, einem der Begründer der Wissenschaft des *Isnad* (Überlieferungskette der Hadithe seit dem Propheten) aus dem 9. Jahrhundert sehen, wie die Muslime diese Wissenschaft des Aufspürens falscher Hadithe, die sich bereits der Interviewtechnik und der Feldforschung annäherte (die Anthropologen des ausgehenden 19. Jahrhunderts können vor Neid erblassen), entwickelten. Geht es um das Ummünzen von Privilegien und Interessen in Traditionen des Propheten, bildet die heutige Zeit kaum eine Ausnahme.

Ich wußte, daß diese Reise in die Zeit, zu der ich mich aufmachte, nicht ohne Risiken ablaufen würde. Man reist nicht zu den Quellen, um zu trinken, sondern, wie bei allem, was mit der Erinnerung zu tun hat, wegen der geheimnisvollen Feste. Wie sagte uns bereits Genet, »die Feier eines jeden Mysteriums ist gefährlich, verboten, aber daß sie stattfindet, darin besteht der Triumph«.[21]

Zurückdenken, dahingleiten, besonders in die Vergangenheit, ist heutzutage eine von höchster Stelle überwachte Handlung, insbesondere für die muslimischen Frauen. Der Reisepaß verbürgt nicht immer ein Recht. Erinnern wirkt sich beinahe magisch auf die Gegenwart aus, und zwar durch die unerbittliche Beschwörung ihres Gegensatzes: der Zeit der Toten, der der Abwesenden, der Zeit des Schweigens, die alles ausdrücken kann. Es ist das Verdienst der Erinnerung, mit der schlummernden Vergangenheit die Gegenwart zu beleben. Die Magier wissen das, die Imams auch.

Allein in die Erinnerung reisen, ohne Aufseher und ohne Führer. Den Pfaden folgen, nicht den verbotenen, das wäre kindisch, sondern einfach den erfreulichen, angenehmen, wenig benutzten, noch unerforschten, vielleicht weil die Macht andere Wege gegangen ist. Ist es denn Sünde, sich von der Lektüre treiben zu lassen und in den weiten Landschaften der muslimischen Erinnerung, die auch die meine ist, umherzuschlendern? Bedeutet der Koran nicht laut *Lissan al-Arab* (»Die Sprache der Araber«, das vielgepriesene Wörterbuch), einfach »lesen«? Aber kann man jemals »ganz einfach« einen Text lesen, in dem das Politische und das Heilige sich verbinden, verschmelzen, eins werden, bis sie nicht mehr auseinanderzuhalten sind? Nicht nur die Gegenwart allein wollen Imams und Politiker zur Wahrung des Glücks aller Muslime verwalten, es ist vor allem die Vergangenheit, die streng bewacht und lückenlos für alle, Männer und Frauen, verwaltet wird. Überwacht und verwaltet wird im Grunde die Erinnerung als Geschichte. Der Zugang zur Erinnerung über die Reise in die Geschichte konnte bisher noch keinem verwehrt werden. Sie entkommt wie die Küsse der Jugend den Zensoren, die im übrigen ihren Geschmack nicht kennen. Die Erinnerung als Reise in die Geschichte ist eine Quelle des Genusses, sie spricht die Sprache der Freiheit und der Entfaltung. Sie erzählt uns von einem Propheten und Liebhaber, der mitten in der Wüste seiner Mutter, dem Stamm, und seinem Vater, dem Säbel, eine fremde Sprache predigte. Sie erzählt uns von einem Propheten, der von unsinnigen Dingen sprach: von Gewaltlosigkeit und Gleichheit. Er sprach zu einer vor Stolz unbarmherzigen und vom Bogenschießen besessenen Aristokratie.

Dieses Buch ist kein Geschichtsbuch. Die Geschichte ist immer die Sprache der Gruppen, eine Erzählung zum Vorzeigen, die man unter goldverzierten Hauben aufbewahrt und bei den Zeremonien des Sich-Selbst-Feierns hervorholt. Dieses Buch soll Erzählung und Gedenken in einem sein. Ein Gleiten an Orte, an denen die Erinnerung versagt, die Daten verschwimmen und die Ereignisse sich sanft auflösen wie in den Träumen, die uns Kraft geben.

Dieses Buch ist ein Schiff, das einzig durch die Jahrhunderte segelt, um aus ihnen eine wundersame Kraft zu schöpfen, die Flügel wachsen läßt und es uns erlaubt, zu neuen Gestirnen zu finden, zu der zugleich weit entfernten und nahen Epoche des Beginns der Hidschra, als der Prophet Liebhaber und Anführer sein konnte, der Hierarchien verabscheute, als die Frauen ihren Platz hatten als unbestrittene Partnerinnen einer Revolution, die aus der Moschee eine Stätte der Offenheit machte und aus dem Heim einen Tempel des Widerspruchs.

Lüften wir die Schleier! Die des Schiffes namens »Erinnerung«. Beginnen wir aber mit unseren Zeitgenossen, die die Vergangenheit vertuschen, um uns unsere Gegenwart zu verschleiern.

Erster Teil:
Das Heilige Buch als politische Waffe

I. Der Muslim und die Zeit

Die Muslime leiden am Schmerz der Gegenwart, wie die europäische Jugend der Romantik am Weltschmerz litt. Der einzige Unterschied besteht darin, daß die europäische Jugend der Romantik die Schwierigkeit, in der Gegenwart zu existieren, als Ekel am Leben empfand, wir Muslime sie jedoch als Todessehnsucht, als Wunsch, abwesend, anderswo zu sein, empfinden. Die Flucht in die Vergangenheit ist eine Form der Abwesenheit, eine selbstmörderische Abwesenheit.

Der Erfolg marokkanischer Denker wie Mohammed Jaberi und Abdelkbir Khatibi liegt u.a. sicherlich darin, daß sie die Litanei beendet haben, in die die Intellektuellen der arabischen Welt seit der Niederlage von 1967 geflüchtet sind. Erst eine solche Haltung ermöglicht es uns, von der Zeit der Verletzungen zu sprechen. Nicht der gelähmte Blick auf die militärische Überlegenheit des feindlichen Westens als Rechtfertigung für die Flucht in die Vergangenheit hilft uns weiter, sondern das reflektierende Nachdenken, das nach einem geeigneten Rahmen zur Selbstentfaltung sucht. »Die Erinnerung ist nicht statisch«, erklärt Khatibi, »sie akkumuliert jene Fortschritte der Zivilisation, mit denen sie sich auseinandersetzen muß. Indem sie neu Gedachtes und neue Methoden aufspürt, lehrt sie den besseren Umgang mit Raum, Zeit und Lebenskraft. Das beste, demütigste und wirksamste Vorgehen ist das Lernen.«[1] Aber einer erniedrigten arabischen Welt zur Demut zu raten, zumal die Politiker auf die großartigen Träume und den Glanz vergangener Mythen setzen, heißt, die Dinge durcheinanderbringen. Auf die Diskrepanz zwischen den *Khotba* (den besonders emphatischen Predigten) der Machthaber und den pragmatischen Analysen derjenigen Intellektuellen, die lieber sprechen, als den Wahnideen der Mächtigen Resonanz zu geben, sei hingewiesen. M. Jaberi macht sich nicht gerade beliebt mit der Feststellung, daß diejenigen, die in den alten Schriften nach der Größe vergangener Zeiten suchen, ganz einfach halluzinieren.

Ihm zufolge wendet sich der arabische Leser der Vergangenheit zu, um aus ihr die Kraft zu schöpfen, die ihm die Gegenwart verweigert: »In ihr liest er seine Hoffnungen, seine Wünsche. Er möchte,« erklärt Jaberi in seinem Buch »Wir und unser Erbe« (*Nahnu wa-t-thurat*), »in ihr die Wissenschaft, die Rationalität, den Fortschritt usw. finden, d.h. alles, was in der Gegenwart nur schwer zu bewältigen ist. Er wendet sich der Vergangenheit zu, sei es auf der Ebene des Realen oder des Traumes, in allem, was ihm die Gegenwart vorenthält.«[2] Mit treffender Gewandtheit zeigt er in seinen jüngsten Essays über die »Herausbildung der arabischen Vernunft« (*Taqwin al-'Aql al-'Arabi*), daß das wichtigste Erbe, das die Vorfahren uns hinterlassen haben, ein umfassendes und wirksames System der Kontrolle ist, in dem Politik und Religion so eng zusammenarbeiten, daß schließlich *al-'Aql* (die Vernunft) mit dieser Kontrolle selbst verwechselt wird.[3] Jaberi bringt Licht in eines der Geheimnisse der heutigen muslimischen Welt: den unglaublichen Einfluß des Religiösen und der Imams auf die Entwicklung von Denkprozessen. In der Tat muß man sich fragen, weshalb nicht die Wissenschaftler die Priorität besitzen und von den Politikern als Referenz betrachtet werden, da unser wichtigstes Problem die Beherrschung der Technologie ist, die wir bis heute vollkommen passiv konsumieren, als wäre dies eine unabänderliche Notwendigkeit. Beide Teile von Jaberis Ausführungen bieten vielfältige historische Belege. Sie weisen nach, daß sich die Politiker im Islam sehr schnell darüber bewußt geworden sind, daß sie die Gegenwart nur dann fest im Griff haben, wenn sie das Alte, das Vergangene zum heiligen Vorbild erklären. Mit dem berühmten *asr at-tadwin* (der Epoche der schriftlichen Fixierung) setzt seiner Auffassung nach auch die Institutionalisierung der Kontrolle ein. Ihm zufolge beginnt sie im Jahr 134 d.H. (8. Jahrhundert), als die gelehrten Muslime »auf das ausdrückliche Geheiß und unter der Aufsicht des Abbasidenstaates«[4] anfingen, den Hadith (Worte und Taten des Propheten), das Fikh (Religionswissenschaft) und den Tafsir (Auslegung des Koran) zusammenzutragen. Das geschah unter der Herrschaft des Abbasiden-Kalifen Mansur, der vom Jahre 136 bis 158 d.H. regierte. In Jaberis Werk erscheint der Muslim von heute in einem außergewöhnlichen Licht. Die Vorliebe der modernen Politiker für die Vorfahren der arabischen Tradition, deren Verehrung mit der Institutionalisierung des Autoritarismus einherging, wird besonders verdächtig, wenn es mehr denn je gilt, die Verwendung unserer vorhandenen Energien genauestens zu achten. Woher kommt dieser Wunsch, uns zur Vergangenheit hin zu orientieren, in einer Zeit, in der es mehr denn je darauf ankommt, für die Zukunft zu kämpfen? Die Gesellschaften, die uns in unserer Identität bedrohen, haben sich ganz und gar der Zukunft verschrieben und machen aus ihr eine Wissenschaft, was sage ich, eine Waffe der Beherrschung und Kontrolle.

Serge Moscovici sieht in dem Zugriff auf die Zeit den Kern dessen, was die planetarische Zivilisation aus dem Okzident bis heute gemacht hat. Eine Zivilisation, gegen die Widerstand zwecklos ist und die durch Homogenisierung alle anderen auslöscht: »Betrachtet man die Ereignisse seit einem Jahrhundert, so zeigt sich, daß die abendländische Zivilisation wahrhaftig die erste Zivilisation der Zeit ist. Das heißt, die erste Zivilisation, in der die Zeit eine entscheidende Rolle spielt, in der sie das Maß der Dinge ist. Wir messen alles in Zeiteinheiten: die Arbeit, die Entfernung, die Geschichte..., wir verzeitlichen alles (...) Wir verzeitlichen die Dinge, die eigentlich zum Raum gehören sollten: die Geschwindigkeit z.B. als größte Besessenheit unserer Zivilisation. Auf diese Weise wird der Raum verzeitlicht (...).«[5] Die postindustrielle abendländische Gesellschaft zwingt die anderen Kulturen, sich ihrem Rhythmus anzupassen. Über den Rhythmus der Zeit, der die Verhaltensweisen über alle Orte und Kulturen hinweg normiert, beweist der Westen seine heutige Überlegenheit. Vergangen ist die Zeit der Kolonialarmee und ihrer Paradeaufführungen vor dem Sitz des Generalgouverneurs. All das gehört der Vergangenheit an. Heutzutage schleicht sich die Herrschaft durch die vertraute Gegenwart der Uhr ein. Das oftmals aufdringliche Geräusch der Quarzuhren, das zu jeder vollen Stunde die Unterhaltung zweier Araber an den milden Abenden von Tripoli oder Riad unterbricht, führt in seiner Absurdität die Allgegenwärtigkeit der neuen Form der Besetzung anschaulich vor Augen. Mit dieser Verzeitlichung, die zugleich eine Entwertung der Geopolitik bedeutet, wird die Beherrschung des Raumes, die Grundlage und Essenz der politischen und wirtschaftlichen Macht einer Nation war, von der Beherrschung der Zeit ersetzt. Nicht der Besitz von Erdöl macht den Reichtum eines Landes aus, sondern die Beherrschung des Tempos über die Marktmechanismen bestimmt seine Marktposition.

Die Geopolitik als Wissenschaft zielte auf die Verteidigung des Greifbaren hin, das Land, die Grenzen und die verfügbaren Reichtümer. Heute wird sie von den Gesetzen der »Chronopolitik« abgelöst, einem Phänomen der Zeit, über das Macht im Wettlauf um die Beherrschung des Fließenden gewonnen wird: die Flut der Zeichen, der Kreislauf von Informationen und Liquidität. Die multinationalen Konzerne sind die Verkörperung dieser neuen Form der Beherrschung, in der die Akteure des politischen Spiels nicht mehr vom Räumlichen dirigiert werden. Die Landesgrenzen sind überflüssig, ja lächerlich geworden. Macht und Herrschaft benutzen eine andere Sprache: »Sie definieren sich als Investitionsvorhaben. Selbst »Investition« ist ein zeitlicher Begriff, dem Zyklus von Produktion und Austausch unterworfen.«[6] Der neue Imperialismus, der uns, die wir nicht zum Abendland gehören, beherrscht, äußert sich nicht mehr in der Besetzung unserer Länder. Er ist nicht einmal wirtschaftlicher Art, er zeigt sich viel subtiler: er ist eine Art zu zählen, zu rechnen, zu schätzen. Schluß mit den lieben alten nationalistischen Liedern, die den »Feind rausgeworfen« haben. Der Feind steckt in unserem kleinen Taschenrechner. Er ist in unserem Kopf, er ist unsere Art zu zählen, zu konsumieren, zu kaufen, zu rechnen. Der multinationale Konzern zwingt uns, nach seinen Vorbildern zu diagnostizieren, zu prognostizieren, zu programmieren. Das Vokabular, das wir für unseren Staatshaushalt benutzen, ist sein Vokabular: Investition, Amortisierung, Schulden... Amerika hat es nicht nötig, die muslimischen Länder zu besetzen, um sie vor sich kriechen zu lassen.

Über dem neuen Vietnam liegt die Irrealität der Verschuldung, und fern am Telefon piepen die Stimmen der Weltbank und des Internationalen Währungsfonds. Der Westen, »süchtig nach dem Werden«, drängt seine Gegenwart in die Zukunft und zwingt uns alle zu der Gewißheit, daß wir uns, wollen wir seine Herausforderung annehmen, auf dem Feld schlagen müssen, das er auserwählt hat: die Gegenwart.

Eine zielgerichtete Zeit, das ist die Herausforderung unseres Jahrhunderts. Eine Zeit, die in die falsche Richtung weist, die Richtung, die uns ängstigt: die Zukunft. Eine Zeit, die nach vorn drängt, die eins wird mit Raumfähren und dem Aufbruch zum Weltraum. Eine Gegenwart, die sich kaum von der Zukunft unterscheidet. Wie reagieren wir auf diese Beschleunigung der Zeit, auf dieses Drängen der Gegenwart in die Zukunft?

Indem wir uns, verletzt, gekränkt und erniedrigt, zu den Ursprüngen zurückgleiten lassen, zu einer Vergangenheit, die uns einschläfert, in der wir beschützt waren, in der wir den Aufgang und den Untergang der Sonne beherrschten. Wir gleiten wie Seiltänzer auf dem straff gespannten Seil der falschen Zeit dahin. Der Zeit, die in die falsche Richtung weist, in die Richtung der Toten. Der Zeit, die uns nicht losläßt, die uns zum Fest der Vorfahren zurückführt, zum Begräbnis unserer Trauer tragenden Gegenwart. Laden wir sie von Zeit zu Zeit ein, können die Vorfahren bereichernd für uns sein; setzen sie sich aber fest, verdunkeln sie die Morgenröte und die Sonne, verwandeln sie unsere Träume in Delirien.

Die Muslime sind nicht die einzigen, die vom Verlust der Erinnerung gepeinigt werden. Auch das Abendland leidet darunter: »Zweifellos haben die Franzosen seit dem zehnjährigen Verharren in der Krise begonnen, wohlgefällig und liebevoll nach der angeblichen Harmonie von einst zu schielen. Alles wird zum Vorwand genommen. Freizeit und Hobby, von der Postkarte von anno dazumal bis zu den Klamotten der Großmutter, von der Hobby-Ahnenforschung bis zum Urlaub auf dem Lande: Überall wird Nostalgie großgeschrieben.«[7] Davon zeugt auch die Anekdote des Marschall McLuhan, des Medienspezialisten, über den Herrn, der sich nicht mehr daran erinnert, wer er ist:

»Who are you?«

»I, I hardly know, Sir, just at present, at least I know who I was when I got up this morning, but I think I must have been changed several times since then.«[8]

Der Unterschied zwischen dem Abendland und uns besteht nicht so sehr in der Sensibilität gegenüber der Veränderung als vielmehr gegenüber der Zeit, der Angst vor der zielgerichteten Zeit, die uns in den Tod zieht. Sicher wartet in der Zukunft der Tod auf uns alle. Ist unsere Rolle jedoch nicht, die Vorzeichen zu ändern, den Tod hintanzustellen, ihn den Vorfahren zu überlassen und mit großen Schritten der Zukunft entgegenzugehen, in der die Schöpfung möglich ist, in der die Neuerschaffung der Welt ein Leben rechtfertigen kann? Dem modernen Abendland ist es gelungen, die Faszination des Todes in eine Faszination der Zukunft umzuwandeln und damit schöpferische Energien freizusetzen. Doch die modernen Muslime, die sich von dem Charme einer undefinierbaren unterschwelligen Macht verführen lassen, sterben lieber, bevor sie überhaupt leben, und sei es nur für ein paar Jahrzehnte. Der Unterschied zwischen dem Abendland und uns liegt in der Art, wie wir Tod und Vergangenheit erleben. Die Abendländer machen daraus eine Nachspeise, wir hingegen versuchen, daraus eine Hauptmahlzeit zu machen. Die Abendländer erleben die Vergangenheit als Hobby, als Zeitvertreib, um sich vom Streß der Gegenwart zu erholen. Wir versuchen beharrlich, sie als Beruf, Berufung und Horizont zu sehen. Indem wir ständig die Ahnen beschwören, erleben wir die Gegenwart als wenig erbauliches Zwischenspiel; bestenfalls als ärgerliche Störung.

Jaberi erklärt uns geschickt und einfühlsam, daß uns unsere krankhafte Suche nach der Vergangenheit daran hindert, in ihr zu lesen. Er sagt, daß wir nicht in der Lage sind, in der Vergangenheit, die wir wie eine magische Litanei besingen, zu lesen, weil wir zu sehr damit beschäftigt sind, sie mit unseren heutigen Problemen zuzuschütten. »Der heutige arabische Leser leidet darunter, daß er sich der Gegenwart nicht stellen will. Die Gegenwart entgleitet uns. Um uns unserer Existenz sicher zu sein und unserer zahlreichen Probleme Herr zu werden, suchen wir Zuflucht in irrationalen Lösungen.«[9]

Das Eintauchen in die Vergangenheit ist ein solches irrationales Verhalten. Trotz unserer großen Diskurse über die Tradition, das Erbe, die Geschichte der alten Zeiten sind wir unfähig, sie zu entschlüsseln. Um die alten Schriften zu lesen, sagt Jaberi, muß man fest in der Gegenwart verwurzelt sein. Es bedarf einer gewissen Distanz, um einen Text zu entschlüsseln und ihm einen Sinn zu geben.

Der Leser muß seine eigene Zeit, die Gegenwart, klar von der Epoche des Textes trennen, sonst »projizieren wir unsere Probleme in die alten Schriften, und diese Projektion hindert uns an der Lektüre.«[10]

Es ist an der Zeit zu definieren, was ich unter »wir Muslime« verstehe. Das »Wir« bezieht sich nicht auf den Islam als einer individuellen Wahl, einer persönlichen Entscheidung. Ich definiere die Tatsache, Muslim zu sein, als Zugehörigkeit zu einem theokratischen Staat. Was der einzelne denkt, spielt in dieser Definition eine zweitrangige Rolle. Marxistisch, maoistisch oder atheistisch zu denken, ändert kaum etwas daran, daß der einzelne den nationalen Gesetzen des theokratischen Staates Folge leisten muß sowie seiner Gerichtsbarkeit unterworfen ist, die bestimmt, was ein Verbrechen ist und die für die Gefängnisse verantwortlich ist. Muslim sein ist ein zivilrechtlicher Personenstand, ein Ausweis, ein Reisepaß, ein Familienrecht, das sind genau umrissene Grundrechte. Die Konfusion zwischen dem Islam als persönlichem Glauben einerseits und dem Islam als Gesetz und Staatsreligion andererseits hatte – so glaube ich – großen Anteil am Scheitern der marxistisch orientierten und überhaupt der linken Bewegungen innerhalb der islamischen Länder.

Betrachtet man diejenigen, die aus den Schriften des siebten Jahrhunderts die Notwendigkeit herauslesen, der Hälfte der muslimischen Bevölkerung – den Frauen – die Wahrnehmung ihrer politischen Rechte vorzuenthalten, so versteht man, weshalb ihrer Meinung nach das Problem der Zeit an das Problem der Demokratie, der Ausübung der Grundrechte durch alle Bürger, egal, welchen Geschlechts, geknüpft ist; wie sich »das Leiden an der Gegenwart« einerseits und die Verweigerung von Demokratie andererseits mit dem Geschlechtlichen verbindet; wie drei normalerweise als voneinander unabhängig betrachtete Begriffe, das Verhältnis zur Zeit, das Verhältnis zur Macht und das Verhältnis zum Weiblichen, in die Diskussion über Identität eingebracht werden; wie vor allem die Identitätskrise, unter der beide Geschlechter als Bürger einer kulturell besetzten Zone leiden, von den vergangenheitsbesessenen Autoren als ein männliches Problem dargestellt wird. Vielleicht wird nun verständlich, weshalb Afghani und die anderen Gelehrten zur Wahrung der muslimischen Identität Bücher über die Notwendigkeit des

Ausschlusses von Frauen aus dem politischen Leben verfaßt haben.

Nach der Vereinnahmung durch den Kolonialismus fanden sich die muslimischen Staaten in gewisser Weise feminisiert, verschleiert und inexistent wieder. Nach der Unabhängigkeit mußte der Staat seine Wiedergeburt gebührend feiern. Der muslimische Staat, einen Moment lang vom Tode und Verlust seiner Macht bedroht, wurde durch die Kolonisatoren gezwungen, sich neu zu definieren, dabei mußte er zwangsläufig auch seine Bürger neu definieren. Diese Neudefinition vollzog sich jedoch im Fluß der Zeit, in dem nie zweimal gebadet wird. Die Ära des totalitären Staates, der auf dem Prinzip und der Grundlage der Unterdrückung durch den Despoten basiert, war überholt. In ihrem Streben, von den Kolonialherren, die sie entmachtet hatten, anerkannt zu werden, drängten die neugeborenen muslimischen Staaten ins Weltgeschehen. Voller Enthusiasmus strömten sie in die Hallen der Vereinten Nationen, um die Allgemeine Erklärung der Menschenrechte zu unterzeichnen und die Achtung der Grundrechte als Prinzip und geistige Grundlage der Verfassungen zu fordern. Indem sie sich vor ihren alten Kolonialherren neu definierten, waren sie gezwungen, allen Staatsangehörigen, Männern wie Frauen, die neue Staatsbürgerschaft zu verleihen. So aber hob der muslimische Staat selbst, um seine Neuentstehung bemüht, die Hierarchie der Geschlechter auf und zerstörte die der männlichen Identität zugrundeliegende Werteskala. Nach der Unabhängigkeit gab es bei den Muslimen keine Männer mehr, sondern nur noch geschlechtslose Bürger, zumindest was das Verhältnis zum Staat und seinen Gesetzen anbelangte.

Die Metamorphose der muslimischen Frau vom verschleierten, versteckten, an den Rand gedrängten, zur Untätigkeit verdammten Objekt bis zu einem in der Verfassung festgeschriebenen Rechtssubjekt hat die Unterschiede ausgelöscht, die Identität als Hierarchie definierten und den Bereich des Politischen und des Sexuellen bestimmten. Unsere traditionelle Identität hat das von ihr verabscheute Individuum kaum anerkannt, weil es die Harmonie der Gemeinschaft störte. Im Islam kommt der Begriff des »reinen Individuums« im philosophischen Sinne nicht vor.[11] Die traditionelle Gesellschaft brachte Muslime hervor, die im wahrsten Sinne des Wortes dem Willen der Gemeinschaft »unterworfen« waren. In einem solchen System wird jeder Versuch von Individualität im Keim erstickt, jede Privatinitiative ist *Bid'a*, Erneuerung, und somit notwendigerweise ein Irrtum. Die traditionelle Gesellschaft versuchte, die Entwicklung der Persönlichkeit in einem Stadium aufzuhalten, in dem die Autorität des Oberhauptes noch nicht bedroht war, einem Stadium, in dem sich das Individuum noch im Entwurf befand und nicht zur Autonomie (die mit Rebellion gleichgesetzt wurde) gelangen konnte. Umlil illustriert dies anhand der Debatten, die in Ägypten zwischen den politischen Parteien und dem neuen Staat geführt werden, und erhellt damit geschickt jene fundamentalen Konzepte für die moderne Demokratie wie *iradat achcha'b* (Wille des Volkes) oder *as-sulta at-tachri'ia* (gesetzgebende Gewalt). Die integristischen Bewegungen hätten von Anfang an und zu Recht bestritten, daß das Volk der Ursprung der politischen Entscheidung und der gesetzgebenden Gewalt sein soll, denn Allah allein sei eine solche Entscheidung vorbehalten. Sein Wille ist Gesetz, und er hat ihn ein für allemal offenbart.[12] Woraus wir schließen: Nicht die Integristen sind in der heutigen Zeit fehl am Platze, sondern die muslimische Linke, die glaubt, sie könne existieren, ohne die fundamentale Frage nach dem Laizismus zu stellen, also der Übergabe der Macht vom Heiligen zum Menschlichen, der

Metamorphose vom transzendenten Göttlichen zum banalen Individuum in seiner Alltäglichkeit. Die Flut der Schriften über die politischen Rechte der Frauen besitzt in dieser großen Debatte eine Schlüsselposition, die es ermöglicht, das Kind beim Namen zu nennen, ohne ins Feld zu führen, was eigentlich gespielt wird. Die Frauenfrage erlaubt es, die kosmischen Metamorphosen der Macht anzusprechen, ohne sie direkt zu benennen. So nimmt sie, als Symbol des Ausgeschlossenseins, des Versteckens und Verschleierns, einen zentralen Platz in den politischen Debatten ein.

Die Inthronisierung der Frau, die das Prinzip der Ungleichheit verkörperte, das konstitutive Element der Hierarchie, das *Alif*, die Vorstufe des Wesens, das nur in einem Untergebenenverhältnis zur Autorität existierte, hat die Muslime gezwungen, sich in wenigen Jahrzehnten einer Sache zu stellen, für deren Verarbeitung das Abendland Jahrhunderte gebraucht hat und die auch heute noch mit Schwierigkeiten besetzt ist: Demokratie und Gleichheit der Geschlechter, d.h. Infragestellung der gesellschaftlichen, politischen und geschlechtlichen Ungleichheiten. Kein Wunder, daß sie sich schwer damit tun.

Man stelle sich die Wirkung eines so harmlosen Satzes vor wie »Alle Menschen sind frei und gleich an Würde und Rechten geboren« (Artikel 1 der Allgemeinen Erklärung der Menschenrechte) in Gesellschaften, in denen die Ungleichheit der Geschlechter die politische Ungleichheit hervorbrachte, garantierte, vorbereitete und als Grundlage des kulturellen Seins, als Identität bestätigte! Vor allem, wenn man diesen Satz z.B. vergleicht mit dem Artikel 1 des marokkanischen Personenstandsgesetzes: »Die Heirat ist ein rechtskräftiger Vertrag, durch den ein Mann und eine Frau sich zusammenschließen zum Zwecke eines gemeinsamen und dauerhaften Ehelebens (...), das zum Ziel das Leben in Treue und Reinheit und den Wunsch der Zeugung von Nachkommenschaft durch die Befruchtung hat, auf festen Grundlagen und *unter der Führung des Mannes (...)*« (Code du Statut personnel von 1957). Die Frage nach der Gleichheit der Geschlechter sowie die Debatten, die diese mit dem Erscheinen des Buches von Qacem Amin, *La Libération de la femme* (Befreiung der Frau) ausgelöst hat, müssen als tragischer Aufschrei von Individuen verstanden werden, deren Position sowohl durch die Verleihung der Staatsbürgerschaft, die alle Hierarchien ausradierte, ins Wanken geraten ist als auch durch die technologische Entwicklung, die dabei ist, die nationalen Grenzen aufzuheben. Der Zugang der Frauen als Staatsbürgerinnen zu Bildung und Gehalt kann als eine der grundlegendsten Umwälzungen betrachtet werden, die unsere Gesellschaften im 20. Jahrhundert erlebt haben. Indem sie die bislang als Domäne und Privileg der Männer betrachteten Orte betrat, nämlich Schule und Arbeitsplatz, hat die Frau im privaten wie im öffentlichen Leben alles in Frage gestellt.

Die Rückwendung zur Vergangenheit und Tradition, die von den Männern gefordert wird, ist ein Mittel, die Dinge wieder in ihre alte »Ordnung« zu bringen. Eine Ordnung, die nicht mehr allen paßt, vor allem nicht den Frauen, die sie niemals akzeptiert haben. Durch die »Rückkehr« zum Schleier sollen die Frauen, die »ihren« Platz verlassen haben (wobei sich *»ihren«* auf den Platz bezieht, der ihnen zugewiesen wurde), aufgefordert werden, das neu eroberte Terrain zu verlassen. Und der Platz, auf den man sie von neuem drängen will, ist offensichtlich ein untergeordneter Platz am Rande, angeblich in Anlehnung an den reinen Islam des Propheten Mohammed, der im Jahre 610 im Gegenteil eine solch revolutionäre Sprache predigte, daß die Aristokratie ihn ins Exil zwang.

Eine Reise in die Vergangenheit ist also unumgänglich, nicht weil die Pilgerfahrt nach Mekka eine Pflicht ist, sondern weil ihre Analyse weg von Mythos oder Zuflucht führen soll.

II. Der Prophet und die Hadithe

Wie konnte ein ethnozentrischer Araber, der keine einzige fremde Sprache beherrschte und sehr wenig gereist war (einige Erkundungsreisen in den Norden, nach Syrien, in seiner Jugend), die Welt durch eine Botschaft (den Koran) aus den Angeln heben, die damals wie heute dem Leben von Menschen aus den unterschiedlichsten Kulturkreisen Sinn gibt? Von China (etwa 20 Millionen Gläubige, hauptsächlich in den Provinzen Kansu und Yunnan) bis Senegal, über Rußland (Wolgabecken, Sibirien, Kasachstan, Usbekistan, Turkmenistan, Kirgisistan, Krim) und Indien (Industal, Ebenen des Ganges, Bengalen, Dekkan)? Hat die Feststellung, daß das Leben dieses Mannes, privat wie öffentlich, erfolgreich war, mehr als nur anekdotischen Charakter?

Der Islam ist die Geschichte eines glücklichen Mannes, der in seiner Jugend von einer anderen Welt träumte und alle seine Träume in reifen Jahren und im Alter voller Lebenskraft verwirklichte, der Erfolg hatte bei den Frauen und militärische Triumphe errang, wobei er seine größten Widersacher in die Knie zwang. Als uns Lalla Fquiha (unsere Lehrerin in der Koranschule) zum ersten Mal von Christus und dem Christentum erzählte, murmelte sie am Ende ihres Vortrags: »Ein recht trauriges Leben, das des *Massih* (Messias), ja, recht traurig, er hat alles verloren, selbst das Leben, im Gegensatz zu unserem Propheten, der bis zum endgültigen Triumph weitergekämpft hat.«

Mohammed wurde in Mekka um das Jahr 570 geboren. Die Stadt Mekka, die als blühendes Handelszentrum zwar recht bedeutend war, wußte sehr wohl, wie es in Wirklichkeit um ihre Macht stand. Verglichen mit den Römern und Persern, den zwei Riesen, die die Gegend beherrschten, machten die Araber den Eindruck eines rückständigen Volkes, das, war das Land gerade nicht besetzt, entweder zum Vasallen erniedrigt oder einfach in der Wüste vergessen wurde, falls seine Stämme den Interessen der Großen nicht zu sehr im Weg standen: Byzantiner (das Römische Reich) und Sassaniden (das Persische Reich), unablässig um die Kontrolle der internationalen Großhandelsstraßen Krieg führend, die unter anderem durch Arabien verliefen, hatten sich unter den großen arabischen Stämmen Vasallenstaaten geschaffen, die ihre Interessen verteidigten und sich bemühten, ihren Einfluß und ihre Religionen zu verbreiten. Diese Königreiche zögerten nicht, sich zu bekriegen und sich nötigenfalls gegenseitig zu zerfleischen, wenn ihre fremden Herren es verlangten. So führte im Jahre 580 (Mohammed war zehn Jahre alt) das Arabische Reich der Ghaznawiden, Vasall des Römischen Reiches, Krieg gegen das Arabische Reich der Lakhmiden, Vasall der Perser, und legte deren Hauptstadt Hira in der irakischen Wüste in Schutt und Asche.

48 Jahre später, 628, im Alter von sechzig Jahren, versprach Mohammed, der den Islam seit nunmehr zwanzig Jahren

predigte, den Arabern, die zu seiner Religion konvertierten, die Eroberung des Römischen und Persischen Reiches und sandte deren Herrschern zwei Briefe: einen an Heraklius, den Byzantinischen Kaiser, den anderen an den Persischen Kaiser mit der Aufforderung, zum Islam überzutreten. Der Persische Kaiser, der eine große Verachtung gegenüber den arabischen Stämmen bewiesen hatte, war darüber so empört, daß er an seinen Gouverneur im Jemen, den arabischen Quellen zufolge, jene Worte schrieb: »Dieser Araber, der aus dem *Hidschas* aufgetaucht ist, hat uns einen ungebührenden Brief gesandt. Schicke zwei intelligente Männer aus, um ihn mir in Ketten vorzuführen, damit ich überlegen kann, wie mit ihm zu verfahren ist. Wenn er sich weigert, auf meinen Befehl, den ich ihm überbringen lassen werde, zu kommen, dann suche ihn mit einer Armee und schicke mir seinen Kopf.«[1] Sechzehn Jahre später wurde der Iran erobert und für immer islamisiert.

Über seine geistige Dimension hinaus bedeutete der Islam für ein an den Rand gedrängtes, geteiltes und geknechtetes Volk, das seine Energien in inneren Kriegen erschöpfte, vor allem ein Versprechen von Macht, Einheit und Sieg. Der ideale Islam, den die Integristen heutzutage als Lösung für die wirtschaftlichen Probleme und die militärischen Niederlagen fordern, beruft sich auf den nahezu unglaublichen Lebensweg jenes jungen Mannes aus Mekka, der mit vierzig Jahren seine Berufung zum Propheten erkannte und vor seinem Tod, in zweiundzwanzig Jahren der Verkündigung, unterbrochen von militärischen Feldzügen, die Träume verwirklichte, die seinen Zeitgenossen unerreichbar schienen: die Einheit der Araber durch einen Glauben (und nicht durch die Zugehörigkeit zu ein und demselben Vorfahren, die Grundlage für das Stammessystem ist) und ihr Heraustreten in das Weltgeschehen als eine Weltmacht. Die Religion des Propheten aus Mek ka war dabei gar nicht kompliziert. Die fünf Pflichten, die Grundpfeiler seiner Religion, die die Gläubigen erfüllen mußten (und immer noch müssen), drehten sich um ein und dieselbe Idee: den Tagesablauf des einzelnen einer strengen Disziplin zu unterwerfen, denn der Islam war zunächst eine sehr irdische Religion, die in den banalsten Handlungen des Lebens, dem Waschen, dem Essen usw. verwurzelt war, es dem Gläubigen aber zugleich erlaubte, seinen Platz im Kosmos zu finden. Die *Shahada* ist die erste Pflicht: Sie ist ein Glaubensbekenntnis, in dem bezeugt wird, daß Allah der einzige Gott ist und Mohammed sein Prophet. Das Gebet, *Salat*, das fünfmal am Tage verrichtet wird, ist die zweite Pflicht: Es ist eine äußerst schnelle und intensive Meditationsübung. Wo immer er sich gerade befindet, zu Hause, bei der Arbeit, auf der Straße, muß der Gläubige sein Tun unterbrechen, sich gen Mekka wenden und versuchen, durch disziplinierte Konzentration die Alltagsprobleme zu vergessen und mit dem Göttlichen Kontakt aufzunehmen; dies alles in sehr kurzer Zeit. Das erste Gebet beginnt mit Sonnenaufgang, das zweite, wenn die Sonne in der Mitte des Himmels steht, das dritte, wenn sie beginnt, sich zu neigen, das vierte bei Sonnenuntergang und das letzte, wenn die Nacht hereingebrochen ist. Die dritte Pflicht ist das Fasten während des Monats Ramadan, von Sonnenaufgang bis zu ihrem Untergang. Die Armensteuer, *Zakat*, ist die vierte Pflicht. Die Pilgerfahrt nach Mekka, *Haddsch*, ist schließlich für diejenigen, die es sich leisten können, die fünfte Pflicht.

Mekka war eine der bedeutendsten Städte Arabiens zur Zeit Mohammeds. Mohammed war ein bescheidener Bewohner der Stadt, er trieb Handel, heiratete jung und lebte bei den Seinen, dem Klan der Banu Hashim, einem der meistgeschätzten des Stammes der Quraish (wörtlich »die Haie«).

Mekka hatte sich als unentbehrlich erwiesen für die Sicherheit der Straßen des internationalen Großhandels, der in diesem Teil der Erde blühte, denn in ihr kreuzten sich die zwei Hauptachsen, die Ost-West-Achse (von Afrika nach Asien) und die Süd-Nord-Achse (vom Persischen Golf nach Europa). Mohammed war durch seine Zugehörigkeit zum Klan dazu bestimmt, Kaufmann zu werden. Er trat in die Dienste einer Geschäftsfrau, Chadidscha bint Khuwailid, einer Witwe, die wie er dem Stamm der Quraish angehörte und die von ihrem früheren Mann ein großes Vermögen geerbt hatte. Mohammed beeindruckte die Mekkaner schon sehr bald durch seine Rechtschaffenheit und Ehrlichkeit; man gab ihm sogar den Beinamen »al-Amin« (der Sichere). Nach ihrer Rückkehr aus Syrien war Chadidscha so zufrieden mit seiner Mitarbeit und überrascht von seiner Geschicklichkeit (die offensichtlich eine seltene Gabe sein mußte), daß sie ihm die Heirat vorschlug. Er willigte ein. Er war – so wollten es die Traditionen – 25 Jahre alt, sie war über 40. Für ihn war es die erste Ehe. Sie hatte schon andere Ehemänner vor ihm gehabt. Sie schenkte ihm vier Töchter und drei Söhne. Die Söhne starben im Kindesalter. Wenn Chadidscha auch nicht wissen konnte, daß der Mann, den sie geheiratet hatte, fünfzehn Jahre später Prophet einer neuen Religion sein würde, so war sie doch davon überzeugt, daß er kein einfacher Ehemann war, jedoch hatte sie volles Vertrauen zu ihm. Unzufrieden über die Sitten, die um ihn herum herrschten, begab er sich jedes Jahr, wie alle frommen Männer Mekkas, auf den Berg Hira, um sich zu sammeln und zu meditieren. Er genoß einen sehr guten Ruf bei den Seinen: »Alle Bewohner Mekkas erkannten seinen Einfluß und seine Redlichkeit an (...) Jeder, der Geld anlegen wollte, ging damit zu ihm, und alle, die eine Meinungsverschiedenheit hatten, unterwarfen sich seinem

Urteilsspruch.«[2] Seine Mission als Prophet erhielt er jedoch erst später: »Als Mohammed sein vierzigstes Lebensjahr vollendet hatte, sandte Gott ihm Gabriel, um ihm eine Botschaft zu überbringen.«[3]

Die erste Offenbarung, die Gott ihm durch seinen Engel Gabriel zuteil werden ließ, war der erste Vers der Sure 96 »iqra'« (Lies!). Der Islam begann also mit einer Aufforderung zum Lesen, sich zu informieren. Das war im Jahre 610. Die ersten Offenbarungen waren beängstigend für ihn; erschreckt von den Stimmen, die er hörte, beschrieb er sie Chadidscha. Er zweifelte an sich selbst: »O Chadidscha, ich fürchte, ich verliere den Verstand.«[4] Diese beruhigte ihn, tröstete ihn, um ihn zu überzeugen, daß das, was ihm geschah, wunderbar und einmalig war. Er war der erwählte Prophet, derjenige, der den Arabern das überbringen sollte, was ihnen fehlte: das Heilige Buch, Fundament des Ansehens von Judentum und Christentum, den zwei Religionen, denen es gelungen war, in Arabien trotz der Vorherrschaft des Polytheismus Wurzeln zu schlagen. Chadidscha feierte das Ereignis, indem sie sich zu der neuen Religion ihres Mannes bekehren ließ. Sie war die erste Anhängerin des Islams. Die neue Religion sollte das polytheistische Mekka mit nicht weniger als 300 Götzen erschüttern, da es in seinem Tempel das Heiligtum der Ka'ba bewahrte. Die Mekkaner fanden die Vorstellung eines einzigen Gottes, die Mohammed jetzt öffentlich predigte, nachdem er während der ersten drei Jahre heimlich gearbeitet hatte, absurd. Er mußte kämpfen, um seinen Gottesdienst am einzigen ihm würdig erscheinenden Ort halten zu können: dem Heiligtum der Ka'ba, das von einem Ende Arabiens zum anderen verehrt wurde und wohin jedes Jahre eine großartige Pilgerfahrt stattfand, die Reisende aus der ganzen Umgebung anzog.

Nach der Überraschung der ersten Verse gewöhnte sich Mohammed an den unvorhersehbaren und geheimnisvollen Rhythmus der Offenbarungen. Zweiundzwanzig Jahre lang erwartete er diese privilegierten Augenblicke, in denen er von der göttlichen Gnade berührt wurde, den Augenblicken des *Wahi* (Eingebung), auch *at-Tanzil* (die Herabsendung) genannt; beide Begriffe beziehen sich auf die fließende Bewegung eines Wissens, das vom Himmel kommt und die Erde überflutet, durch *Rasul*, den Gesandten Gottes. Dann, und das ist das Wunder, sprach Gott zu Mohammed in seiner Muttersprache, dem Arabischen: *Qor'an 'arabi* (Koran in arabischer Sprache). Nur die Juden und die Christen hatten bisher diese Ehre und dieses Privileg erfahren. Mohammed erhielt die letzte Offenbarung neun Tage vor seinem Tode, dem 8. Juni 632.[5]

Der Prophet empfing die Botschaft Allahs mündlich und gab sie auch mündlich weiter. Er hatte weder Einfluß auf den Zeitpunkt der Offenbarungen noch auf ihre Länge. Die Suren (Kapitel) bestanden alle aus mehreren *Ayat*, mehr oder weniger langen Versen. »Der Rhythmus der Offenbarungen schwankte zwischen zwei und fünf Versen gleichzeitig, manchmal mehr, manchmal weniger.[6] Erst, wenn er die Anweisung erhielt, die Worte *bismi llahi r-rahmani r-rahimi* (Im Namen des Gottes des Allgütigen und Allgnädigen) zu sprechen, wußte er, daß ein Kapitel beendet war. Die Reihenfolge, in der die Suren dem Propheten offenbart wurden (*tartib nuzuli*), unterscheidet sich von derjenigen, die den Text gliedert, den wir heute in Händen halten (*tartib mashafi*). Die Reihenfolge der Offenbarungen diente konjunkturellen Notwendigkeiten: die zu Mekka offenbarten Suren legten das Dogma und die Pflichten des Muslims dar. Die später zu Medina offenbarten Suren waren die Antwort auf Probleme, mit denen sich der Prophet konfrontiert fand und auf Fragen, die sich die ersten Muslime stellten. Was die Ordnung des Koran als geschriebenen Text betrifft, so hat sie, den Experten zufolge, einen mehr pädagogischen Zweck: Die ersten Suren sind nämlich die wichtigsten Bestimmungen des Islams hinsichtlich der Ehe, des Erbes usw.[8] Man kann sagen, daß in Medina der Islam als *shari'a*, als gesellschaftliche Rechtsordnung göttlichen Ursprungs, entstanden ist. Der Prophet hat sich 622 nach Medina ins Exil begeben, einem wichtigen Datum, denn es stellt das Jahr Eins der muslimischen Zeitrechnung dar.[9] Die Mekkaner unter den Glaubensgenossen, die mit ihm auswanderten, hießen von da an *Muhadschirun* (wörtlich »Immigrierte«; genauso werden heute im Französischen die nordafrikanischen Gastarbeiter genannt, die sich in Frankreich und dem übrigen Europa aufhalten!). Seine neuen Anhänger, die aus den Stämmen Medinas kamen, wurden *Ansarn* (Helfer) genannt. 622 erreichte der Prophet unerkannt Medina. Die Mekkaner suchten ihn, um ihn zu töten: Er hatte ihre Götter beleidigt und insbesondere ihre Göttinnen al-Uzza, al-Lat und Manat, diejenigen, die ihnen am meisten am Herzen lagen.

Zu Lebzeiten seines Onkels Abu Talib übten die Mekkaner solchen Druck auf Mohammed aus, daß dieser einen Koranvers aussprach, in dem diese Göttinnen erwähnt und ihre Macht anerkannt wurde. Der Prophet wies jedoch diesen Vers später als ein Werk des Teufels zurück und, obgleich ihre Namen im Koran erhalten blieben, wurde der Teil des Verses, der ihre göttliche Eigenschaft betonte (*al-Ghaniqa al'ulya*, »Die großen Vögel«, als Hinweis auf ihren himmlischen Ursprung), verstümmelt, ausgelöscht und der Bruch mit Mekka vollzogen.[19]

Zwei Ereignisse beschleunigten diesen Bruch: der Tod seines Onkels Abu Talib und der seiner Frau Chadidscha. Abu Talib genoß großes Ansehen als Anführer des Klans der Banu Hashim in seinem Stamm, den Quraish. Zehn Jahre lang duldeten die Mekkaner die Angriffe des Propheten auf ihren Kult. Doch der Tod Abu Talibs um das Jahr 619 ließ Mohammed seine wichtigste Unterstützung und die Schutzgarantie durch den Stamm verlieren. Im selben Jahr verlor Mohammed Chadidscha, seine Gefährtin und Glaubensgenossin. Seelisch geschwächt durch die harten Proben, auf die ihn der Verlust seiner Liebsten stellte, beschloß Mohammed, Mekka, die feindselige und täglich für seine Sicherheit bedrohlichere Stadt, zu verlassen. Er begann, über seinen Aufbruch nachzudenken. Aber wohin sollte er gehen? Eine einzelne Person konnte in Arabien nicht reisen, ohne zuvor umfangreiche Verhandlungen zu führen, die ihr einen gewissen Schutz sichern sollten; diesen Verhandlungen lagen genaue Bestimmungen über die Treuepflicht des Stammes zugrunde. So begann Mohammed, sich »den Stämmen anzubieten«: »Jahr für Jahr, zum Zeitpunkt der Pilgerfahrt, wandte sich der Prophet an die Araber, die aus allen Gegenden gekommen waren und bot ihnen seine Religion an. Er hoffte, daß einer von ihnen an ihn glauben, ihn mit zu seinem Stamm nehmen (...) und somit von den Menschen aus Mekka befreien würde.«[11] Aber niemand entschloß sich, einem Mann, der sich mit Mekka überworfen hatte, Asyl zu gewähren.

Er unternahm eine Reise nach Taif, einer Stadt, die wie Medina nicht allzu weit von Mekka entfernt war, um dort über sein Exil zu verhandeln. Die Leute von Taif jagten ihn davon.[12] Er kehrte nach Mekka zurück und nutzte weiterhin die Gelegenheiten der Pilgerfahrt, auf der Suche nach einer Stadt, die Asyl gewähren könnte. Unter diesen Umständen geschah es, daß er sechs Pilger aus der Stadt Medina kennenlernte. Er rezitierte einige Koranverse und bot ihnen an, bei ihnen zu predigen.[13] Die sechs Medinenser »waren bekannte Leute, jedoch aus der mittleren Schicht, nicht sehr erlaucht, aber auch nicht von schlechter Herkunft.«[14] Sie erklärten ihm, daß sie nicht befugt seien, eine so bedeutsame Entscheidung zu treffen, sie müßten zunächst die Zustimmung ihrer Führer einholen. Sie erklärten ihm, in welch angespannter Situation die Gemeinschaft lebte: »Wir sind eine von Zwistigkeiten und Konflikten zerrissene Gemeinschaft (...) Sobald wir nach Medina zurückgekehrt sind, werden wir Euren Fall den anderen vorlegen.«[15] »Im folgenden Jahr kamen sie zu zwölft, um Kontakt mit ihm aufzunehmen und ihren Schutz anzubieten. Noch ein Jahr später kamen 72 Medinenser zum Treffen der Pilger, und dieses Mal waren es die wichtigsten Vertreter der Klans der Stämme Aus und Chasradsch.«[16] Das war der Beginn des großen Abenteuers von Medina.

Die Gemeinde von Medina wurde zur ersten muslimischen Gemeinde und war für die kommenden Generationen ein Vorbild, das es zu befolgen, und eine Erfahrung, die es nachzuahmen galt, denn sie wurde geführt von Mohammed, der zugleich politischer und militärischer Führer und *Hakam* (Schiedsrichter) war, ein von Gott erleuchteter Gesetzgeber. Allah antwortete durch die Verse *Ayat* auf die Fragen der neu Bekehrten, die Erklärungen darüber forderten, wie sie sich als Muslime verhalten sollten *(al-Ayat jawab li mustakhbir)*.[17]

Das Problem der Hadithe stellte sich jedoch erst nach dem Tod des Propheten. Während der Mediner Zeit lebte die Gemeinschaft den idealen Islam. Gott konnte durch die Vermittlung seines Propheten jederzeit befragt werden. Dieses Jahrzehnt gilt heute als Entstehungszeitraum jener Grundsätze, die entscheidend sind für die Planung des wirtschaftlichen und gesellschaftlichen Lebens in der modernen islamischen

Gesellschaft. Nach dem Tod des Propheten im Jahr 632, zehn Jahre nach der *Hidschra* (der Auswanderung nach Medina), stellte sich die Frage der Nachfolge. Der Prophet mußte sowohl in seinen politischen als auch seinen gesetzgeberischen Funktionen ersetzt werden. Zur Lösung des politischen Problems entwickelten die Experten dann das politische System des *Kalifats*: Welche Eigenschaften mußte der Kalif als Nachfolger des Propheten in seinem Amt als Oberhaupt des muslimischen Staates haben? Nach welchen Kriterien sollte er von der Gemeinschaft bestimmt werden? Dies war die Geburtsstunde einer neuen Literatur mit den dazugehörigen Fachleuten, Schulen und Theoretikern. Der Islam als politische Theorie ist ungeheuer komplex (was man nicht erwartet, wenn man sieht, wie die heutige Praxis gehandhabt wird!). Zur Lösung des zweiten Problems, der Shari'a, des Heiligen Rechts, der Verkörperung und Repräsentierung des göttlichen Willens, erarbeiteten die Experten eine Religionswissenschaft, die *Fikh*. Dabei sollte einerseits die Auslegung des *Koran*, des Heiligen Buches, überwacht und andererseits die Tradition des Propheten *Sunna* festgehalten werden, indem die Hadithe – Überlieferung der Worte und Taten des Propheten, die die Entwicklung des Islams erhellen – schriftlich fixiert werden. Die Wahl des geeigneten politischen Oberhauptes und die Vermeidung von Irrtümern bei der Auslegung der Shari'a, die aus dem Koran und der Sunna geschöpft wurde, sind zwei Leitlinien, die, zumindest offiziell, die gesamte Geschichte des Islams durchziehen. Sie rechtfertigen Krieg und Frieden. Auf sie wird verwiesen, um Aufstieg und Untergang zu erklären. Und schließlich dienen sie im wesentlichen den Bestrebungen der Zeitgenossen als Grundlage, die die Rückkehr zum Islam als Lösung für jene politischen und wirtschaftlichen Probleme fordern, die Ursache für die Spaltung der modernen muslimischen Gesellschaft sind. Khomeini hat die Macht im Iran im Namen dieser zwei ewigen Prinzipien übernommen; Garantie für die Sicherung und Verwirklichung sozialer Gerechtigkeit durch die Wahl eines Staatschefs, der sich bei der Führung der Gesellschaft von der Shari'a leiten läßt. Er hat sich dazu einfach selbst auserwählt!

Um die Rolle des Geschriebenen, des Heiligen Buches und seiner Auslegung auf dem politischen Schachbrett gestern wie heute zu verstehen, ist es erforderlich, die Ereignisse in den Tagen nach dem Tode des Propheten zu rekonstruieren, insbesondere die Ernennung des ersten und der drei folgenden Auserwählten, die als »rechtgeleitete« Kalifen anerkannt wurden *(al-Khulafa 'ar-Rachidun)*. Die Forderung der Rückkehr zum Islam bezieht sich stets auf jene schicksalhaften Momente. Die Art und Weise, wie die vier orthodoxen Kalifen bestimmt wurden, ist auch heute noch wegweisend für die politischen Konzepte, die die verschiedenen islamischen Bewegungen als Garantie für den Erhalt der Demokratie vorschlagen. Wie wurde der erste Kalif bestimmt?

Tod des Propheten: Politische Unstimmigkeiten und Entstehung des Hadith

Bei seinem Tode hatte der Prophet keine männlichen Erben. Auch Ibrahim, sein Jüngster, Sohn von Maria, starb, wie die Söhne, die ihm Chadidscha schenkte, früh. In seiner unmittelbaren Umgebung spielten jedoch vier Männer eine herausragende Rolle.

Hierbei handelte es sich zunächst um Ali, seinen Schwiegersohn und Cousin ersten Grades, den eine besondere Zuneigung mit Mohammed verband. Er adoptierte ihn, als der Vater Alis, Abu Talib, eine sehr schwere finanzielle Krise durchlebte. Mohammed bat den Vater, ihm Ali anzuvertrauen. Als er Prophet wurde und seine ersten Offenbarungen hatte, war Ali der erste Mann, der sich bekehren ließ (die erste Person überhaupt war seine Frau Chadidscha). Er war damals nicht älter als zehn Jahre. Später heiratete er Fatema, die älteste Tochter des Propheten und folgte ihm ins Exil nach Medina. Ali wurde seine rechte Hand, was die Führung der Geschäfte innerhalb der Gemeinschaft anbelangte. Nach dem Tode des Propheten setzte die Nachkommenschaft Alis das Geschlecht fort.

Der zweite Mann, der dem Propheten sehr nahestand, war 'Uthman ibn 'Affan, einer der ersten Gläubigen. Wie Ali heiratete er eine Tochter des Propheten, mit dem Namen Ruqaiya. 'Uthman ibn 'Affan entstammte dem rivalisierenden Zweig der Banu Hashim, dem Klan der Omaiyaden, der mit letzterem einen gemeinsamen Vorfahren namens 'Abd Manaf hatte. Die beiden anderen ihm nahestehenden Männer – Quraish wie er – waren seine Schwiegerväter, Abu Bakr as-Siddiq und 'Umar ibn al-Khattab. Abu Bakr war der Vater seiner Frau Aischa und 'Umar der seiner Frau Hafsa. (Der Prophet hinterließ bei seinem Tode neun Ehefrauen.) Den privilegierten Platz, den diese beiden Männer an seiner Seite einnahmen, verdankten sie einem zweitrangigen Faktor in der aristokratischen Tradition des vorislamischen Arabiens: der geistigen Verwandschaft. Abu Bakr war ein gebildeter und feinfühliger Mann, der sich sehr für Geschichte, insbesondere für Berichte über die Vorfahren, interessierte. 'Umar hingegen war sportlich und ungestüm, aber auch stolz, anspruchsvoll und von unbeugsamer Rechtschaffenheit.

Hätte Mohammed dem Druck nicht standgehalten und einen Nachfolger aus dem eigenen Klan bestimmt – in diesem Falle Ali – und somit das Verwandtschaftssystem akzeptiert und fortgeführt, wäre der Islam, wie in der vorislamischen Tradition üblich, wieder zu einer »Familienangelegenheit« geworden.

Mohammed starb eines sanften Todes. Er hatte ein gesegnetes Alter erreicht. Er, der die politischen Expeditionen voraussah und plante, war sich der Problematik seiner Nachfolge bewußt. Er bevorzugte ganz eindeutig Abu Bakr und 'Umar, die zu ersten und zweiten orthodoxen Kalifen ernannt wurden. (Abu Bakr blieb zwei Jahre lang Kalif, von 632 bis 634, 'Umar zehn Jahre lang, von 634 bis 644.) Die Ermordung 'Uthmans, des dritten Kalifen, stürzte die Gemeinschaft in den ersten Bürgerkrieg *Fitna*. Ali – in den Wirren des Bürgerkrieges zum vierten Kalifen ernannt – übte im beginnenden Zeitalter der Unruhen niemals wirklich Macht aus. Gegen ihn kämpfte Aischa in der Kamelschlacht von 658. Auch Ali wurde von politischen Gegnern ermordet. Die erste *Fitna*, die übrigens die gesamte Regierungszeit Alis andauerte (656 – 661), wurde zum Trauma in der Erinnerung der Muslime.

Der Wunsch, sich gegen Terror und politische Gewalt zu schützen, war mit ein Grund, weshalb die Muslime systematisch begannen, die Hadithe zu sammeln: Wie soll sich der Muslim im Falle eines Bürgerkrieges verhalten? Wie soll unter mehreren Bewerbern um das Kalifenamt derjenige auserwählt werden, der es verdient? Soll ein ungerechter Kalif akzeptiert werden, wenn er den Frieden garantiert, oder soll er bekämpft werden, auch wenn dadurch die Gemeinschaft in den Bürgerkrieg gestürzt wird? Die Mörder des ägyptischen Präsidenten Sadat haben viele ihrer Argumente und Vorbilder aus den Ereignissen und Hadithen dieser Zeit entlehnt.[19] In jeder Krise taucht der Hadith als gefürchtete politische Waffe auf.

Ein Hadith kann in diesem Sinne jede »stichhaltige« Information sein, die auf den Propheten zurückgeht und der Rechtfertigung dienen soll. Ein Hadith ist die schriftliche Niederlegung in Textsammlungen all dessen, was er angeblich gesagt oder getan hat. Seine Ansichten, seine Reaktionen auf Ereignisse, die Art und Weise, wie er seine Entscheidungen rechtfertigte, mußten festgehalten werden, damit man sich später darauf berufen und das Gerechte vom Ungerechten trennen konnte, ob das nun die Ausübung von Macht oder etwas anderes betraf. Wie war mit einem ungerechten Kalifen umzugehen? Die Antwort wird in der Hadithsammlung, die die *Sunna* (die Tradition) des Propheten bildet sowie im Koran gegeben. Welche Pflichten hat der Ehemann gegenüber seiner (oder seinen) Frau(en)? Wie sind die Waschungen durchzuführen? Welchen Status hat das uneheliche Kind? Die Hadithsammlungen sind lebendige und vielfältige Fresken des Alltagslebens im 7. Jahrhundert. Oftmals existieren verschiedene Versionen desselben Ereignisses. Schließlich findet man Abhandlungen zu so unterschiedlichen Themen wie »Was ist im Falle eines Bürgerkrieges zu tun?« oder »Wie verhält man sich während der Hochzeitsnacht?«. Derjenige, der es sich zur Aufgabe machte, die Hadithe aufzuschreiben, mußte notwendigerweise die Technik dessen beherrschen, was wir heute »Gespräch« oder »Interview« nennen, denn das Wort *Hadith* selbst kommt vom Verb *haddatha*, »erzählen« oder, ganz einfach, »sagen«. Jede Generation von Fachleuten mußte direkt die Zeugnisse derjenigen aufzeichnen, die den Hadith aus dem Munde des Propheten gehört hatten (Generation der Schüler), oder sie mußten indirekt von der ersten Generation eingeholt werden, die der Generation der

Schüler gefolgt ist (*at-Tabi'un*, wörtlich »die Folgenden«), oder schließlich von der zweiten Generation nach der der Schüler (*Tabi'in at-Tabi'un*, die Folgenden der Folgenden). Wer einen Hadith mündlich entgegennahm und ihn in einer schriftlichen Sammlung festhielt, mußte zwei methodologische Probleme lösen: Er mußte sich den Hadith nicht nur so wortgetreu wie möglich merken, sondern auch sein *Isnad*, d.h. die Kette der Überlieferer, die den Hadith von der Quelle an weitergegeben hatten, erstellen, wobei mit Quelle ein zeitgenössischer Schüler des Propheten gemeint ist, der seine Taten und Worte gesehen oder gehört hatte: Schüler konnte dabei Mann oder Frau sein, Würdenträger oder Sklave. Wichtig war die Nähe zum Propheten, der Platz, den er an seiner Seite einnahm, persönliche Charaktereigenschaften und, vor allem, das Ansehen, im Besitz eines guten Gedächtnisses zu sein und wahrheitsgetreu zu berichten. Aus diesem Grunde ist das Umfeld des Propheten, Frauen, Sekretäre und Verwandte, so wichtig als Quelle für die Hadithe.

Die Wissenschaft des Hadith besteht nicht nur in der Vermittlung des Inhalts an gläubige Leser, sondern auch in der Erteilung von Auskünften über die Informanten. Die Regel des *Isnad* (der Überlieferungskette) verlangt daher außerdem die Aufzeichnung der Biographie des Überlieferers. Der gläubige Leser hat das Recht auf jede sachdienliche Information über die Quelle des Hadith und die Kette seiner Überlieferer, damit er jederzeit abwägen kann, ob diese glaubwürdig sind oder nicht. Der Islam war, zumindest während der ersten Jahrhunderte, die Religion des vernunftbegabten, verantwortlichen Individuums, das in der Lage war, das Wahre vom Falschen zu unterscheiden, vorausgesetzt, es war mit dem nötigen wissenschaftlichen Handwerkszeug, den Hadithen, ausgestattet. Daß im Laufe der Jahrhunderte der

Gläubige, der prüft und urteilt, ausgerottet und durch den mundtot gemachten, zensierten, gehorsamen und obendrein noch dankbaren Muslim ersetzt wurde, ändert nichts an dieser fundamentalen Dimension der Religionswissenschaft.[20]

In einem Kapitel mit der Überschrift »Die Inflation der Lüge über den Propheten mit den Schismen und Spaltungen unter den Fuqaha« untersucht Mohammed Abu Zahna die Gründe für das Überhandnehmen erfundener und falscher Hadithe nach dem Tode Mohammeds, das seiner Meinung nach durch die von Unstimmigkeiten gespaltene islamische Welt hervorgerufen wurde. Versteckt hinter geistigem Enthusiasmus und religiösem Eifer »brodelten die Leidenschaften. Es fanden grausame Kämpfe um die islamische Macht statt, die die Umma in unzählige Bürgerkriege stürzten und schließlich zu Spaltungen führten, aus denen die verschiedenen Sekten des Islams hervorgingen, die wir kennen.«[21] Die große Spaltung, auf die er anspielt, ist die Spaltung der islamischen Welt während der fünf Jahre der ersten *Fitna* in *Sunni* (Sunniten, die die Sunna befolgten) und *Schia* (Schiiten, Spalter), nach der Ermordung des vierten orthodoxen Kalifen Ali und der Machtübernahme durch Mu'awiya.

Die Spaltung, die zum großen islamischen Schisma führte, beruhte unter anderem auf der Haltung, die einem ungerechten Kalifen gegenüber eingenommen werden sollte: Die Sunniten akzeptierten Mu'awiya, den Nachfolger Alis, weil es ihrer Meinung nach das Wichtigste war, den Bürgerkrieg zu beenden. Die Schiiten nahmen die gegenteilige Position ein und lehnten sich gegen den Nachfolger Alis auf, denn seine Ernennung war das Ergebnis eines höchst betrügerischen Schiedsspruches, der den Bürgerkrieg in Kauf nahm. Ihnen zufolge waren einzig Ali und seine Nachkommenschaft würdig, die muslimische Gemeinschaft zu führen. Dieses Schisma spaltete die islamische Welt in zwei Gruppen, wobei jede eine unterschiedliche Theorie von Politik und Recht entwickelte. Die Spaltung setzte sich fort und brachte wiederum Untergruppen hervor, die zusätzlich Unruhe und Verwirrung stifteten: »Der Wind des Zwiespalts blies kräftig, der Haß der einen auf die anderen war groß. Sie (die Muslime) beschimpften sich gegenseitig als *Kafir* (Ungläubige) und *Fasiq* (die Schandtaten begehen) (...) Die Umma war jetzt gespalten in Schia (pro Ali) und (pro) Omaiyaden (...) Die Schia selbst war in mehrere gegnerische Gruppierungen gespalten (...) All das hatte zur Folge, daß sich viele von der Religion als solcher abwandten. Sie wurde dadurch geschwächt. Es entstand eine Flut von erfundenen Hadithen, die man dem Propheten unterschob, bis schließlich die verantwortungsbewußten Gläubigen Angst bekamen. Sie fragten die Experten um Rat, die versuchten, diesem Zustand entgegenzuwirken, indem sie die bekannten, verbürgten, authentischen Hadithe schriftlich niederlegten (...).«[22]

Um zu verdeutlichen, mit welcher Intensität der verbissene Kampf der ersten Muslime um die Eroberung der politischen Macht geführt wurde, ist es erforderlich, sich an die Umstände des Begräbnisses des Propheten zu erinnern, der schließlich das Göttliche repräsentierte und dadurch unanzweifelbar war.

Der Prophet starb an einem Montag. Sein Leichnam wurde buchstäblich im Zimmer Aischas vergessen und erst in der Nacht des darauffolgenden Mittwochs beerdigt. »Der Körper des Propheten, mit einem Mantel bedeckt, ruhte in seinem Haus. Da alle mit der Wahl (des Nachfolgers) beschäftigt waren, dachte niemand an die Waschung und das Begräbnis.«[23] Der Kampf um die politische Macht im Islam, der zu diesem Zeitpunkt bereits begonnen hatte, sollte von nun an nie wieder aufhören.

Ein kurzer Überblick über die Ernennungsprozedur der vier ersten orthodoxen Kalifen und über ihren Tod, der bei allen (außer dem ersten) gewaltsam war, gestattet es, gleichzeitig die Ereignisse der Vergangenheit und die Diskussionen der Gegenwart zu verstehen und vor allem, uns mit den Umständen vertraut zu machen, unter denen die echten und falschen Hadithe entstanden sind.

Drei Tage nach dem Tod des Propheten im Jahre 632 in Medina wurde Abu Bakr durch einen Schachzug 'Umars und dank dessen Charisma zum ersten Kalifen ernannt, denn die *Muhadschirun* (die Einwanderer aus Mekka) hatten alle Macht an die *Ansarn* (die Anhänger des Propheten aus Medina) verloren. Der Wettstreit zwischen den beiden Gruppen war immer schon äußerst heftig gewesen und hatte zu offenen Konflikten geführt, die der Prophet zu schlichten versuchte. Als sich während eines Feldzuges (dem der Bani Mostaliq, im Jahre 628) die Armee Mohammeds in zwei Lager spaltete, griffen die Muhadschirun und die Ansarn »zu ihren Säbeln«, und es kam zu einer richtiggehenden Meuterei, bei der die alten Feindseligkeiten zwischen den Stämmen wieder zum Ausbruch kamen. Abdallah ibn Ubay, einer der Anführer jener Medinenser, die nie wirklich die Ankunft der Fremden (Mohammed und seine Mekkaner Begleiter) akzeptiert hatten, faßte diesen Interessenkonflikt mit folgenden Worten zusammen: »Das haben wir (die Medinenser) nun davon, daß wir die Muhadschirun durchgefüttert und beschützt haben; so lohnen sie es uns! Es ist wie mit dem Hund, der von jemandem aufgezogen wurde und der, wenn er groß geworden ist, denjenigen auffrißt, der ihn ernährt hat.«[24] Den Propheten schmerzte diese Bemerkung sehr, und er wurde doppelt wachsam, um seine Stellung als Schiedsrichter, die Vorrang hat vor den Stammesbindungen, zu festigen. Nach seinem Tod trat der Konflikt zwischen Muhadschirun und Ansarn in aller Deutlichkeit wieder zutage.

Sobald der Tod des Propheten bekannt war, beriefen die Ansarn eine Dringlichkeitssitzung ihrer wichtigsten Klanführer ein. Sie fand in einer *Saqifa*, einer Art Schuppen statt, der einem Mitglied der Bani Saida gehörte. Sie wollten untereinander einen Nachfolger Mohammeds bestimmen.[25] Abu Bakr und 'Umar ibn al-Khattab, die dem Propheten am nächsten stehenden Schüler und eigentlich diejenigen, die als einzige als Bewerber in Frage kamen, waren nicht einmal davon unterrichtet worden. »Ein Mann trat in die Moschee und sagte: Die Ansarn haben sich versammelt und vereidigen Sa'd, den Sohn 'Ubaidas. Abu Bakr erhob sich, nahm 'Umar bei der Hand und ging mit ihm hinaus.«[26] So waren sie denn gezwungen, dem Leichnam des Propheten alle Rituale zu versagen und sich in die *Saqifa* der Bani Saida zu drängen, in der es um die Zukunft der muslimischen Gemeinschaft ging. Die Muhadschirun mußten harte Verhandlungen mit den Ansarn führen, die die Wahl zweier Anführer vorschlugen: »Euer Verdienst, Muhadschirun, steht außer Zweifel, sagten die Ansarn, aber wir wollen einen der Unseren zum Anführer ernennen, wählt ihr einen der Euren; auf diese Weise wird jede Seite zufrieden sein, und es wird unter uns weder Diskussionen noch Forderungen geben.«[27]

Die Vorstellung Mohammeds von der *Umma*, der Gemeinschaft, in der das Band zwischen den Mitgliedern geistiger Natur ist und in der sowohl Stammesverpflichtungen als auch die daraus resultierenden Herrschaftsansprüche keinen Platz haben, wäre damit nichtig gewesen. Seine zwei besten Gefährten und treuesten Schüler, Abu Bakr und 'Umar, die die Tradition des Propheten fortsetzen wollten, waren zwar Quraish wie Mohammed, gehörten aber nicht seinem Klan an. Unter den Ansarn gab es hingegen keinen Schüler, der die Position von Abu Bakr und 'Umar eingenommen hätte. Wie konnten sie die Ansarn unter diesen schwierigen Bedingungen für sich gewinnen? Abu Bakr und 'Umar ließen die Ansarn weiterreden, bis plötzlich 'Umar in einer Weise eingriff, die die Anwesenden hypnotisierte: »'Umar, der fürchtete, daß der Kampf weiterginge und mit Blutvergießen endete, sagte zu Abu Bakr, strecke deine Hand aus und nimm meinen Schwur entgegen *(bey'a)*, denn du bist ein achtbarer Quraish und der würdigste. Abu Bakr antwortete, nein, du sollst die Hand ausstrecken und meinen Schwur entgegennehmen. 'Umar ergriff die Hand Abu Bakrs und leistete ihm den Schwur. Als sich die Neuigkeit in Medina verbreitete, lief die Bevölkerung zusammen und im Tumult wurde Sa'd, der Sohn 'Ubaidas (des Bewerbers der Ansarn) fast getötet und mit Füßen getreten (...).«[28]

So entwickelten sich die Anfänge des Islams nach dem Tod des Propheten. Ein Vorgang, an dem einige wenige Auserwählte teilhatten, die entsprechend den Gegebenheiten verhandelten und versuchten, das Wesentliche zu bewahren, solange es nicht mit den auf dem Spiel stehenden Interessen in Konflikt geriet.

Zwei Jahre später, nach dem Tod Abu Bakrs im Jahre 634, wurde 'Umar zu seinem Nachfolger ernannt. Das Verfahren seiner Ernennung war anders, weniger spektakulär, aber dafür um so elitärer. Abu Bakr war der einzige der orthodoxen Kalifen, der eines natürlichen Todes starb. Er hatte Zeit, seine Nachfolge vorzubereiten. In privaten Zusammenkünften, die er geheimzuhalten bat, konsultierte er eine Reihe einflußreicher Persönlichkeiten. Er wollte ihre Meinung über die Kandidatur 'Umar ibn al-Khattabs hören und bat sie, »niemandem den Gegenstand ihres Gespräches zu nennen«.[29] Anschließend »berief Abu Bakr eine Versammlung von führenden Persönlichkeiten und Würdenträgern *(Ashraf an-Nas)* ein und fragte sie: 'Werdet ihr denjenigen akzeptieren, den ich zu meinem Nachfolger bestimme?'«[30] Er teilte ihnen mit, daß 'Umar sein Kandidat war. »Sie antworteten: 'Wir haben gehört, und wir gehorchen *(Sami'na wa Ata'na)*'.«[31] In einer anderen Version heißt es, daß die Leute indirekt von der Absicht Abu Bakrs hörten, 'Umar nach seinem Tod zum Nachfolger zu ernennen.[32]

Das Kalifat 'Umars dauerte zehn Jahre. Unter seiner Herrschaft eroberten die Muslime den Iran und Ägypten, zudem schuf er die Grundlagen für die Finanzführung der Armee. Er wurde von einem Sklaven in der Moschee erstochen, während er das öffentliche Gebet leitete. Abu Lu'lu'a, der Mörder, war ein *Ajam*-Sklave (nicht-arabischen Ursprungs) christlichen Glaubens, und als solcher mußte er wie alle Fremden Steuern zahlen. 'Umar hatte nämlich »den Nicht-Arabern den Aufenthalt in Medina verboten«.[33] Abu Lu'lu'a, der fand, daß er zu hohe Steuern zahle, sprach 'Umar darauf an; der wiederum fand, daß die Höhe der Steuern gerechtfertigt sei. Der verletzte 'Umar wurde nach Hause gebracht. Auf seinem Totenbett veranlaßte er etwas, was später unter dem Namen *Shura* (Konsultation) bekannt wurde. Er bestimmte eine Gruppe der sechs angesehensten Persönlichkeiten und bat sie, aus ihrer Mitte einen Kalifen zu seinem Nachfolger zu wählen.[34] Neun Seiten widmete Tabari den daraufhin folgenden Verhandlungen. Sie endeten drei Tage nach dem Tode 'Umars mit der Ernennung eines Nachfolgers aus den Reihen der sechs Auserwählten. 'Uthman ibn 'Affan wurde 644 dritter orthodoxer Kalif. Wie die zwei ersten Kalifen war er ein Mekkaner Muhadschirun aus dem Stamme der Quraish. Er entstammte dem Klan der Omaiyaden, einem dem Propheten nahestehenden, jedoch rivalisierenden Klan. Die Omaiyaden und Banu Hashim (Klan Mohammeds und Alis) haben einen gemeinsamen Vorfahren, Abd Manaf. 'Uthman, der Ruqaiya, eine der Töchter des Propheten, heiratete und schon sehr früh die außerordentliche Bedeutung der Botschaft seines Schwiegervaters erkannte, hatte sich außerdem während der Konflikte mit den Quraish auf seine Seite gestellt. Er gehörte also zu der kleinen Gruppe von Privilegierten, aus der die ersten Kalifen hervorgingen.

Sein Kalifat endete jedoch mit einer Tragödie. Elf Jahre nach seiner Ernennung, 655, rebellierte eine Gruppe Aufständischer gegen ihn, weil sie befanden, daß er das Land ungerecht regiere. Schließlich wurde er von ihnen ermordet. Sie überfielen ihn in seinem Haus, als er gerade dabei war, den Koran zu lesen.[35] Sein Tod leitete die erste Fitna ein, jene Zeit der Unruhe, die trotz der Ernennung Alis zum vierten orthodoxen Kalifen das Land in den ersten Bürgerkrieg stürzte.

Ali wurde im Juni 656 (*dhu Chijja* des Jahres 35 d.H.) in einem völlig aus den Fugen geratenen Medina zum Kalifen ernannt. Viele Muslime ergriffen die Waffen gegen ihn, an ihrer Spitze Aischa, weil sie mit seiner Ernennung nicht einverstanden waren. Ein Jahr später bekämpfte sie Ali mit einer Armee Aufständischer bei Basra während der berühmten Kamelschlacht.[36] Ali brachte ihr eine vernichtende Niederlage bei. Nach dieser Schlacht wurde jener Hadith ausgesprochen, gemäß dem alle, die sich von Frauen führen lassen, die Niederlage erwarte. Ali, bereits durch die Kamelschlacht geschwächt, mußte sich jedoch noch einem anderen politischen Gegner stellen, der militärisch gefährlicher war als Aischa: Mu'awiya, dem Gouverneur von Syrien, der ihm, wie übrigens auch Aischa, vorwarf, nicht die Mörder 'Uthmans, des dritten Kalifen, bestraft zu haben. Mu'awiya gehörte wie 'Uthman zum Klan der Omaiyaden, der mit dem der Banu Hashim rivalisierte. Während die Armee Aischas nur einige tausend Soldaten zählte, gehörten der von Mu'awiya nicht weniger als 85 000 Männer an. Ali kam mit 90 000 Männern aus dem Irak.[37]

Ali und Mu'awiya lieferten sich bei der Schlacht von Siffin ein äußerst blutiges Scharmützel. Keiner der beiden Seiten gelang es, den Kampf für sich zu entscheiden. 70 000 Männer wurden getötet. Zur Schlichtung wurde ein Schiedsgericht einberufen, das im Februar 658 tagte und Mu'awiya zum Kalifen ernannte. Es herrschte jedoch keine Einigkeit über den Ausgang der Schlichtung, die angeblich manipuliert worden war; dies führte zur Spaltung der Muslime in Sunniten (diejenigen, die den Schiedsspruch akzeptierten, wenn er auch manipuliert worden war. Sie wollten in erster Linie einen starken Anführer, der dem Bürgerkrieg ein Ende setzte.) und Schiiten, die sich weigerten, Mu'awiya anzuerkennen. Für sie blieb Ali der einzig rechtmäßige Kalif; Mu'awiya hingegen betrachteten sie als Usurpator. Abgesehen von diesen beiden Parteien, existierte eine Gruppe von Extremisten, die Charidschiten, die fest entschlossen waren, sich beider Kalifen zu entledigen – so geschah es das erste Mal, daß durch eine winzige Gruppe politischer Terror ausgeübt und ein Staatschef ermordet wurde. »Im Jahr 40 d.H. unterhielt sich eine Gruppe von Charidschiten, die in Mekka zusammengekommen war, über die Kriege und Zwistigkeiten, die sie bedrückten, als drei von ihnen übereinkamen, Ali, Mu'awiya und Amr ibn al-'as (eine dritte wichtige Persönlichkeit) zu töten (...) Sie schworen sich gegenseitig, von dem jeweils ausgewählten Opfer nicht eher abzulassen, bis sie es getötet hätten oder bei diesem Unterfangen selbst zu sterben (...) Die Nacht des 17., oder nach anderen Quellen die des 21. des

Monats Ramadan (28. Januar 661), wurde für die Ausführung des Verbrechens bestimmt.«[38] Den Verschwörern gelang ihr Plan teilweise. Mu'awiya wurde lediglich verletzt, Ali jedoch, der im Morgengrauen angegriffen wurde, als er sich anschickte, das Gebet in der Moschee zu leiten, erlag seinen Verletzungen (...) Hier endet der Bericht über die ersten Kalifen, denn mit der Übernahme der Macht durch Mu'awiya glaubte niemand mehr an den Mythos der »rechtgeleiteten« (heute würden wir sagen »demokratischen«) Wahl des muslimischen Staatschefs. Mu'awiya bestimmte einfach zu Lebzeiten seinen Sohn Yazid zum Erben. Der Islam, der die aristokratische Stammesfolge beseitigen wollte, ging, was das muslimische Reich anbelangte, einem ähnlichen Phänomen auf den Leim: dem Phänomen der Dynastie. Mu'awiya blieb bis 680 an der Macht, lange genug, um die Grundlagen eines absolutistischen Staates zu festigen.

Dieser Überblick über die Ernennungsverfahren der ersten orthodoxen Kalifen soll den Leser mit den historischen Ereignissen vertraut machen, während derer die Sunna (die Tradition, die Hadithe) des Propheten entstand, zugleich aber auf ein Problem hinweisen, das die Muslime fünfzehn Jahrhunderte später offenbar noch immer nicht bereit sind zu lösen. Wie soll der Grundsatz von der Gleichheit aller Gläubigen (unabhängig von Geschlecht und ethnischer oder sozialer Herkunft) in eine politische Praxis umgesetzt werden, die allen das Recht einräumt, an der Ernennung des Oberhauptes der Gemeinschaft mitzuwirken? Jene »Phase der Orthodoxie« und vor allem ihr brutales Ende ist zugleich Symptom und Symbol, will man die politische Gewalt heutzutage in den muslimischen Ländern verstehen. Während der ersten Jahrzehnte und vor der Machtübernahme Mu'awiyas hatte man sich auf den Konsens zwischen den *Ahl al-Bey'a* (die dazu befugt sind, den Treueschwur abzulegen), den *Ashraf* (die das Vertrauen des Klans haben und ihn leiten) und den *Ahl-al-hall w-al-'aqd* (die Verträge schließen und auflösen können) geeinigt.

Es ist nun ersichtlich, welche Bedeutung jede Interessengruppe dem Heiligen Buch zur eigenen Legitimierung beimaß. Mit dem Hintergrundwissen der historischen Ereignisse sind nun die beiden gegensätzlichen Tendenzen genauestens abschätzbar, die bei der Entstehung der Hadithe am Werke waren: Einerseits der Wille der Politiker, das Geheiligte zu manipulieren, andererseits der unbeugsame Wille der Gelehrten, sich dem entgegenzustellen, indem sie die Fikh, die wahre Religionswissenschaft, mit ihren Konzepten und Methoden der Prüfung und Gegenprüfung ausarbeiteten. Am Beispiel Bukhari läßt sich recht gut dieser Spannungsbogen nachvollziehen. Als Intellektueller hatte er sich von der Macht zurückgezogen, um sich auf die notwendigen Nachforschungen zu konzentrieren, die eine objektive Erstellung der Hadithe garantieren. Gleichzeitig war er dem Druck der Machthaber ausgesetzt, die ihn aufforderten, seine Wissenschaft in den Dienst der Politik zu stellen, was er aber ablehnte. Bukhari, der, wie sein Name andeutet, in Bukhara im Jahre 194 d.H. (9. christl. Jahrhundert) geboren wurde und im Jahre 870 (256 d.H.) starb, reiste wie alle Gelehrten seiner Zeit durch die Länder des Islams, auf der Suche nach besseren Lehrern und besseren Universitäten; er hielt sich in Syrien, im Irak auf, besuchte den Hidschas und verweilte eine Zeitlang in Ägypten. Die Dauer der einzelnen Etappen hing vom Erfolg seiner Begegnungen mit den Intellektuellen und von der Qualifikation der Lehrer ab. »Er sprach mit allen bekannten Gelehrten«, die Experten auf dem Gebiet der Hadithe waren, auf das er sich ebenfalls spezialisieren wollte. Sobald die Hadithe in einer Textsammlung niedergelegt sind, bilden sie *as-Sunna*, den Weg Mohammeds. Dem Gläubigen mit Hilfe der Hadithe (und sebstverständlich der Kommentare zum Koran) den rechten Weg *(at-Tariq al-Mustaqim)*, den Weg des Propheten zu weisen, bedeutet, ihm die Richtung anzuzeigen, die ihn zu einem würdigen Leben auf Erden und im Paradies führt.

Bukhari, der methodisch und systematisch arbeitete, konnte auf diese Weise 1.080 Personen befragen und 600 000 Hadithe sammeln. Das Wichtigste war, Mohammed nicht zu verraten, d.h. ihm keine Worte in den Mund zu legen, die er nie ausgesprochen hatte. Die Arbeit bestand vor allem in der schriftlichen Niederlegung der Hadithe und ihrer Überprüfung auf Authentizität. Das Problem Bukharis war ein methodologisches. Wie sollte er feststellen, ob ein Hadith richtig oder falsch war? Für ihn war das Niederschreiben der Geschichte des Propheten eine bedeutsame Handlung: »Ich habe aufgrund der Zeugnisse von 1.080 Menschen geschrieben (...), und ich habe in das Buch keinen Hadith aufgenommen, bevor ich nicht das Ritual der Reinigung vollzogen und zwei *Rak'a* gebetet habe.«[39] Damit wies er auf die weitreichende Bedeutung der Aufgabe hin, die er sich gestellt hatte, sowie auf die Distanz, die zwischen dem Gelehrten und der von ihm bearbeiteten Materie bestehen mußte.

Für die Gelehrten der ersten Jahrhunderte war die Religion unbestreitbar eine Wissenschaft. Jegliche Subjektivität sollte vermieden werden, wobei man sich jedoch schmerzlich darüber bewußt war, daß man sie nicht völlig ausschließen konnte. Zu diesem Zweck war es nötig, ein Höchstmaß an unterschiedlichen Darstellungen zusammenzutragen. Um keinen einzigen Gesichtspunkt außer Acht zu lassen, mußten Wiederholungen verglichen werden und, vor allem, mußte an den

Zeugen und Überlieferern gezweifelt werden: »Als seine (Bukharis) Wissenschaft zur Reife gelangt war, begann er die authentischen Hadithe *(Sahih)* von den anderen zu unterscheiden. Nachdem er eine sehr genaue Kenntnis der verschiedenen Arten von Hadithen entwickelt hatte, beherrschte er die Techniken der Fehlerfindung (...) In dieser Sache verfügte er über eine unvergleichliche Befähigung.«[40] Als er seine Methode der Überprüfung fertiggestellt hatte, »behielt Bukhari *(Sahih)* nur 7 275 authentische Hadithe zurück, abzüglich der Wiederholungen, die sich auf 4 000 belaufen«.[41]

Die große Lehre, die man aus der Erfahrung Bukharis ziehen kann, der mit der Zeit kämpfen mußte, die davonläuft, und der Erinnerung, die im Stich lassen kann, ist die Würdigung seiner Methode, abgesehen von den auch weiterhin berechtigten Zweifeln gegenüber denjenigen, die ihre Anliegen mit Hilfe der Hadithe zum eigenen Vorteil nutzen möchten. Wenn zur Zeit Bukharis, d.h. weniger als 200 Jahre nach dem Tode des Propheten, bereits 596725 falsche Hadithe im Umlauf waren (600000 – 7275 + 4000), ist vorstellbar, wie es heute damit steht! Überraschend ist, daß der Zweifel, der die Begründer der Religionswissenschaft damals leitete, heute verschwunden ist!

Bukhari begnügte sich nicht damit, die Ergebnisse seiner Umfragen zu überprüfen, sondern verfaßte, um dem Heiligen Buch seine Achtung zu erweisen, eine großangelegte Studie über das Leben der Überlieferer der Hadithe, *at-Tarikh al-Kabir* (»Die Große Geschichte«). Das Studium der Überlieferer *(al-Isnad)* wurde im zweiten Jahrhundert d.H. eine Domäne der Traditionalisten.[42] Als Bukhari berühmt geworden war, zeigten die politischen Machthaber schnell Interesse an seiner Person: »Als Bukhari in seine Geburtsstadt zurückkehrte, wurden Zelte aufgestellt, und die gesamte Bevölkerung war zusammengekommen, um ihn zu empfangen (...) Er verweilte einen Moment (in Bukhara), dann kam es zum Konflikt zwischen ihm und dem Emir der Stadt. Dieser zwang ihn, ins Exil zu gehen (...).«[43] Der Emir, der der Bevölkerung durch eine symbolische Geste zu zeigen versuchte, daß er über die Fikh, das Heilige Wissen, bestimmte, bat Bukhari, ihm während privater Sitzungen in seinem Palast Auszüge aus seinen *Sahih* vorzulesen. Seine Antwort brachte ihm das Exil ein: »Geh, sagte er dem Boten des Emirs, und teile deinem Meister mit, daß ich die Wissenschaft achte und es ablehne, sie in den Vorzimmern der Sultane spazierenzuführen *(Inni la Adhullu l-'ilm wa la ahmiluhu ila Abwab as-salatiin).*«[44] Nicht alle Intellektuellen übten ihre Aufgabe mit demselben Stolz aus wie Bukhari. Viele verkauften sich für einige Dinare an Politiker, die versuchten, die Wahrer der Religionswissenschaft dazu zu bringen, Hadithe zum eigenen Nutzen zu erstellen. Es gab laut Abu Zahra so viele Lügner, die versuchten, dem Propheten Worte in den Mund zu legen, von denen sie sich Vorteile versprachen, daß Kadi Ayad sie in Kategorien einteilte. Ihm zufolge unterstellt die erste Kategorie dem Propheten Aussagen, die er nicht gemacht hat. Diese Kategorie besteht aus zwei Gruppen: denen, die aus materiellem Interesse lügen und denen, die aus ideologischem Interesse lügen.[45] Die zweite Kategorie erfindet nicht den Inhalt des Hadith *(Matn)*, sondern begnügt sich damit, in die Kette der Überlieferer einzugreifen: »(...) zum Beispiel wird einem schwachen Hadith *(da'if)* ein sehr authentisches Isnad angedichtet, das aus berühmten Persönlichkeiten besteht.«[46] Kadi Ayad fügt eine dritte Kategorie hinzu, die nicht weniger interessant ist: »Es gibt auch diejenigen, die einfach lügen. Ein solcher Mensch behauptet einfach, Worte gehört zu haben, die ihm in Wirklichkeit niemals zu Ohren gekommen sind. Er behauptet, Menschen getroffen zu haben, die er niemals getroffen hat (...).«[47]

Hinter jedem vermehrten Auftauchen von Lügen, was die Worte oder Taten des Propheten anbelangte, stehen also oftmals die Macht- und Interessenkämpfe einer muslimischen Gemeinschaft, die sich zusehends bereichern wollte und deren soziale wie auch geographische Mobilität dank ihrer Eroberungen beträchtlich war. Vorzugeben, dem Propheten nahezustehen oder ihm gegenüber ein wie auch immer geartetes Privileg zu haben, hatte ungeheuere wirtschaftliche und politische Auswirkungen. Die Quelle des falschen Hadith, der Manipulation der Heiligen Schriften par excellence muß über alle zeitlichen Ursachen hinaus in der Natur des politischen Systems selbst gesucht werden, das sich niemals über seine elitären Ursprünge hinwegsetzen konnte und niemals ernsthaft über die pragmatischen Modalitäten einer Beteiligung der gesamten Bevölkerung an der Ernennung des Staatschefs nachgedacht hat. Über etwas heutzutage so Banales nachzudenken wie den Wahlvorgang, bei dem die Bürger mit einem Stimmzettel zur Urne gehen, um ihre Wahlentscheidung kundzutun, wird trotz des Prinzips der Gleichheit aller als etwas Fremdes, aus dem Westen Importiertes empfunden. Je höher der betroffene und ausgeschlossene Bevölkerungsanteil war, desto heftiger waren die Auseinandersetzungen innerhalb der Führungseliten und desto dringender wurde die Notwendigkeit, das Geheiligte zu manipulieren.

Für die Begründer des Islams als wissenschaftliche Disziplin war die Zeit die große Herausforderung. Für die Überprüfung der Authentizität des Hadith mußten Regeln erstellt werden. Diese Regeln galten für die Bestätigung von Grundsätzen, methodologischen Axiomen sowie für die einfachen Methoden zur Entlarvung von Lügen. Fand man z.B. heraus, daß der Überlieferer X hätte 250 Jahre alt sein müssen, um dem Überlieferer Y den Hadith x übermitteln zu können, war es offensichtlich, daß Y gelogen hatte. Bukhari war jedoch weder der erste noch der einzige, der solche Regeln für die Wahrheitsfindung aufgestellt hatte. All diejenigen, die einen Bezug zu den Heiligen Schriften hatten, *Alem* (Gelehrte), *Fqih* (Experten in der Religionswissenschaft), *Kadis* (Richter des islamischen Rechts), *Imams*, traten in allen Verhandlungen als Partner und als überzeugte Streiter für die Wahrheitsfindung auf, standen Macht und Reichtum auf dem Spiel. Kalifen und Prinzen, die sich nicht nur über die Bedeutung derer im klaren waren, die die Heiligen Schriften studierten, sondern auch jener, die sich mit Erinnerung befaßten, wie Ahnenforscher, Dichter, Erzähler, setzten je nach eigenem Interesse entweder die Methode der Kontrolle oder der Ermutigung ein. Taha Hussein beschreibt in seiner Studie über die vorislamische Dichtkunst »La Poésie pré-islamique« die Wirkung, die dieses Phänomen auf das Volk hatte: »Die Erzähler (Qassas) kamen in die Moscheen der Provinzen und berichteten den Menschen. Sie erzählten ihnen die alten Geschichten der Araber und der Nicht-Araber *Ajam*. Sie berichteten von den Propheten und führten sie hin zur Auslegung des Koran, dem Hadith und dem Lebenslauf des Propheten. Auch die Feldzüge und Eroberungen tauchten in ihren Erzählungen auf. Die Erzähler wurden von der Menge getragen, sie ließen sich von ihrer Phantasie mitreißen, und sie kannten kaum mehr die Grenzen, die ihnen die wissenschaftliche Disziplin auferlegte und die Strenge, die die Wahrheitsfindung jenen abverlangte, die diese Themen ansprachen. Die Menschenmengen, die von diesen Erzählern fasziniert waren, schluckten begierig alles, was ihnen an Erzählungen geboten wurde. Kalifen und Prinzen wurden sehr schnell der politischen und religiösen Tragweite dieses neuen Kommunikationssystems gewahr. Sie ermutigten und kontrollierten es. Sie benutzten und nutzten es für ihre Interessen aus.«[48]

Al-Asbahani, ein Autor des 11. Jahrhunderts (4. Jahrhundert d.H.), berichtet über den Fall eines wohlhabenden Mannes, der einen Dichter bat, ihm für 4000 Dirham (nicht mit dem heutigen marokkanischen Dirham zu verwechseln) ein Gedicht zu verfassen, das er dann als aus der Zeit des Propheten stammend ausgeben wollte. Das Gedicht war dazu bestimmt, das Bild der Omaiyaden zu verbessern, dem Klan, der mit dem des Propheten rivalisierte.

Der Omaiyade: »(...) Nachdem du deine Verse verfaßt hast, sage, daß du ibn Thabit (den Hofdichter des Propheten) diese Verse hast dem Propheten gegenüber sprechen hören. Das Gebet Allahs und sein Friede seien mit ihm.«

Der Dichter: »Ich habe zuviel Angst vor Allah, um Lügen zu schaffen, die den Propheten betreffen. Jedoch, wenn du willst, kann ich sagen, daß ich Aischa gehört habe, wie sie diese Verse gesprochen hat (...).«[49] Der Omaiyade, der sich mit Aischa nicht begnügen wollte, lehnte das Angebot des Dichters ab: »Ich möchte, beharrte er, daß du sagst, daß du Hassan gehört hast, wie er diese Verse dem Propheten vorgetragen hat, während dieser saß.«[50]

Die Mächtigen, die über große finanzielle Mittel verfügten, versuchten nicht nur, die Dichter zu kaufen, sondern auch die Abstammungen (*Nasab*), die die Rolle unserer heutigen Familienstammbücher einnehmen. Eine Abstammung zu kaufen, ist, als wolle man heute versuchen, seine Papiere zu fälschen. Ibn al-Kalbi, der Autor eines der seltenen Bücher über die vorislamischen Religionen, *Kitab al-Asnam* (Das Buch der Götzen), und ein großer Kenner auf dem Gebiet der Ahnenforschung, gab zu, eine Abstammung verkauft zu haben: »Das erste Mal, daß ich auf dem Gebiet der Ahnenforschung gelogen habe, war, als Khaled ibn Abd al-Qasri mich bat, ihm über seine Großmutter zu erzählen (...).«[51] Anstatt ihm zu enthüllen, daß seine Großmutter eine Prostituierte war, zauberte ihm ibn al-Kalbi eine makellose Abstammung, und selbstverständlich, fügte er hinzu, »war Khaled äußerst glücklich, und er dankte mir«.

Taha Hussein stellte in seiner bereits erwähnten Studie, die bei ihrem Erscheinen wie eine Bombe einschlug, die Authentizität eines Pfeilers des arabischen Wissens, die vorislamische Dichtkunst, in Frage, die lange Zeit von den Kommentatoren des Koran, den Biographen des Propheten und den Historikern als Referenz für die Grammatik und das Vokabular benutzt worden war. Er stellte die revolutionäre These auf, nach der diese Dichtung, der Schlüssel für unser Verständnis der Heiligen Literatur, insbesondere des Koran, schlicht und ergreifend eine Fälschung sei. Er erinnert daran, daß eine so grundlegende Schrift wie die *Sira* von ibn Hisham (Biographie des Propheten) eigentlich ursprünglich von ibn Ishaq stammte, der vor Entschuldigungen verging, weil er nicht viel Gedichte kannte. Also, fragt Taha Hussein, woher kommen diese langen poetischen Tiraden, die sich im ursprünglichen Text wiederfinden, wenn sie nicht im nachhinein hinzugefügt wurden aus dem Wunsch heraus, den Text zu verschönern?[52] Er fügt hinzu, daß, wenn die Dichtung und die Abstammungen Gegenstand solcher Geschäfte waren, man sich gut vorstellen kann, wie es mit den Auslegungsstreitigkeiten bezüglich der Haupttexte, dem Koran und der Hadithe aussah. Die Gruppe der Ulama war sehr unterschiedlich und von Interessenskonflikten aller Art geprägt, wobei der ethnische Konflikt nicht der geringste war. Es gab nicht nur Experten arabischen Ursprungs, eine große Anzahl von Fachleuten, die sich mit der Auslegung und Erarbeitung der religiösen Literatur befaßten, gehörten anderen Kulturkreisen an (Tabari stammt aus Tabaristan, Bukhari aus Bukhara usw.). Aber auch andere Konflikte innerhalb dieser Berufsgruppe waren üblich, wie z.B. die Rivalitäten, wie wir sie von Experten verschiedener Disziplinen so gut kennen.

Dieser Überblick vermittelt eine Vorstellung von der Bedeutung politischer und wirtschaftlicher Interessen, aufgrund derer damals wie heute die Heiligen Schriften verfälscht wurden, seit dem Todestag des Propheten (im Jahre 632), dem es gelungen war, eine zugleich demokratische und mächtige Gemeinschaft zu gründen.

III. Ermittlung gegen einen frauenfeindlichen Hadith und seinen Verfasser, Abu Bakr

Bukhari zufolge soll es Abu Bakr gewesen sein, der den Propheten jene Worte hat sagen hören: »Niemals wird das Volk zu Wohlstand gelangen, das seine Geschäfte einer Frau anvertraut.«[1] Da dieser Hadith zu den *Sahih* gehört, den einigen Tausend vom gewissenhaften Bukhari als echt zurückbehaltenen Hadithen, wird er bis zum Beweis des Gegenteils für wahr und vor allem für von vornherein unangreifbar gehalten, denn wir befinden uns auf dem Gebiet der Wissenschaft. Nichts hindert mich also daran, als muslimische Frau eine sowohl historische als auch methodologische Untersuchung über den Hadith und seinen Verfasser und vor allem über die Umstände, unter denen er zum ersten Mal benutzt wurde, anzustellen. Wer sprach diesen Hadith, wo, wann, wem gegenüber und weshalb?

Abu Bakr ist ein Schüler, der den Propheten zu Lebzeiten kannte und der angeblich oft genug mit ihm zusammen war, damit er über Hadithe berichten konnte, die er gehört hatte. Diesem Schüler zufolge sprach der Prophet diesen Hadith aus, als er die Neuigkeit erfuhr, daß die Perser eine Frau zu ihrer Anführerin ernannt hatten: »Als Kisra (das Oberhaupt des persischen Staates; Kisra bezieht sich wohl eher auf Cäsar, aber so wird er im Text genannt) starb, soll der Prophet, den die Neuigkeit neugierig gemacht hatte, sie gefragt haben: 'Und wer hat ihn als Befehlshaber ersetzt?' Sie sollen daraufhin geantwortet haben: 'Sie haben die Macht seiner Tochter übertragen.'«[2] Dies soll nach Abu Bakr der Anlaß dafür gewesen sein, daß der Prophet jene Überlegung über die Frauen anstellte.

Im Jahre 628, während der endlosen Kriege zwischen Römern und Persern, war Heraklius, der römische Kaiser, ins Persische Königreich eingefallen, hatte Ktesiphon, das sehr nahe an der sassanidischen Hauptstadt gelegen war, erobert, und der persische König Chusro Parwez war ermordet worden. Vielleicht spielt Abu Bakr auf dieses Ereignis an. Tatsächlich gab es nach dem Tod des Sohnes Chusros zwischen 629 und 632 eine Phase der Instabilität, und mehrere Anwärter auf den Thron des sassanidischen Reiches, unter ihnen zwei Frauen, machten ihre Ansprüche geltend.[3] Sollte dies der Anlaß gewesen sein, bei dem der Prophet den Hadith gegen die Frauen aussprach? Bukhari geht nicht so weit, er begnügt sich mit der Wiedergabe der Worte Abu Bakrs, bzw. des Inhalts des Hadith selbst sowie der Anspielung auf eine Frau, die die Macht bei den Persern übernommen hatte. Um mehr Einzelheiten über Abu Bakr zu erfahren, muß man auf die immense Arbeit von ibn Hajar zurückgreifen.

In den siebzehn Bänden des *Fath al-Bari* unternimmt es ibn Hajar, Bukhari Zeile für Zeile zu kommentieren. Jeden Hadith aus den *Sahih* stellt ibn Hajar in seinen historischen Zusammenhang: die politischen Ereignisse, die ihm als Hintergrund dienten, eine Beschreibung der Schlachten, die Identität der am Konflikt beteiligten Parteien und die der Überlieferer und ihre Auffassungen sowie die Debatten über ihre Vertrauenswürdigkeit – kurzum, alles, was notwendig ist, um die Neugierde des Forschers zu befriedigen.

Bei welcher Gelegenheit erinnerte sich Abu Bakr an diese Überlegung des Propheten, und weshalb befand er es für notwendig, über sie zu berichten? Abu Bakr mußte ein fabelhaftes Gedächtnis besitzen, da er sich ein Vierteljahrhundert nach dem Tod des Propheten daran erinnerte, als der Kalif Ali Basra zurückeroberte, nachdem er Aischa während der Kamelschlacht besiegt hatte.[4]

Bevor Aischa Basra besetzte, war sie auf Pilgerfahrt in Mekka, wo sie von der Ermordung 'Uthmans in Medina und von der Ernennung Alis zum vierten Kalifen erfahren hatte. In Mekka traf sie die Entscheidung, die bewaffneten Gegner Alis anzuführen. Dann folgten Tage der Unentschlossenheit: Sollte sie nach Kufa oder nach Basra gehen? Sie brauchte eine Stadt mit genügend Unzufriedenen, um dort operieren und ihr Hauptquartier aufschlagen zu können. Nach mehreren Kontaktaufnahmen, Verhandlungen und Diskussionen entschied sie sich für Basra. Abu Bakr war einer der Würdenträger dieser Stadt und wie sie in einer schwierigen Situation:

Sollte er die Waffen ergreifen gegen Ali, den Vetter des Propheten und Kalifen, der zwar umstritten, aber doch legitim gewählt worden war, oder sollte er die Waffen ergreifen gegen Aischa, »die Geliebte des von Gott Geliebten« und die »Frau des Propheten auf Erden und im Paradies«.[5] Ist darüber hinaus bekannt, daß er Würdenträger dieser irakischen Stadt geworden war, ohne jedoch aus ihr zu stammen, wird das Ausmaß seines Unbehagens noch besser verständlich.

Der Islam hatte ihm auf seine Weise Glück gebracht. Bevor er konvertierte, führte Abu Bakr das schwere Leben eines gedemütigten Sklaven in der Stadt Taif, wo einzig die Aristokratie das Recht auf Würde hatte. Im Jahre 630 (8 d.H.) hatte der Prophet entschieden, daß es an der Zeit war, Taif zu erobern. Er hatte bereits Mekka erobert und dort einen triumphalen Einzug gehalten und fühlte sich stark genug, die Einwohner Taifs zu unterwerfen, die immer noch dem Islam widerstanden. Diese verteidigten sich jedoch tapfer. Der Prophet schlug vor der Stadt das Lager auf und belagerte achtzehn Tage lang die Zitadelle. Umsonst. Der Hauptstamm, der die Stadt beherrschte, die Banu Tamim und ihre Verbündeten hatten sich in der Festung verschanzt und bekämpften die Belagerer mit dem Bogen; Mohammed erlitt Verluste. Zwölf seiner Männer wurden getötet, was ihm mißfiel, denn er gewann gern, ohne Männer zu verlieren. Jeder Soldat war ein Anhänger, er kannte seine Familie. Es war keine anonyme Armee. Er beschloß, die Belagerung aufzuheben und sich zurückzuziehen. Aber zuvor sandte er Boten aus, die um die Festung und die belagerte Stadt herum ausrufen sollten, daß jeder Sklave, der die Zitadelle verließe und sich Mohammed anschlösse, in die Freiheit entlassen würde.[6] Etwa ein Dutzend Sklaven folgten seinem Ruf, unter ihnen Abu Bakr. Der Prophet erklärte sie zu freien Männern, trotz der Proteste ihrer Herren, und sie wurden nach ihrer Konversion zum Islam die Brüder und ebenbürtigen Gefährten der anderen.[7] So entdeckte Abu Bakr gleichzeitig den Islam und die Freiheit.

Und einige Jahre später wurde er Würdenträger in einer irakischen Stadt; er verkörperte den Traum Mohammeds, daß alle Armen, alle Gedemütigten der Welt zu Macht und Reichtum gelangen sollten. Ein Schüler beschreibt sehr gut die Intensität und Schnelligkeit dieses sozialen Aufstiegs, den der Islam für Männer wie Abu Bakr, der sich niemals vorstellen konnte, seine Heimatstadt als freier Mann verlassen und vor allem seinen gesellschaftlichen Status so schnell verändern zu können, mit sich bringen sollte: »Ihr Araber wart in einem unbeschreiblichen Zustand des Verfalls, der Unfähigkeit und der Auflösung. Der Islam Allahs und Mohammeds hat Euch gerettet und Euch dort hingeführt, wo ihr jetzt seid.«[8] In der Tat hatte Abu Bakr nach seiner Konversion die soziale Leiter mit schwindelerregender Geschwindigkeit erklommen: »Abu Bakr war sehr fromm, und er blieb es sein Leben lang bis zu seinem Tod. Seine Kinder waren wegen ihres Vermögens und ihres Wissens unter den Würdenträgern Basras (...).«[9]

Als man begann, für die Nachwelt die Lebensgeschichte der Schüler niederzuschreiben, befanden sich manche Experten in einer unangenehmen Lage, denn die Abstammung Abu Bakrs war ungewiß. Der Imam ibn Hanbal, der es unternommen hatte, Nachforschungen über die Abstammungen der Schüler anzustellen, gab zu, »den Fall Abu Bakrs schnell beiseite gelegt zu haben, ohne allzu sehr ins Detail zu gehen, denn man riet ihm, nicht zu tief zu graben«[10] . Abu Bakr gehörte zu jener am Ende der vorislamischen Ära so bedeutenden Kategorie von Personen, deren Abstammung schwierig nachzuverfolgen war. Keine illustre Abstammung zu haben, bedeutete im Arabien der Stämme und Aristokratie, kaum zu existieren. Sicherlich ist in den muslimischen Gesellschaften der Status der unehelichen Kinder keineswegs beneidenswert, aber die Gründe für die Verachtung sind ganz andere. In der vorislamischen Zeit war es die Auszeichnung und das Privileg des Aristokraten, seine Abstammung bis zum entferntesten Vorfahren zurückverfolgen zu können. Die Sklaven und alle anderen Schichten können ihre nicht mit der geforderten Zuverlässigkeit angeben und sei es nur aufgrund der verschiedenen Ortswechsel, der Entwurzelung. Im Islam wird das uneheliche Kind verachtet, weil seine Mutter das muslimische Gesetz gebrochen hat, nach dem der Geschlechtsakt nur im Rahmen der Ehe erlaubt ist, was nicht der Fall war zur Zeit der *Jahiliya*, der Zeit der Unwissenheit, nach der muslimischen Terminologie der Zeit, in der die Menschen keine Kriterien hatten, um das Erlaubte vom Verbotenen, das Statthafte vom Unstatthaften zu unterscheiden. Dies hat erst der Islam mit sich gebracht. Die Abstammung war daher eine Neuerung.

Eine der revolutionären Einrichtungen (im Sinne eines Bruchs mit der Vergangenheit), die der Islam mit sich brachte, war die Wartezeit *Idda*, die eine muslimische Frau, die von ihrem Mann aus irgendeinem Grund getrennt war (Scheidung oder Tod), einhalten mußte, bevor sie sich mehrere Monate oder mehrere Zyklen später wiederverheiraten durfte. Das Ziel der Idda ist es, im Fall einer Schwangerschaft der Frau herauszufinden, wer der Erzeuger des Kindes ist, damit jenes ihm zuerkannt werden kann. In der vorislamischen Zeit war die Zuordnung zum Vater unwichtig (in den Stämmen, in denen das Matriarchat noch praktiziert wurde) oder unangebracht (bei kriegsgefangenen Frauen, die mit ihren Eroberern lebten, oder Sklavinnen, die von einem Herrn zum anderen gereicht wurden, je nach Marktlage und Laune) oder unmöglich und offensichtlich nicht sehr wichtig im Falle einer Ehe auf Zeit *mut'a*.[11] Im letzten Fall, der bis heute ein Streitpunkt ist zwischen Sunniten (die es verurteilen) und Schiiten (die es tolerieren), können ein Mann und eine Frau beschließen, während einiger Tage, Wochen oder Monate in der Ehe zusammenzuleben; es muß lediglich der Zeitpunkt der Trennung von vornherein festgelegt werden. Die Ehe endet mit dem von beiden Partnern vereinbarten Datum. Diese Art der Ehe, die für die Nomaden und Händler, die lange Reisen unternahmen, praktisch war, wurde von den Sunniten verboten, da sie in offenem Widerspruch zu den Prinzipien der muslimischen Familie stand, insbesondere zur Regel der Vaterschaft, die das Kind mit seinem Erzeuger verband.

Bei der Abstammung Abu Bakrs handelte es sich nicht um einen Einzelfall, sondern im Gegenteil: Es war das Schicksal dieses ganzen Bevölkerungsteils von »Entwurzelten«, die unter den Zweifeln litten, die über ihrer Abstammung schwebten und letztendlich ihre untergeordnete Stellung bewirkten. Viele Biographien von Schülern beginnen mit ein oder zwei Sätzen der Verfasser, die die Schwierigkeit begründen, die sie mit der Zurückverfolgung der Abstammungen hatten. Abu Bakr war also ein Mann, dem der Islam nicht nur Vermögen und Ansehen gebracht hatte, sondern mehr noch, eine Identität: »Ich bin euer Glaubensbruder«, wiederholte er gerne in seiner Umgebung.[12] Bei dieser Vorgeschichte kann man sich leicht vorstellen, daß er ein Feind jeglichen Bürgerkriegs war, der die Festigung der muslimischen Gesellschaft bedrohen könnte.

Was also sollte ihn veranlaßt haben, in seinen Erinnerungen zu kramen und sich auf bewundernswerte Weise zu bemühen, an Sätze des Propheten zu erinnern, die dieser fünfundzwanzig Jahre zuvor ausgesprochen hatte? Das erste, alles andere als nebensächliche Detail ist, daß Abu Bakr sich an den Hadith nach der Kamelschlacht erinnerte. Zu diesem Zeitpunkt war das Schicksal Aischas keineswegs beneidenswert. Sie war politisch vernichtet: 13000 Männer unter ihren Gefolgsleuten waren auf dem Schlachtfeld umgekommen[13], Ali hatte die Stadt zurückerobert und alle, die seinen Plan nicht unterstützt hatten, mußten Rechenschaft ablegen. Was erklären kann, daß ein Mann wie Abu Bakr es nötig hatte, sich an schicksalhafte Hadithe zu erinnern. Schließlich hatte er sich nicht sehr rühmlich verhalten, als er sich weigerte, am Bürgerkrieg teilzunehmen. Er hatte sich nicht nur der Teilnahme enthalten, sondern hatte auch, wie eine große Anzahl von Anhängern, die für eine Nichtbeteiligung optiert hatten, seine Haltung offiziell bekanntgegeben. Denn Aischa, die den Propheten oft bei seinen Expeditionen begleitet hatte, kannte die Verhandlungsprozeduren, die vor der Besetzung einer Stadt stattfanden, und sie hatte ordnungsgemäß gehandelt. Bevor sie die Stadt belagerte, hatte sie Botschafter mit Briefen an alle Würdenträger entsandt, in denen sie ihnen die Gründe erklärte, die sie dazu veranlaßten, gegen Ali und seine Absichten zu rebellieren, und in denen sie die Ziele darstellte, die sie erreichen wollte und zu deren Unterstützung sie aufforderte.[14] Es war eine wahre Informations- und Überzeugungskampagne, eine militärische Taktik, die jeder Handlung vorausging und in der schon der Prophet immer geglänzt hatte. Aischa nützte die Moschee als Ort der Begegnung und der öffentlichen Diskussion, um die Bevölkerung zu informieren, bevor sie die Stadt besetzte. So wurde auch mit Abu Bakr als Würdenträger von Anfang an Kontakt aufgenommen.[15]

Aischa handelte nicht nur aus Treue nach den von Mohammed angewendeten Methoden. Es gab einen tieferen Grund dafür: Das erste Mal seit dem Tode des Propheten standen sich die Muslime feindlich gegenüber. Eine Situation war eingetreten, die der Prophet als die schlimmste im Islam beschrieben hatte, die *Fitna*, der Bürgerkrieg, der die Waffen der Muslime nach innen richtet, anstatt sie, wie Allah es wünscht, nach außen zu richten, um die Welt zu erobern und zu beherrschen. Aischa mußte also ihren Aufstand gegen Ali rechtfertigen; sie warf ihm vor, die Mörder 'Uthmans, des dritten Kalifen, nicht der Justiz übergeben zu haben. Einige der Feinde 'Uthmans, deren Identität bekannt war, waren in die Armee Alis als militärische Führer eingetreten. Viele Muslime mußten wie Aischa denken, denn ein Großteil der Stadt Basra hatte sie willkommen geheißen und ihr Männer und Waffen zur Verfügung gestellt. Aischa schlug also ihr Hauptquartier in Basra auf, nachdem sie den Gouverneur vertrieben hatte, der in Alis Diensten stand. Sie führte ihre Informations - Verhandlungs - Überzeugungskampagne mit zwei Verbündeten, Talha und Zubair, Quraish wie sie, in Einzelgesprächen oder in den Moscheen fort, wo sie die Menge aufwiegelte und zur Unterstützung gegen den »ungerechten« Kalifen aufforderte. Das war im Jahre 656 (36 d.H.). Die öffentliche Meinung war gespalten: Sollte man einem »ungerechten« Kalifen (der die Mörder 'Uthmans nicht bestrafte) gehorchen oder gegen ihn rebellieren und Aischa unterstützen, selbst wenn dieser Aufstand zu Unruhen führen würde?

Für die einen lag die größte Gefahr, der die muslimische Nation ausgesetzt sein konnte, nicht in der Beherrschung durch ein ungerechtes Oberhaupt, sondern im Bürgerkrieg. Vergessen wir nicht, das Wort »Islam« bedeutet »sich unterwerfen«. Wird ein Oberhaupt angefochten, ist das Grundprinzip des Islams als einer Ordnung in Gefahr. Die anderen wiederum waren der Auffassung, daß die Ungerechtigkeit des muslimischen Staatschefs schlimmer sei als der Bürgerkrieg. Ein Muslim darf nicht die Hände in den Schoß legen, wenn er sieht, daß das Oberhaupt Ungerechtigkeiten und andere verwerfliche Taten (*al-Munkar*) begeht: »Der Prophet hat gesagt: Wenn die Leute *al-Munkar* sehen und nicht versuchen, es zu ändern, wird Gott sie bestrafen.« Eine andere Version dieses Hadith lautet: »Möge derjenige, der eine Situation erlebt, in der *al-Munkar* geschieht, versuchen, diese zu ändern.«[16] Das war das Argument der Gruppierung, die Sadat ermordete; es spiegelt recht gut die äußerst umfangreiche Literatur der Extremisten wider.[17]

In Basra im Jahre 36 stellte sich das Dilemma der Muslime – einem ungerechten Kalifen gehorchen oder die Waffen gegen ihn ergreifen – nur in den Kreisen der Führungselite. Fanden in den Moscheen auch echte Vollversammlungen statt, bei denen die Verantwortlichen mit den Regierten die Entscheidungen diskutierten, die im Konflikt zwischen Aischa und Ali zu treffen waren, so muß (nach der Lektüre der Protokolle dieser Debatten) bemerkt werden, daß das Volk, das in der Moschee das Wort ergriff, vor allem darüber informiert werden wollte, was vor sich ging. Die einfachen Leute wußten nicht einmal, worum es ging. Für diese Bürger war das wichtigste Problem das der fehlenden Demokratie. Sich einzusetzen, ohne die Motive zu verstehen, nach denen die Anführer handelten sowie die Konflikte, die sie spalteten, erschien ihnen sinnlos. Diese Gläubigen gaben als Grund für ihr fehlendes Engagement weder für die eine noch für die andere Seite das Fehlen von Demokratie bei der Ernennung des Kalifen an. Bei einer der Debatten, die in der Moschee von Basra stattfanden und bei denen die Genossen Aischas von der Bevölkerung aufgefordert wurden, ihre Beweggründe darzulegen, machte ein junger Mann, der nicht zur Elite gehörte, einen Einwurf, der einen ganzen, bislang wenig untersuchten Bereich der Dynamik des Islams in seinen Anfängen beleuchtet und der heutzutage oft »vergessen« wird: der Mangel an Demokratie, der von den einfachen Leuten stark empfunden wurde. Dieser junge Mann ergriff das Wort in der Moschee von Basra, eine Geste, die ihn übrigens das Leben kosten sollte. Er wandte sich an die Verbündeten und Vertreter Aischas, die ihn zum Aufstand bewegen wollten, und sagte ihnen: »Ihr Muhadschirun (Einwanderer aus Mekka), ihr wart zwar die Ersten, die dem Ruf des Propheten folgten. Ihr hattet das Privileg, Muslime vor allen anderen geworden zu sein. Aber danach hatten alle dieses Privileg und alle bekannten sich zum Islam. Dann, nach dem Tode des Propheten, habt ihr einen Mann aus euren Reihen gewählt, ohne uns (die Leute aus dem Volk, die nicht zur Elite gehören) zu befragen. Und nach dem Tode dieses Mannes seid ihr zusammengekommen und habt einen anderen (Kalifen) ernannt, auch diesmal, ohne uns um unsere Meinung zu fragen (...) Ihr habt 'Uthman gewählt, ihr habt ihm Treue geschworen, ohne uns zu konsultieren. Er hat euch durch sein Verhalten mißfallen, ihr habt ihm den Krieg erklärt, ohne uns zu fragen. Ihr habt, wiederum ohne unsere Meinung einzuholen, beschlossen, Ali zum Kalifen zu ernennen und ihm Treue zu schwören! Was also werft ihr ihm jetzt vor? Weshalb habt ihr beschlossen, ihn zu bekämpfen? Hat er eine ungesetzliche Tat begangen? Hat er eine verwerfliche Tat begangen? Erklärt uns, worum es sich handelt. Wir müssen überzeugt sein, damit wir uns dazu entschließen können, an diesem Krieg teilzunehmen. Worum also handelt es sich, weshalb kämpft ihr?«[18] Der Beschluß, nicht an diesem Bürgerkrieg teilzunehmen, war keine seltene Haltung, die nur einigen Persönlichkeiten der Elite vorbehalten war. Die Moscheen waren voll von Leuten, die es absurd fanden, Anführern zu folgen, die die Gemeinschaft dazu bringen wollten, sich gegenseitig zu zerfleischen. Abu Bakr war keineswegs eine Ausnahme.

Sobald Aischa mit Abu Bakr Kontakt aufgenommen hatte, ließ dieser sie seine Antwort wissen: Er war gegen die Fitna. Nach dem zu urteilen, was er *nach der Schlacht* berichtete, ließ er ihr folgende Worte übermitteln: »Zwar seid Ihr unsere umm (Mutter, in Anspielung auf ihren Titel Mutter der Gläubigen, den der Prophet seinen Frauen während der letzten Jahre verliehen hatte), zwar könnt Ihr als solche über uns verfügen, aber ich habe den Propheten sagen gehört: »Niemals wird das Volk zu Wohlstand gelangen, das die Macht *(Mulk)* einer Frau anvertraut.«[19] Wenn sich auch, wie deutlich geworden ist, viele der Gläubigen und Bewohner Basras für die Neutralität aussprachen, so war doch Abu Bakr der einzige, der dieses mit der Tatsache rechtfertigte, daß eine der Parteien eine Frau war.

Nach der Beschreibung Tabaris lebte Basra nach der Niederlage Aischas einige Tage lang in einer berechtigten Angst. Sollte sich Ali an denen rächen, die ihm nicht zu Hilfe geeilt waren, darunter auch Abu Bakr? »Ali verkündete schließlich eine Generalamnestie.[20] Alle, die die Waffen niederlegen würden, hatte er am Tag der Schlacht angekündigt, und in ihre Häuser zurückkehren würden, sollten mit dem Leben davonkommen.«[21] »Ali verbrachte mehrere Tage auf dem Schlachtfeld. Er begrub die Toten beider Seiten und hielt, bevor er in die Stadt zurückkehrte, ein gemeinsames Trauergebet.«[22]

Ganz so einfach verhielt es sich jedoch nicht, betrachtet man das Beispiel Abu Mussa al-Ash'aris, eines anderen friedfertigen Muslimen, der sich weigerte, an einem Bürgerkrieg teilzunehmen, den er absurd fand. Abu Mussa al-Ash'ari verlor Stellung und Vermögen. Jedoch war die Lage Abu Mussas nicht mit der Abu Bakrs zu vergleichen, sieht man von ihrer gemeinsamen Weigerung ab, am Krieg teilzunehmen. Abu Bakr war von Aischa, der Verliererin, um Unterstützung gebeten worden, während Abu Mussa al-Ash'ari von Ali, dem Sieger, gefragt worden war. Abu Mussa war niemand Geringeres als der Gouverneur Alis, sein Vertreter und die Verkörperung des muslimischen Staates an der Spitze der irakischen Stadt Kufa. Ali sandte Abu Mussa Boten, bevor er sich in das von Aischa besetzte Basra begab und bat ihn, Männer anzuwerben und ihm dringend Truppen und Waffen zur Verfügung zu stellen. Abu Mussa beschloß nicht nur, einem Kalifen den Gehorsam zu verweigern, sondern er glaubte sich auch dazu verpflichtet, der Bevölkerung, die er regierte, »Ratschläge zu erteilen«. Er beschloß, das Volk einzubeziehen und ließ es zur Information und Diskussion in die Moschee kommen; dort klärte er die Menschen als Gläubige über die Haltung des Propheten zum Bürgerkrieg auf. Abu Mussa zitierte Hadithe, die die Fitna verurteilten, und befahl, dem Kalifen den Gehorsam zu verweigern und seinem Aufruf nicht zu folgen. Seiner Meinung nach war es die Pflicht eines Muslimen, sich im Falle der Fitna jeder Beteiligung zu enthalten. Er zitierte eine große Anzahl von Hadithen in der Moschee von Kufa, alle gegen die Fitna, alle gegen den Bürgerkrieg. Es war dabei keine Rede vom Geschlecht des Anführers![23] Bukhari hat sie im übrigen in einem Kapitel über *al-Fitna* gesammelt. Unter ihnen ist auch jener Hadith Abu Bakrs: der einzige, der als Grund für die Neutralität das Geschlecht eines der Kriegsgegner nannte.[24]

Was den modernen Leser überraschen mag, blättert er in den Chroniken der berühmten Kamelschlacht, ist die Achtung, die die Bevölkerung, unabhängig von ihrer Einstellung zum Krieg, Aischa gegenüber an den Tag legte. Selten waren die Gelegenheiten, anläßlich derer sie beschimpft wurde, und in einem solchen Falle geschah dies niemals aus den Reihen der politisch Verantwortlichen, sondern aus denen des Volkes.[25] Die Historiker bemerken, daß einzig die schiitischen Chronisten (die auf der Seite Alis waren) schlecht über Aischa sprachen. Weshalb also hat sich Abu Bakr durch eine noch nie dagewesene frauenfeindliche Haltung von den anderen abgehoben?

Weiß man, daß Abu-Mussa al-Ash'ari seiner Ämter enthoben wurde, seine Stellung verlor, von Ali aus Kufa verjagt und durch einen weniger friedfertigen und vor allem gefügigeren Gouverneur ersetzt wurde [26], sollte man glauben, daß die Lage der anderen, weniger illustren »Friedfertigen« genauso heikel war: insofern erschien ein Hadith, der den Befehl gab, nicht an einer Schlacht teilzunehmen, an deren Spitze eine Frau steht, wie eine glückliche Fügung.

Abu Bakr hat sich übrigens auch an andere Hadithe erinnert, die ihm in kritischen Momenten unverhofft zu Hilfe kamen. Nach der Ermordung Alis konnte Mu'awiya, der Omaiyade, seinen Anspruch auf das Kalifat nur dann rechtfertigen, wenn Hassan, der Sohn Alis und somit sein Nachfolger, schriftlich erklärte, daß er auf seine Rechte verzichtete, was er schließlich tat, nachdem mit mehr oder weniger lauteren Mitteln Druck auf ihn ausgeübt und geschachert wurde.[27] Zu diesem Zeitpunkt erinnerte sich Abu Bakr an einen Hadith, der haargenau paßte, und das unter politischen Umständen, die völlig unvorhersehbar gewesen waren: Er habe den Propheten sagen hören, daß »Hassan (der Sohn Alis) ein Mann der Versöhnung sei«.[28] Hassan muß noch ein Säugling gewesen sein, als der Prophet, sein Großvater (durch seine Tochter Fatema) dies gesagt haben soll! Abu Bakr hatte ein recht erstaunliches Gedächtnis, was politisch opportune Hadithe anbetraf, die seltsamerweise im Sinne der Geschichte, das heißt im Sinne des Stärkeren, waren.

Nachdem der historische Kontext des Hadith erhellt wurde, ist es nun an der Zeit, ihn selbst kritisch zu untersuchen und zwar unter Anwendung der methodologischen Regeln, die die *Fuqaha* (Gelehrte der Religionswissenschaft) als Prinzipien der Wahrheitsfindung entwickelt haben.[29]

Die erste der Regeln ist, »diese Religion als eine Wissenschaft« zu betrachten, gemäß Imam Malik ibn Anas, der im 8. Jahrhundert (93 d.H.) geboren wurde und der zusammen mit Safi'i und Abu Hanifa wegen ihres Beitrags zur Ausarbeitung des Wissens, das den Gläubigen befähigt, das Erlaubte vom Verbotenen zu unterscheiden, »zu den drei berühmtesten Imams der muslimischen Welt zählt«.[30] Malik ibn Anas wiederholte immer wieder: »Diese Religion ist eine Wissenschaft. Habt also ein Auge auf jene, von denen ihr sie habt. Ich hatte das Glück, zu einem Zeitpunkt auf die Welt gekommen zu sein (in Medina), als noch siebzig Personen (Schüler) lebten, die Hadithe zitieren konnten. Sie gingen in die Moschee und sprachen: Der Prophet hat gesagt (...) Ich habe keinen einzigen dieser Hadithe aufgeschrieben, nicht, weil sie nicht glaubwürdig gewesen wären, sondern weil ich fand, daß sich diese Männer um Dinge kümmerten, zu denen sie nicht berufen waren.«[31] Seiner Meinung nach genügte es nicht, zur Zeit des Propheten gelebt zu haben, um eine Quelle von Hadithen hervorzubringen, es mußte auch eine gewisse Grundlage vorhanden sein, daß jemand berechtigt war zu sprechen; »die Unwissenden *(al-Juhhal)* mußten ausgeschlossen werden«. Wie hätten sie als Quelle einer Wissenschaft gelten können, wenn sie nicht die notwendigen intellektuellen Fähigkeiten dazu besaßen? Aber Unwissenheit und intellektuelle Befähigung allein waren nicht die einzigen Kriterien zur Beurteilung der Hadith-Erzähler. Die wichtigsten waren ihre Charaktereigenschaften.

Malik zufolge können gewisse Personen keinesfalls einen Hadith weitergeben. »Die Wissenschaft *(al-Ilm)* darf weder von einem *Safih* (Unvernünftigen) übermittelt werden, noch von jemandem, der unter dem Einfluß seiner Leidenschaften steht und Neuerungen *(Bid'a)* bringen möchte, noch von einem Lügner, der den Leuten Unsinn erzählt (...) und schließlich darf die Wissenschaft nicht von einem Scheich angenommen werden, selbst wenn dieser geachtet und sehr fromm ist, aber nicht das Wissen beherrscht, das er weitergeben soll.«[32] Malik geht so weit mit seinem Mißtrauen gegenüber den Überlieferern und der Notwendigkeit des Muslimen, auf der Hut zu sein, daß er uns rät, als Kriterium für die Vertrauenswürdigkeit einer Quelle das Verhalten des Menschen im Alltagsleben heranzuziehen: »Es gibt Leute, die ich als Erzähler von Hadithen ausgeschlossen habe. Nicht, weil sie als Wissenschaftler gelogen hätten, indem sie falsche Hadithe verbreiteten, die der Prophet nie ausgesprochen hat, sondern einfach weil ich gesehen habe, wie sie in ihren Beziehungen zu Menschen, in den alltäglichen, banalen Beziehungen, die nichts mit der Wissenschaft zu tun haben, gelogen haben.«[33]

Wenn wir diese Regel auf Abu Bakr anwenden, müßte er sofort als Überlieferer von Hadithen ausscheiden, weil eine seiner Biographien, die von ibn al-Athir, verrät, daß er vom Kalifen 'Umar ibn al-Khattab wegen einer falschen Zeugenaussage verurteilt und gegeißelt wurde.[34] Es handelt sich um eine sehr schwere Anklage, die 'Umar gewöhnlich mit dem Tod durch Hängen bestrafte *(Ar-Rajm)*, die der Unzucht *Zina*, dem unstatthaften Geschlechtsakt. Um der sexuellen

Freizügigkeit und Promiskuität ein Ende zu bereiten, die im vorislamischen Arabien häufig vorkamen, und um die Vaterschaft besser kontrollieren zu können, verdammte der Islam später jeglichen Geschlechtsverkehr außerhalb der Ehe als *Zina* und forderte Frauen und Männer auf zu heiraten, denn die Ehelosigkeit wurde als das Tor zu Versuchungen aller Art betrachtet. Er gab den Männern das Recht, mehrere Frauen zu haben, sich ihrer auf einfache Weise zu entledigen und durch andere zu ersetzen, solange sich dies im Rahmen der muslimischen Ehe abspielte. 'Umar, der zweite Kalif einer noch jungen Gemeinschaft, die noch unter dem vorislamischen Einfluß stand, mußte schnell und streng handeln, damit sich der Leitgedanke des Islams, die patriarchalische Familie, in den Köpfen festsetzte. Der Tod durch Hängen für *Zina* sollte nur erfolgen, wenn vier Zeugen bestätigen konnten, mit ihren eigenen Augen und zur gleichen Zeit den Ehebruch festgestellt zu haben, Bedingungen, die äußerst schwierig zu erfüllen waren und die aus dieser Strafe mehr eine Abschreckung als eine wirkliche Bedrohung machten. Im übrigen mußte vermieden werden, daß Feindschaft und Verleumdung zur Verurteilung Unschuldiger führten. Hatten nur drei Zeugen den Angeklagten in flagranti ertappt, war ihr Zeugnis nicht gültig. Mehr noch, jeder Zeuge, der spaßeshalber jemanden verleumdete und ihn des Verbrechens der *Zina* beschuldigte, wurde wegen *Qadf* (Verleumdung) bestraft: Er wurde wegen falscher Zeugenaussage ausgepeitscht.[35]

Dies war genau der Fall bei Abu Bakr; er war unter den vier Zeugen, die zu 'Umar gekommen waren, um einen bekannten Politiker, al-Mughira ibn Shu'ba, öffentlich des Verbrechens der *Zina* anzuklagen. Die vier Zeugen berichteten vor 'Umar, daß sie al-Mughira ibn Shu'ba bei der Unzucht ertappt hätten. 'Umar begann seine Untersuchung, und einer der vier Zeugen gab zu, daß er nicht ganz sicher sei, alles gesehen zu haben. Der Zweifel eines der Zeugen bringt die anderen in die Gefahr des *Qadf* (Bestrafung durch Auspeitschen wegen Verleumdung), und Abu Bakr wurde ausgepeitscht.

Folgt man den Prinzipien Maliks im Bereich der *Fikh*, müßte Abu Bakr als Quelle von jedem gut informierten malikitischen Muslim abgelehnt werden.

Zum Abschluß dieser Untersuchung soll ein kurzer Überblick über die Haltung der *Fuqaha* der ersten Jahrhunderte zu diesem frauenfeindlichen Hadith, den man uns heute als eine heilige und unanfechtbare Wahrheit präsentiert, gegeben werden. Selbst wenn er von Bukhari und anderen als *Sahih* (authentisch) betrachtet wurde, so wurde dieser Hadith doch von vielen anderen angezweifelt und diskutiert; die Fuqaha konnten sich nicht über die Bedeutung einigen, die sie diesem Hadith über die Frauen und die Politik beimessen sollten. Natürlich gab es diejenigen, die ihn als Argument benutzten, um die Frauen von der Entscheidungsgewalt auszuschließen; aber es gab auch andere, die dieses Argument nicht stichhaltig und wenig überzeugend fanden. Tabari gehört zu den religiösen Autoritäten, die dagegen Position bezogen, denn er fand, daß dieser Hadith keine ausreichende Basis dafür darstellte, um den Frauen das Recht auf die Teilhabe an Entscheidungen vorzuenthalten und ihren Ausschluß aus der Politik zu rechtfertigen.[36]

Nachdem wir versucht haben, den Lauf der Geschichte zurückzuverfolgen, wobei die Reihe der Überlieferer und Zeugen von einer unruhigen historischen Epoche zeugt, kann man nur raten, doppelt wachsam zu sein, wenn jemand mit dem Geheiligten als Waffe versucht, dem Gläubigen einen so schrecklichen und historisch so folgenschweren politischen Grundsatz als höchste Wahrheit zu verkaufen. Und doch ist dieser »frauenfeindliche« Hadith, wie im folgenden zu sehen sein wird, wenn auch nur ein Beispiel, so doch kein Einzelfall.

IV. Ermittlung gegen andere frauenfeindliche Hadithe

Während meiner ganzen Kindheit hatte ich ein sehr zwiespältiges Verhältnis zum Koran, der uns in einer Koranschule gelehrt wurde, in der besonders grausame Sitten herrschten. In meiner kindlichen Empfindsamkeit erschien es mir, daß einzig der äußerst eigenwillige Islam meiner Großmutter, Lalla Yasmina, die Analphabetin war, den Zugang zu einer Religion verschaffen konnte, die zugleich Poesie war.

Sie litt unter dem, was man heute Schlaflosigkeit nennt, aber zu jener Zeit dachte man noch nicht an solche Dinge, die von einer zu intensiven Beschäftigung mit sich selbst zeugten. Sie jedenfalls nicht. Sie nutzte diese Momente, um das Morgengebet zu verrichten und verwandelte damit ihre Schlafprobleme in eine Zeremonie und eine Kunst, die ersten Stunden des Tages sinnvoll zu verwenden. Kurz darauf weckte sie uns mit dem verlockenden Duft von *mahrach* (einem ländlichen Grießkuchen) und Pfefferminztee. Sie träumte, während wir aßen, meine Brüder, Schwestern, Cousins und ich, von einer märchenhaften Reise: der Pilgerfahrt nach Mekka. Sie trällerte Bruchstücke eines klassischen Epos' vor sich hin, das sie auf ihre Weise zusammengeflickt hatte und in dem sehr oft die zwei Worte wiederkehrten, die noch heute bei mir den Wunsch wecken, weit fortzufliegen: *l-Madina l-Munawara*, strahlendes Medina, leuchtendes Medina, das Ziel ihrer Reise. Wenn man sie unterbrach, um sie daran zu erinnern, daß das Ziel der Reise Mekka war, versicherte sie uns mit der für die marokkanischen Analphabeten so typischen hellsichtigen Schläue: »Das macht nichts, ich werde dort kurz anhalten, aber das Wichtigste ist das Grab des Geliebten (des Propheten). Ich hoffe, daß sie ihn in eurer Schule nicht umgebettet haben, denn er ist in Medina begraben. Das habe ich jedenfalls selbst herausgefunden.« Zwischen ihr und den gebildeten Leuten herrschte ein Krieg, der mir damals unverständlich war. Sie sang die Etappen des *Haddsch* (Pilgerfahrt nach Mekka) vor sich hin, während sie Brot buk; die Strecke hatte dabei kaum Ähnlichkeit mit der, auf der man in der Koranschule beharrte. Manchmal vergaß sie *'Arafa* (eine Etappe auf der rituellen Strecke des Haddsch), manchmal unterschlug sie die Etappe von Mina, so eilig hatte sie es, an ihrem Traumziel anzukommen: dem ewigen, leuchtenden Medina, wo man von einem sanften und gastfreundlichen Propheten empfangen wurde: »Dort gibt es keinen Pfefferminztee, Kinder, dort gibt es ganz andere Dinge. Ich habe vergessen, was es ist, aber auf jeden Fall ist es anders«, schloß sie, die Realistin und Abenteurerin. Ihr Islam war eine Gelegenheit, in fremde Länder zu reisen, sich dort zu entfalten und Liebe und Licht zu entdecken.

Es fiel mir schwer, nach diesen morgendlichen Gesängen in die beengte und grausame Welt der Schule einzutauchen. Während man bei Lalla Yasmina mit den Worten frei spielen durfte, wurde in der Koranschule der geringste Aussprachefehler entdeckt und bestraft. »Der Koran muß so gelesen werden, wie er vom Himmel gekommen ist.« Mittwoch war der Vortragstag: Jeder Aussprachefehler wurde je nach Art und Schwere von einer gewissen Anzahl von Schlägen begleitet, die die *Mhadria* verabreichten, die größten unter den Schülern, die selten die glänzendsten waren, aber die man mit Kirschen, Pfirsichen und Granatäpfeln »kaufen« konnte, je nach Jahreszeit. Lalla Fquiha (die Lehrerin) war so besessen von der Aussprache, daß sie uns kaum erklärte, was die Worte bedeuteten. Einen unverständlichen Text zu schreiben und zu lesen, war für Lalla Fquiha eine Art, den Koran wie ein Geheimnis zu verehren. Am Montag wurden auf *lauhat* (Holztafeln) die auswendig zu lernenden Verse niedergeschrieben. Sie wurden bis zum Mittwoch im Schneidersitz heruntergeleiert. Wir durften mit dem Körper hin- und herwippen, wenn der Rhythmus uns mitriß: »*Al Quo'ran-nagham* (der Koran ist Musik)«, sagte sie uns, indem sie mit ihrem langen Stock über unseren Köpfen herumfuchtelte: »Wer die Harmonie darin nicht spürt, der soll lieber den Christen und Juden dienen.« Unglücklicherweise behielt ich tatsächlich nur die Verse, in denen die Worte schwebten wie Seidenfäden:

wat-Turi	(Beim Berg [Sinai],)
wa-kitabin masturin	([bei] einer Schrift, niedergeschrieben)
fi raqqin mansurin	(auf Pergament und entfaltet)
wal-baiti l-ma'muri	(bei dem [von Wallfahrern] besuchten Hause)

Verse wie diese (Sure 52), von denen ich nur den Rhythmus behielt, gestatteten es mir, über Stunden hinweg zu entfliehen, indem ich von vorne nach hinten wippte, um die strenge

Aufsicht Lalla Fquihas zu täuschen. Ich träumte mich weit weg von der Schule und eilte ins leuchtende Medina, wo man köstliche Getränke genoß.

Dieser Zwiespalt, die Dualität meines Verhältnisses zum Heiligen Buch sollte in mir bleiben. Je nachdem, wie man es benutzt, kann das Heilige Buch ein Weg in die Freiheit oder ein unentrinnbares Gefängnis sein. Es kann wie ungewöhnliche Musik sein, die zum Träumen einlädt, oder aber eine trostlose Routine. Es hängt nur von dem ab, der sich damit beschäftigt. Je älter ich aber wurde, desto mehr entfernte sich die Musik. Auf dem Gymnasium war der Unterricht in Religionsgeschichte gespickt mit Hadithen, und viele von ihnen, die der Lehrer vortrug, indem er vor uns in ausgewählten Seiten von Bukharis Werk blätterte, beunruhigten mich außerordentlich: »Der Prophet hat gesagt, daß der Hund, der Esel und die Frau das Gebet unterbrechen, wenn sie vor dem Gläubigen vorbeigehen, denn sie stellen sich zwischen ihn und die Qibla.«[1]

Ich war sehr schockiert von einem solchen Hadith, und ich wiederholte ihn nie, in der Hoffnung, daß er durch mein Schweigen aus meiner Erinnerung verschwinden würde. Ich, die ich mich als intelligent, kreativ, gut, leidenschaftlich und enthusiastisch empfand, wie man es nur mit sechzehn Jahren tun kann, ich wiederholte mir: »Warum soll der Prophet einen Hadith gesagt haben, der mir wehtut? Zumal eine solche Aussage in nichts dem ähnelt, was man uns ansonsten über das Leben Mohammeds erzählt!« Wie sollte Mohammed, »der Geliebte«, eine Jugendliche so sehr verletzen, die ihn im Ungestüm ihrer Jugend zu einer richtigen Stütze ihrer romantischen Träume gemacht hatte? Mohammed war nicht nur ein Staatschef, er war auch der Geliebte Aischas.

»Amru ibn al-As (ein Schüler) fragte den Propheten:

'Wen liebt Ihr am meisten auf der Welt?'
'Aischa', antwortete ihm dieser.«[2]

Vor Überraschung darüber, daß nicht ein Mann den ersten Platz im Herzen seines Herrn einnahm, war Amru ibn al-As, der ein bedingungsloser Anhänger der Armee war, sprachlos. Wie, es war nicht das Militär, das für ihn die größte Rolle spielte? Und, ohne lockerzulassen, fragte er weiter: »Und unter den Männern, wen liebt Ihr da am meisten?« Und der Prophet gab zu, daß der Mann, den er am meisten liebte (...) Abu Bakr war, der Vater Aischas, seiner Vielgeliebten.[3] Abu Bakr war bekannt für seine Sensibilität, die leicht in Überempfindsamkeit umschlug. Er konnte den Koran nicht lesen, ohne zu weinen!

In einem Arabien, in dem die Gewalt vorherrschte, in dem das Schwert regierte, hatte die Botschaft des Propheten, der öffentlich bekannte, daß er die Frauen den Männern vorzog, einen ungewöhnlichen Klang. Offensichtlich hat Abu Huraira, jener Schüler, der meinte, daß die Frau, gemeinsam mit dem Esel und dem Hund, eine Störung für die Gläubigen sei, ganz und gar nicht seine Botschaft *Rissala* erfaßt. Denn er machte aus der Frau ein Element, das den Kult unterbricht, »indem sie sich zwischen ihn und die Qibla stellt«. Um die Gefahr eines solchen Hadith zu begreifen, muß zunächst definiert werden, was die *Qibla* ist.

Die *Qibla* ist eine Richtung, die Richtung nach Mekka, wo sich die *Ka'ba* befindet, das tausendjährige Heiligtum, das vom Islam im Jahre 630 (8 d.H.) annektiert wurde, als Mohammed seine Geburtsstadt zurückeroberte. Die Qibla gibt dem muslimischen Gebet über seine geistige und pragmatische Zielsetzung (Meditation und Disziplin) hinaus eine kosmische Dimension. Durch sie wird der Gläubige auf den richtigen Weg gebracht, sie ist die Möglichkeit, seinen Platz in der Welt zu finden, Verbindung aufzunehmen mit dem Universum, den Himmel inbegriffen. Die Ka'ba war nicht immer die heilige Richtung der Muslime. Monatelang wandten sie sich, von ihrem Propheten aufgefordert, zu einem fremden Heiligtum hin, Jerusalem. Während der Kindheit Mohammeds war die Ka'ba das Zentrum des Götzenkults. Aber sobald ihm Gabriel erschienen war und er die ersten Offenbarungen erhalten hatte, wandte er sich ganz selbstverständlich mit seiner Frau Chadidscha zur Ka'ba, um zum ersten Mal sein seltsames Gebet zu verrichten. Als sich Mekka feindselig zeigte, seine Botschaft verachtete und in seinem Götzenglauben verharrte, dachte Mohammed darüber nach, den Göttlichen an einem anderen Ort zu suchen. Da die Araber weiterhin ihre Götzen anbeteten, wandte er sich nach Jerusalem: »Als der Prophet in Medina angekommen war, wandte er sich sechzehn Monate lang beim Gebet gen Jerusalem. Dann, eines Tages, sagte ein Mann, der mit einer Gruppe von Ansarn bereits mit dem Propheten gebetet hatte: Ich bezeuge, daß ich den Propheten das Gebet habe verrichten sehen, indem er das Gesicht zur Ka'ba wandte, ändert also Eure Richtung.«[4]

Weshalb diese Kehrtwendung? Hinter dieser Richtungsänderung versteckt sich das wahre Wesen des Islams, der damals durch die georeligiöse Struktur der Region dazu verurteilt war, nur ein Synkretismus zu sein, eine recht spezifische Synthese der örtlichen Götzenkulte oder eine Nebenform des Christentums oder des Judentums, die die Region einschließlich Arabien beherrschten. In welche Richtung sollte sich Mohammed, der etwas Neues, etwas spezifisch Arabisches schaffen wollte, wenden? Die Ka'ba war die Richtung der Götzenanbeter. Im Jahre 622 hatten ihn diese aus Mekka verjagt. Sich nach Jerusalem wenden? Das hätte bedeutet, sich den Juden und den Christen zu unterwerfen. Die Feindseligkeit der Mekkaner war so groß, daß ihm die Juden und die Christen, die Leute des Buches *(Ahl l-kitab)* zunächst als die logischeren, ideologisch näherstehenden Verbündeten erschienen. Während sich aber das Christentum in der Person des legendären *Nagachi* (Negus) Äthiopiens, der den ersten Verfolgten aus Mekka Schutz geboten hatte, großmütig, verständnisvoll, wenn auch distanziert zeigte, fielen die sehr zahlreichen und einflußreichen Juden in Medina über ihn her.[5]

Die jüdische Gemeinschaft bot all ihren Einfluß auf, um den Propheten lächerlich zu machen, indem sie ihn beschuldigte, ein Betrüger zu sein und ihn daran hinderte, das jüdisch-christliche Erbe als Grundlage seiner Mission in Anspruch zu nehmen. Es gibt eine sehr umfangreiche, in den arabischen Quellen verstreute Literatur über den Gelehrtenkrieg zwischen den Juden aus Medina und Mohammed, der sich am Anfang noch ihrer Unterstützung gegenüber dem gemeinsamen Feind, dem Polytheismus, sicher war. Er verzichtete auf Jerusalem als Ka'ba erst, als er die Hoffnung auf die Juden verloren hatte. »Als der Prophet nach Medina kam, wo der Kult der Christen und der Juden vorherrschte, die sich nach Jerusalem wandten, gebot ihm Gott, sich beim Gebet ebenfalls dorthin zu wenden, um sie nicht zu verärgern und damit sie ihm gewogen wären (...) Jedoch wünschte er in seinem tiefsten Inneren, daß die Richtung des Gebets die Ka'ba wäre, das Heiligtum, das auch die Qibla Abrahams und Ismaels gewesen war. Täglich betete er zu Gott, er möge ihm diesen Wunsch erfüllen.«[6]

Für die Orientalisten war diese Frage kein Neuland. Sie beschäftigten sich sowohl mit dem internationalen Zusammenhang, in dem Mohammed seine Mission begann, als auch mit den Kräften, die sich auf dem Gebiet der Religion und des Wissens gegenüberstanden. Die Haltung derjenigen, die Mohammed als falschen Propheten, Epileptiker oder Hysteriker bezeichneten, spiegelt die Haltung der Juden Medinas einem Araber gegenüber wider, der die Kühnheit besaß, sich das jüdisch-christliche Wissen anzueignen.[7]

Wenn Mohammed den Juden gefährlicher erschien als den Christen, so lag das zum Teil an der geographischen Nähe und dem Interessenkonflikt, der sich daraus ergab: In Medina teilten sich die jüdische Gemeinschaft und die beiden polytheistischen arabischen Stämme der Aus und der Chasradsch, die Mohammed Schutz anboten, die Macht. Da die Macht der jüdischen Gemeinschaft unter anderem auf der Kontrolle des jüdisch-christlichen Wissens basierte, gab es für Mohammed, der die Interessen einer nationalistischen arabischen Ideologie vertrat, nur zwei Möglichkeiten, seine Position zu halten: entweder mit der Unterstützung der jüdischen Gemeinschaft oder im Kampf gegen sie, falls sie ihn in Verruf brachte oder in den Schmutz zog. Alles weitere, vor allem die Vertreibung der Juden und zum Teil ihre Vernichtung, folgte aus dieser unerbittlichen Logik, die der Krieg um das Wissen gebietet, dem einzigen Krieg, der nur ein totaler Krieg sein kann, wie es heutzutage der Konflikt zwischen dem Westen, der die Produktion des technologischen Wissens beherrscht, und den Ländern der Dritten Welt, die es nur konsumieren, zeigt. Was der Prophet tat, war das jüdisch-christliche Erbe zu »nationalisieren«, zu »arabisieren« – so als würde heutzutage ein arabischer Prophet auftauchen und Einstein, Marx und Freud nicht nur als Ahnen der modernen muslimischen Araber betrachten, sondern die muslimische Gesellschaft auch noch als einzigen Ort, in dem ihr Erbe Früchte tragen kann, da allein sie in der Lage sei, ihre wissenschaftliche Botschaft weiterzuentwickeln. Die Juden erlebten den Propheten als Hochstapler, der ihnen ihre Propheten stahl und sie aus persönlichem Interesse zu seinen Landsleuten machte. Sie hatten das Interesse, den Propheten aus zweierlei Gründen auszuschalten: Er tastete nicht nur die Quelle ihres Ansehens an, d.h. den Zugang zum Heiligen, zum Himmel, zur Offenbarung, zu den Propheten, sondern er benutzte auch noch ihre eigenen Propheten, ihre eigenen Legenden, ihr eigenes Wissen, um eine Macht, die die Welt beherrschen sollte, zu konstituieren. Der Prophet war naiv genug zu glauben, daß die jüdische Gemeinschaft in ihm nichts weiter als einen Verbündeten sah. Erst während der kritischen Jahre, den Jahren 5 bis 8 d.H., den Jahren der militärischen Unsicherheit und der wirtschaftlichen Krise, entschloß er sich, ihnen den totalen Krieg zu erklären. Was wäre aus dem Islam geworden, hätten die Juden Mohammed unterstützt? Womöglich wäre er niemals wirklich entstanden, vielleicht hätte er sich zu einem etwas abgewandelten Judentum entwickelt, einer Sekte eigener Art, so wie es sie im Mittelmeerraum schon häufig gegeben hat.

Man sollte jedoch nicht vergessen, daß der Prophet seine Mission nur erfüllen konnte, weil die Arabische Welt reif war für einen ideologischen Umsturz: Arabien erlebte eine schwere ideologische Krise, die ihrerseits eine tiefgreifende wirtschaftliche und gesellschaftliche Unsicherheit widerspiegelte und das Seßhaftwerden von Christen und Juden erklärte. Die Araber bewunderten sie als Gemeinschaften, die erreicht hatten, was ihnen fehlte: ein Gefühl der Identität, der Zugehörigkeit zu einer höheren Zivilisation, das Gefühl, ein auserwähltes Volk zu sein, mit dem Gott gesprochen hat. Aus diesem Grund wird im Koran so sehr auf der Tatsache bestanden, daß das Buch der Offenbarungen arabisch ist. Die Arabische

Welt verharrte in einer solch tiefen Krise, daß sie sich weder für würdig hielt, einen Propheten ihrer eigenen Rasse zu haben, noch einen Gott, der zu ihnen auf arabisch sprach. Der Kommentar Tabaris zum dritten Vers der 41. Sure, in dem es heißt, daß der Koran »eine Schrift ist, deren Verse deutlich erklärt sind (ein arabischer Koran), zur Belehrung für verständige Menschen«, erklärt gut diese Rolle des Islams als Antwort auf eine Krise der nationalen Identität, eine Krise des Selbstvertrauens.[8] Die alten Stammessolidaritäten, die bis dahin funktioniert hatten, waren von den neuen wirtschaftlichen Solidaritäten, den Handelsbündnissen, bedroht. Die Erschütterung der wirtschaftlichen und sozialen Strukturen wurde von vielen – wie auch heute – als intellektuelles Mißbehagen und religiöse Krise empfunden, als Suche nach einem Gott, der den in Auflösung begriffenen arabischen Stämmen erlaubte, ihren Platz als Macht in der Welt zu finden. Aus diesem Grund änderte Mohammed seine Meinung hinsichtlich der Qibla und beschloß, sich von Jerusalem abzuwenden und in Richtung Mekka zu beten. Jerusalem, dem man noch weniger vertrauen konnte als Mekka, mußte als symbolischer Horizont aufgegeben werden. Und diese Wahl der Ka'ba als Richtung, die das Heilige leitet und den Raum ordnet, sollte aus dem Islam das machen, was er heute ist: eine Religion, die sich in die monotheistische, jüdisch-christliche Tradition einreiht, zugleich aber eine eigenständige Religion ist, die sich als rivalisierende, um die Weltherrschaft kämpfende Macht darstellt und sich von der elitären Botschaft des Judentums abhebt: Der Islam wandte sich an alle. Denn die Moschee Mohammeds ist, im Gegensatz zu den anderen Religionen, nicht ein Haus, ein Gebäude, sondern ein Horizont. Die Moschee ist überall: »Die ganze Erde wurde meine Moschee.«[9] Um zu beten, genügt es dem Gläubigen, die Richtung

Mekkas auszumachen (für die Nordafrikaner ist es der Osten, der Sonnenaufgang, für die Indonesier und Chinesen das Gegenteil) und einen Gegenstand vor sich zu stellen, der symbolisch das Heilige Grab darstellt. Qibla bedeutet, das Universum kreisen zu lassen mit einer arabischen Stadt als Epizentrum. Die Frauen von der Qibla auszuschließen, bedeutet also, sie von allem auszuschließen, von der Sphäre des Heiligen und der Sphäre des Nationalen, die den Raum als den Bereich bestimmt, in dem sich der arabische und muslimische Ethnozentrismus entfaltet.

Die räumliche Vorstellung des Islams erlaubt es, überall zu beten, auf der Straße, auf dem Flur, in einem Garten oder auf einem Schlachtfeld. Der Prophet zum Beispiel stieß seinen Säbel vor sich in den Boden und schuf so seine Qibla, er konnte sogar unterwegs oder mitten in einem Feldzug die Rituale des Gebets vollziehen.[10] Sobald man jedoch eine symbolische Qibla vor sich aufgestellt hat, ist zu vermeiden, daß sich Dinge zwischen einen selbst und diese Qibla stellen, damit keine Ablenkung entsteht. Die ganze Erde ist Moschee; die Frau zwischen Hund und Esel einzuordnen, wie der Hadith Abu Hurairas es tut, und sie als Störfaktor zu betrachten, impliziert, daß es einen fundamentalen Widerspruch zwischen ihrem Wesen und dem des Göttlichen geben muß. Indem er sie zwischen zwei gewöhnliche Tiere stellt, läßt der Autor des Hadith die Assoziation zu, daß sie zur Gattung der Tiere gehört. Es genügt, daß eine Frau im Blickfeld des Gläubigen auftaucht, damit der Kontakt mit der Qibla, das heißt mit dem Göttlichen, gestört wird. Wie der Hund und der Esel zerstört sie durch ihre Anwesenheit die symbolische Verbindung mit dem Göttlichen. Das Gebet muß unterbrochen und von neuem begonnen werden.

Da die arabische Zivilisation eine Zivilisation der Schrift

ist, kennen wir glücklicherweise nicht nur Abu Hurairas Ansicht über diese Frage. Ibn Masruq zufolge soll Aischa geantwortet haben, als man ihr gegenüber den Hadith erwähnte, nach dem die drei Gründe für die Unterbrechung des Gebets der Hund, der Esel und die Frau sind: »Ihr vergleicht uns nun mit Eseln und Hunden. Allmächtiger Gott, ich habe den Propheten gesehen, wie er sein Gebet verrichtete, und ich lag auf dem Bett zwischen ihm und der Qibla. Um ihn nicht abzulenken, versuchte ich, mich nicht zu bewegen (...).«[11] Die Gläubigen hatten es sich zur Gewohnheit gemacht, zu Aischa zu kommen, um zu überprüfen, was sie gehört hatten, denn sie vertrauten auf ihr Urteil, nicht nur als einer dem Propheten Nahestehenden, sondern auch wegen ihres eigenen Sachverstandes. »Ich habe Gruppen der würdigsten Anhänger des Propheten gesehen, wie sie ihm Fragen über die *Faraid* stellten (die praktischen Pflichten der Muslime, die Rituale usw.), und ibn 'Ataa sagte: Aischa war von allen Personen diejenige, die am gebildetsten war und die größten Kenntnisse in der Fikh besaß und, verglichen mit denen, die um sie herum waren, über das beste Urteilsvermögen verfügte.«[12] Trotz ihrer Wachsamkeit schlich sich der Einfluß Abu Hurairas in die bedeutendsten religiösen Texte ein, darunter die *Sahih* von Bukhari, der sich offensichtlich nicht immer verpflichtet glaubte, die Korrekturen zu berücksichtigen, die Aischa angebracht hatte. Eine große Anzahl dieser Hadithe hatten das »verschmutzende« Wesen des Weiblichen zum Thema.

Die Hintergründe dieses Aspekts des Weiblichen, mit dem im Islam Störung und Beschmutzung verbunden ist, machen es notwendig, die Persönlichkeit Abu Hurairas, der diese Anschauung gewissermaßen legalisiert hat, näher zu betrachten. Ohne den Psychoanalytiker spielen zu wollen, kann man doch sagen, daß das Schicksal Abu Hurairas und seine zwiespältigen Gefühle gegenüber den Frauen in der Geschichte seines Namens zu suchen sind. *Abu Huraira*, wörtlich der »Vater des kleinen Katzenweibchens«, hieß vorher »Sklave der Sonne« *(Abd ech-Chems)*.[13] Der Prophet beschloß, seinen Namen zu ändern, weil er einen sehr starken Beigeschmack des Götzenkultes hatte. Der »Sklave der Sonne« kam ursprünglich aus dem Jemen, dem Teil Arabiens, wo man sich nicht nur der Sonnenanbetung hingab (die Sonne ist auch im Arabischen ein weiblicher Stern), sondern wo auch die Frauen die Geschäfte und die Herzen leiteten. Der Jemen, das war das Land der Königin von Saba, von Bilkis, jener Königin, die Salomon neugierig machte, die über ein glückliches Königreich herrschte und die in der arabischen Erinnerung des 7. Jahrhunderts verhaftet war, denn sie taucht im Koran auf, der das Entzücken Salomons wiedergibt:

Ich habe ein Land gesehen, welches du noch nicht gesehen hast,
ich komme aus dem Saba-Land mit sicherer Kunde,
ich fand dort eine Frau,
welche regiert
und welche alles besitzt
und welche auch einen herrlichen Thron hat.
Ich fand aber, daß sie und ihr Volk
die Sonne statt Allah anbeten.[14]

Abu Huraira kam aus dem jemenitischen Stamm der Daus.[15] Im Alter von dreißig Jahren konvertierte der Sklave der Sonne zum Islam. Der Prophet gab ihm den Namen *Abd Allah* (Sklave Allahs) und den Beinamen *Abu Huraira* (Vater des kleinen Katzenweibchens), weil er immer ein kleines Katzenweibchen mit sich führte, das er liebte.[16] Aber Abu

Huraira war nicht glücklich über den Beinamen, den der Prophet ihm gegeben hatte, denn er wollte nicht, daß die Spur des Weiblichen in seinem Namen auftauchte: »Abu Huraira sagte: Nennt mich nicht Abu Huraira. Der Prophet gab mir den Beinamen Abu Harr (Sohn des Katers), und das Männchen ist besser als das Weibchen.«[17] Er hatte noch einen anderen Grund, auf diese Fragen der Weiblichkeit empfindlich zu reagieren, denn er ging keiner sehr männlichen Beschäftigung nach. Während im wirtschaftlich aufblühenden Medina die Einwohner, insbesondere die Juden, aus der Landwirtschaft eine Kunst machten, gingen die Einwanderer aus Mekka weiterhin ihren Handelsgeschäften nach und bemühten sich, diese mit den militärischen Feldzügen zu verbinden. Nach seinen eigenen Worten zog es Abu Huraira vor, in Gesellschaft des Propheten zu sein: Er diente ihm und »legte manchmal mit Hand an in den Gemächern seiner Frauen«[18] – was übrigens vielleicht den Schleier um das Geheimnis seines Hasses gegenüber den Frauen und den Katzenweibchen lüften kann, denn die beiden scheinen bei ihm durch eine recht erstaunliche Fixierung aneinander gebunden zu sein.

Er war so mit den Katzenweibchen und den Frauen beschäftigt, daß er sich an einen Hadith des Propheten erinnerte, der diese beiden Geschöpfe zum Thema hatte und in dem die Katze wesentlich besser davonkam als die Frau. Aischa jedoch bezeugte das Gegenteil, wie ein Schüler erzählt: »Wir waren bei Aischa, und Abu Huraira war bei uns. Aischa sagte zu ihm: 'Vater des kleinen Katzenweibchens, hast du erzählt, daß du den Propheten hast sagen hören, daß eine Frau in die Hölle gefahren ist, weil sie ein Katzenweibchen hat verhungern lassen und ihm nichts zu trinken gegeben hat'?«

»Ich habe diese Worte des Propheten gehört«, antwortete der Vater des kleinen Katzenweibchens.

»Der Gläubige hat in den Augen Gottes einen zu großen Wert«, gab Aischa zurück, »als daß dieser ihn quälen könnte wegen eines Katzenweibchens (...) Vater des kleinen Katzenweibchens, das nächste Mal, wenn du versuchst, die Worte des Propheten zu wiederholen, dann achte auf das, was du erzählst.«[19]

Es ist nicht erstaunlich, daß Abu Huraira Aischa im Gegenzug angreift. Wie dem auch sei, ob »Mutter der Gläubigen« oder »Geliebte des Geliebten Gottes«, sie widerspricht ihm zuviel. Eines Tages verliert er die Geduld. Dieses Mal, als sie ihn angreift, verteidigt er sich: »'Du erzählst', sagte Aischa zu Abu Huraira, 'Hadithe, die du nie gehört hast.'« Er gab schneidend zurück: »Oh Mutter, ich war nur auf der Suche nach Hadithen, du warst jedoch zu sehr mit dem Schminken und dem Spiegel beschäftigt.«[20]

Seit den Anfängen des Islams bietet die Einstellung gegenüber dem Geschlechtsakt und der Menstruation ein ständiges Konfliktpotential: Sind sie eine Quelle der Befleckung? Aischa und die anderen Frauen des Propehten ließen keine Gelegenheit aus, um die Tatsache zu betonen, daß der Prophet nicht die krankhafte Haltung des vorislamischen Arabiens zu dieser Frage hatte. Reinigte sich der Prophet nach dem Geschlechtsakt während des Monats Ramadan? »Abu Huraira hat erzählt, daß der, der beschmutzt vom Morgen überrascht wird (*Janban*, hier handelt es sich um die Beschmutzung durch den Geschlechtsakt), nicht fasten kann.«[21] Als sie dieses neue, von Abu Huraira erlassene Gesetz vernahmen, stürzten die Anhänger zu den Frauen des Propheten, um sich Gewißheit zu verschaffen: »Sie stellten umm Salma und Aischa die Frage (...) Diese antworteten ihnen: »Der Prophet verbrachte die Nacht *Janban*, ohne das geringste Reinigungsritual vollzogen zu haben, und am Morgen fastete er.«[22] Die Gläubigen, die in großer Verwirrung waren, kamen zu Abu Huraira zurück. »Ach ja, das haben sie gesagt?« antwortete er. »Ja, das haben sie gesagt«, erwiderten die immer ängstlicher werdenden Gläubigen, da der Ramadan eine der fünf Säulen des Islams ist. Da gestand Abu Huraira unter dem Druck, daß er diese Worte nicht direkt aus dem Mund des Propheten gehört hatte, sondern von jemand anderem. »Er korrigierte das, was er gesagt hatte, und später erfuhr man, daß er vor seinem Tod seine Aussage vollständig widerrief.«[23]

Abu Huraira war nicht der einzige, der Hadithe über das Reinigungsritual überlieferte, eine Gegebenheit, die ständig Diskussionen und Konflikte zwischen Aischa und den Schülern hervorrief. »Ibn 'Umar befahl den Frauen, die das Reinigungsritual vollzogen, ihren Zopf zu lösen (bevor sie sich mit der nassen Hand über das Haar strichen).« Als sie von dieser Belehrung hörte, soll Aischa geantwortet haben: »Seltsam *(Ya 'ajaban)* (...) weshalb befiehlt er ihnen nicht gleich, die Haare abzuschneiden? Ich wusch mich mit dem Propheten und wir reinigten uns mit demselben Wassereimer. Ich strich mir dreimal mit der nassen Hand über das Haar und löste es niemals!«[24] Aischa beharrte auf diesen Korrekturen, weil sie sich über deren Auswirkungen bewußt war: Das vorislamische Arabien betrachtete die Sexualität und die menstruierende Frau im besonderen als Ursprung der Unreinheit, des Makels, als Pol der negativen Kräfte. Diese Theorie der Unreinheit spiegelte eine Sicht des Weiblichen wider, die sich in einem ganzen System von Aberglauben und Glauben manifestierte, das Mohammed bekämpfte, da es einerseits den Inbegriff der *Jahiliya* (Epoche der Unwissenheit) und andererseits den des Glaubens der jüdischen Gemeinschaft Medinas verkörperte.

Der Streit um die Unreinheit war ein grundlegendes Problem. Die Fuqaha, die an dieser Debatte, die in der religiösen Literatur ausführlich behandelt wird, teilnahmen, sprachen sich zugunsten Aischas aus. Sie führten übrigens als Gegenargument die Tatsache an, daß ihre Version der Hadithe mehr mit der Haltung des Propheten übereinzustimmen schien, denn dieser hatte mit allen Mitteln versucht, »gegen den Aberglauben in all seinen Erscheinungsformen anzukämpfen«.[25]

Diese Angelegenheit betraf nicht nur die Imams, auch die Kalifen fühlten sich davon direkt betroffen: »Mu'awiya ibn Abi Sufiyan fragte umm Habiba, die Gattin des Propheten, ob jener, »Allah bete für ihn!«, manchmal das Gebet in den Kleidern verrichtete, in denen er sie geliebt hatte *(yujami'u fihi)*; sie antwortete, »ja, denn er sah darin nichts Schlechtes«.[26] Imam an-Nisa-i erklärte, weshalb er so sehr auf dem Thema der Menstruation in seinem Kapitel über das Ritual der Reinigung beharrte: Der Prophet wollte gegen das phobische Verhalten der Juden Medinas, die die menstruierende Frau für tabu erklärten, angehen: »Er gab ihnen (den männlichen Gläubigen, die ihn dazu befragten) den Befehl, mit ihren Frauen zu essen, zu trinken, das Lager zu teilen, alles mit ihnen zu machen, was sie wollten, außer sich mit ihnen zu vereinigen.«[27]

Die Bücher der Fikh widmen allesamt ein oder mehrere Kapitel den Ritualen der Reinigung, die jeder Muslim fünfmal am Tag vor dem Gebet befolgen muß. Es ist unbestreitbar, daß der Islam um die körperliche Sauberkeit besorgt ist, was bei vielen Leuten zu einem quasi neurotischen Zwang zur Reinigung führt. Die Vorbereitung unserer religiösen Erziehung fängt mit der Aufmerksamkeit dem Körper gegenüber an, seinen Ausscheidungen, den Flüssigkeiten, den Öffnungen, die das Kind ständig zu überwachen, zu kontrollieren lernen muß. Der Geschlechtsakt erlegt dem Mann und der Frau ein noch umständlicheres Ritual auf. Nach ihrer Menstruation muß sich die Frau vollständig nach einer genauen Vorschrift waschen. Der Islam betont die Tatsache, daß der Geschlechtsakt und die Menstruation in der Tat recht außergewöhnliche (im ursprünglichen Sinne des Wortes) Ereignisse sind. Sie sollen jedoch aus der Frau nicht etwa ein Wesen machen, das die Gegenwart des Göttlichen zunichte macht und seine Ordnung stört. Der Erfahrung nach zu urteilen, die ich in Penang, in Malaysia, Bagdad oder in Kairuan machte, als man mir auf der Schwelle zur Moschee den Zutritt zum Heiligtum verweigerte, scheint sich diese Botschaft des Propheten fünfzehn Jahrhunderte später in der muslimischen Welt noch immer nicht durchzusetzen.

Umm Maimuna, zu dem Zeitpunkt, der uns interessiert, eine der Gattinnen des Propheten (in seinen letzten Jahren in Medina hatte er neun), sagte laut Nisa-i, dem Gewissenhaften: »Zuweilen rezitierte der Prophet den Koran, wobei er den Kopf auf das Knie von einer von uns Frauen gelegt hatte, die ihre Regel hatte. Es geschah auch, daß eine von uns seinen Gebetsteppich in die Moschee trug und ihn ausbreitete, während sie ihre Regel hatte.«[28] Schon zu Zeiten des Imams Nisa-i (er wurde im 9. Jahrhundert, 214 oder 215 d.H., geboren) ahnten die Gelehrten, daß darin eine Botschaft lag, die die im arabischen Mittelmeerraum vor und nach dem Propheten verwurzelte und festgefahrene Frauenfeindlichkeit in Frage stellte. Daher versuchten sie, so sehr wie möglich darauf zu achten, daß diese so störenden Verhaltensweisen des Botschafters Gottes nicht bekannt wurden. Jene Fuqaha, die die Gefahr begriffen, daß in der Misogynie eine Möglichkeit lag, den Propheten zu verraten, verdoppelten ihre Vorsichtsmaßnahmen. Sie holten Erkundigungen über das Geschlechtsleben des Propheten ein, indem sie seine Frauen, die einzig glaubwürdige Quelle zu diesem Thema, zu Worte kommen ließen. Sie sammelten Details über sein Leben in der Moschee und zu Hause. Ibn Saad widmete ein Kapitel dem Grundriß des Hauses des Propheten: Es handelt sich um ein Kapitel, das, wie noch zu zeigen sein wird, von größter Bedeutung ist, um den Schlüsselaspekt des Islams zu erhellen, den einer totalen Revolution gegenüber der jüdisch-christlichen Tradition der *Jahiliya* (der vorislamischen Zeit), soweit es das Verhältnis zum Weiblichen betrifft. Sehr bald setzte sich jedoch die frauenfeindliche Tendenz auch unter den Fuqaha durch und gewann die Oberhand. In vielen Hadithen tauchte wieder die abergläubische Angst vor dem Weiblichen auf, die der Prophet besiegen wollte.

Unter den »authentischen« Hadithen Bukharis findet sich folgender: »Das Unglück liegt in drei Dingen: dem Haus, der Frau und dem Pferd.«[29] Bukhari berücksichtigte hierbei keine anderen Versionen, obgleich es für den Fikh die Regel ist, eine oder mehrere widersprüchliche Darstellungen zu geben, um dem Leser die gegensätzlichen Sichtweisen zu zeigen, damit er seine Entscheidung treffen konnte hinsichtlich der Praktiken, die Gegenstand einer Meinungsverschiedenheit waren. Bei Bukhari findet sich keine Spur von der Gegendarstellung, die Aischa zu diesem Hadith gegeben hatte. »Man erzählte Aischa«, so schreibt Imam Zarkachi, »daß Abu Huraira dabei sei zu verbreiten, daß der Gesandte Gottes gesagt habe: 'Drei Dinge bringen Unglück, das Haus, die Frau und das Pferd.'« Aischa antwortete: »Abu Huraira hat offensichtlich seine Lektion schlecht gelernt. Er kam zu uns herein, als der Prophet mitten in einem Satz war. Er hat nur das Ende gehört. Der Prophet hatte gesagt: 'Möge Allah die Juden bekämpfen, sie sagen: Drei Dinge bringen Unglück, das Haus, die Frau und das Pferd.'«[30]

Bukhari berücksichtigte nicht nur diese Korrektur nicht, sondern er behandelte den Hadith so, als wäre er niemals widerlegt worden. Er zitiert ihn dreimal mit jeweils einer anderen Überlieferungskette, die gewöhnlich den Hadith verstärkt und einen Eindruck der Übereinstimmung vermittelt. Mit keiner Silbe wird die Debatte zwischen Aischa und Abu Huraira zu diesem Thema erwähnt. Mehr noch, Bukhari läßt diesem frauenfeindlichen Hadith einen anderen folgen, der in dieselbe Richtung geht und dieselbe Vorstellung vom Weiblichen als Ursache der Zerstörung und des Unglücks widerspiegelt: »Der Prophet hat gesagt: 'Ich hinterlasse dem Manne keine schädlicheren Unruhestifter als die Frauen'.«[31] Quelle dieses Hadith ist Abdallah ibn 'Umar, der Sohn 'Umar ibn al-Khattabs, des zweiten Kalifen, der für seine ungewöhnlich asketische Lebensweise bekannt war und dessen Nächte von Gebet und Reinigung ausgefüllt waren.[32] Abdallah wurde von Bukhari als Quelle sehr geschätzt. Von ihm stammt ein anderer berühmter Hadith, in dem er die Frauen zur Hölle schickt: »Abdallah ibn 'Umar hat gesagt: 'Der Prophet hat gesagt: 'Ich habe einen Blick ins Paradies geworfen, und ich habe bemerkt, daß sich die Mehrheit seiner Bewohner aus armen Leuten zusammensetzt. Ich habe einen Blick in die Hölle geworfen, und ich habe bemerkt, daß dort die Frauen in der Mehrzahl sind'«[33]

Welche Schlußfolgerung ist nun daraus zu ziehen, daß selbst die *Sahih*, die echten Hadithe, genau unter die Lupe genommen und kritisch betrachtet werden müssen? »Es ist unser Recht«, würde Malik ibn Anas sagen: Bukhari begann wie alle Fuqaha seine Sammlung, indem er Allah um Hilfe bat und beteuerte, daß dieser allein unfehlbar sei. An allem zu zweifeln, vor allem an den Fuqaha und den Imams, ist unsere Tradition, und es wäre mehr denn je notwendig, diese Tradition aus den Jahrhunderten des Vergessens wieder hervorzuholen: insbesondere müssen Verallgemeinerungen vermieden werden und Behauptungen, daß alle Imams frauenfeindlich waren und sind, was heute so wenig stimmt wie damals. Davon zeugt Imam Zarkachi, der zu unserem Glück alle Einwände Aischas schriftlich niederlegte.

Imam Zarkachi war türkischer Abstammung und wurde in Ägypten in der Mitte des 14. Jahrhunderts geboren (genauer im Jahre 745 d.H.). Wie alle Gelehrten seiner Zeit irrte er durch die muslimische Welt auf der Suche nach Wissen, er spezialisierte sich in den Religionswissenschaften und hinterließ nicht weniger als dreißig Sammlungen, von denen viele (heute sind nur noch ihre Titel bekannt) für die modernen Forscher verlorengingen. Unter den Büchern, die die Zeit überdauerten, ist eines, das Aischas Beitrag zum Islam als Religionswissenschaft gewidmet ist. Das Buch beginnt mit folgenden Zeilen: »Aischa ist die Mutter der Gläubigen (...), sie ist die Geliebte *(Habibatu)* des Gesandten Gottes (...), sie hat mit ihm acht Jahre und fünf Monate zusammengelebt. Sie war achtzehn Jahre alt beim Tode des Propheten (...) und wurde fünfundsechzig Jahre alt (...) Wir verdanken ihr 1.210 Hadithe (...)«[34] , er fügt hinzu: »Dieses Buch ist ihrem besonderen Beitrag *(ma-tafarradat bihi)* auf diesem Gebiet gewidmet, insbesondere den Punkten, in denen sie mit den Wissenschaftlern ihrer Zeit vollkommen uneins war und zu denen sie neue Informationen hinzugefügt hat (...) Ich habe diesem Buch den Titel *Sammlung der Korrekturen, die Aischa an den Zeugnissen der Schüler vorgenommen hat (Al-Iiraad fi ma as-stadrakathu Aicha'ani as-Sahaba...)* gegeben.«[35]

Das Buch blieb bis 1939 in Manuskriptform. Al-Afghani entdeckte es bei seinen Nachforschungen zur Biographie Aischas in der Bibliothek ad-Dahiriya von Damaskus. Aus welchem Grund verfaßte Imam Zarkachi, einer der größten Gelehrten der safi'itischen Schule seiner Zeit, eine Arbeit über Aischa? Eine Arbeit, die er ganz offensichtlich als äußerst wichtig betrachtete, denn er widmete das Buch dem Richter der Richter (Kadi al-Qodat), der in seinem Rang dem heutigen Justizminister entspricht, der höchsten Autorität auf dem Gebiet der Religion in einer muslimischen Stadt. Er nennt folgenden Grund: »Dem Propheten war die Bedeutung Aischas so sehr bewußt, daß er sagte: 'Lernt einen Teil eurer Religion bei der kleinen Rothaarigen.'«[36] Einer der Lieblingskosenamen des Propheten, wenn er von Aischa sprach, war *al-Humayyira*, in Anspielung auf ihre sehr weiße, leicht sonnengebräunte Haut, wie man sie selten im Hidschas, dem nördlichen Teil Arabiens, findet.[37]

Aischa hatte vielen Hadithen Abu Hurairas widersprochen und erklärte denen, die es hören wollten: »Er kann nicht gut zuhören, und wenn man ihn um Auskunft bittet, gibt er falsche Antworten.«[38] Aischa konnte sich Kritik ihm gegenüber erlauben, denn sie selbst verfügte über ein ausgezeichnetes Gedächtnis. »Ich habe niemals jemanden gesehen, der so große Kenntnisse in der Fikh, in der Poesie und der Medizin hat wie Aischa.«[39] Abu Huraira raubte ihr den letzten Nerv. »Wer hat denn das schon wieder von Abu al-Qasem (Beiname des Propehten) gehört?«, rief sie aus, als man ihr eine andere Version des Hadith erzählte, die beschrieb, was der Prophet nach der Liebe tat.[40]

Sich mit der in der religiösen Literatur schon immer heftig umstrittenen Person Abu Hurairas, dem Verfasser von Hadithen, die das Alltagsleben jeder modernen muslimischen Frau prägen, zu befassen, ist keine unnütze Aufgabe. Abu Huraira war und ist noch immer Gegenstand von Kontroversen. Es herrscht bei weitem keine Einigkeit darüber, ob er als Quelle vertrauenswürdig ist. Das letzte, gemeinsam von einem libanesischen und einem irakischen Verlag veröffentlichte Buch über Abu Huraira ist eine Huldigung, die von einem seiner Bewunderer verfaßt wurde. Er widmet nicht weniger als 500 Seiten seiner (...) Verteidigung. 'Abd al-Mun'im Saleh al-'Aliy hat seinem Buch einen Titel gegeben, der für sich spricht: *Zur Verteidiung Abu Hurairas*, ein Bestseller, der bereits 1983 in neuer Auflage erschien.[41] Der Autor beginnt mit der These, daß »die Zionisten und ihre Verbündeten eine neue Waffe gegen den Islam gefunden haben, indem sie Zweifel über die Erzähler von Hadithen säen (...), insbesondere über jene, die viele Hadithe erzählt haben (...).«[42] Damit soll einer Beschreibung des Ausmaßes der Kontroverse um Abu Huraira Genüge getan sein. Sicher ist, daß Abu Huraira bereits lange vor dem Zionismus den Schülern seiner eigenen Generation eine Angriffsfläche bot. Er stand von Anfang an in einem recht zweifelhaften Ruf, und Bukhari war sich dessen bewußt, denn er selbst berichtet, daß »die Leute sagten, daß Abu Huraira zuviele Hadithe erzählte.«[43] Zu seiner Verteidigung berichtet 'Abd al-Mun'im in allen Einzelheiten von den Vorfällen, bei denen Abu Huraira heftig angegriffen wurde, dabei beschränkt er sich nicht nur auf die Attacken Aischas. Er versichert, daß 'Umar ibn al-Khattab, der zweite orthodoxe Kalif, nicht behauptet hat, daß »der größte Lügner der *Mohadditin* (Erzähler von Hadithen) Abu Huraira ist.«[44] Er widerspricht auch der Darstellung, daß 'Umar ihm mit der Verbannung in sein Heimatland, den Jemen, drohte, wenn er weiterhin Hadithe erzählte.[45]

'Umar, der beim Propheten und bei der muslimischen Gemeinschaft damals wie heute aus vielerlei Gründen über einen unvergleichbaren Einfluß verfügte, unter anderem aufgrund seines Ansehens als Politiker, seines Mutes in militärischen Dingen, seiner starken Persönlichkeit und seiner Abscheu gegenüber der Lüge, vermied es, Hadithe zu erzählen. Die Vorstellung, ungenau zu sein, war ihm unerträglich. Aus diesem Grunde gehörte 'Umar zu den Schülern, die sich lieber auf ihr eigenes Urteilsvermögen *(Ar-Raiy)* stützten, als ihrem Gedächtnis zu vertrauen, das sie als auf gefährliche Weise fehlbar beurteilten.[46] Er war äußerst irritiert von der Leichtfertigkeit, mit der Abu Huraira die Hadithe heruntersagte: »'Umar ibn al-Khattab«, so heißt es in der Biographie, die ihm ibn Hajar widmet, »soll eines Tages folgende Überlegung über Abu Huraira angestellt haben: 'Wir haben viele Dinge zu sagen, aber wir haben Angst, sie zu sagen, und dieser Mann kennt keine Zurückhaltung!'«[47]

Die Fehlbarkeit des Gedächtnisses war für den frommen Schüler ein Anlaß, über die Hinfälligkeit des Seins gegenüber der Zeit als etwas Fließendem zu meditieren. Sie stiehlt nicht nur die Jugend, sondern auch die Erinnerungen. 'Umar ibn Hasin, ein anderer Schüler, der sich bewußt darüber war, wie verräterisch die Erinnerung sein konnte, wenn sie einen im Stich ließ, sagte: »Wenn ich wollte, könnte ich zwei Tage lang ununterbrochen Hadithe über den Propheten erzählen. Was mich zurückhält und mich daran hindert, es zu tun, ist, daß ich Männer unter den Schülern des Gesandten Gottes gesehen habe, die genau das gleiche gehört haben, was ich selbst gehört habe, die das gesehen haben, was ich gesehen habe, und diese Männer erzählen Hadithe. Diese Hadithe sind nicht genau das, was wir gehört haben. Und ich habe Angst zu phantasieren, wie sie phantasieren *(Akhafu an-Yushbaha li kama shabiha lahum)*.«[48] Der arabische Begriff hierfür ist *yushbah*, wörtlich »phantasieren«, das heißt, eine Realität sehen, die nicht existiert, die aber ihrer Beschaffenheit nach »der wahren Realität« ähnelt.

Abu Huraira jedoch soll es während der drei Jahre, die er in Begleitung des Propheten verbrachte, geschafft haben, sich an 5.300 Hadithe zu erinnern.[49] Bukhari zählte 800 Gelehrte, die ihn als Quelle zitierten.[50] Und so erklärte Abu Huraira selbst sein fabelhaftes Gedächtnis: »Ich habe zum Propheten gesagt: 'Ich höre Euch aufmerksam zu, ich behalte viele Eurer Worte, aber ich vergesse auch viele.'«[51] Daraufhin soll der Prophet ihn aufgefordert haben, seinen Mantel auszubreiten, während er zu ihm sprach, und ihn danach, am Ende der Zusammenkunft, wieder aufzuheben. »Und so habe ich nichts mehr vergessen.«[52] In einer Religion wie dem Islam, die Mysteriöses stets abgelehnt hat, in der Mohammed dem Druck seiner Zeitgenossen widerstand, Wunder und Zauberstücke zu vollführen, und die Mehrheit der Fuqaha sehr früh einem übertriebenen Pragmatismus anhing, ist die Geschichte vom Mantel bestimmt nicht die beste Art, die Gelehrten zu überzeugen.

Abu Huraira gab auch eine andere, etwas realistischere Erklärung als die erste: »'Die anderen Schüler', sagte er, 'gingen in ihren Geschäften auf und verbrachten ihre Zeit damit, die *Suqs*, die überdachten Einkaufsstraßen, zu besuchen, Handelsverträge abzuschließen und ihr Geld gewinnbringend anzulegen', während er nichts anderes zu tun hatte, als dem Propheten überall hin zu folgen.«[53] 'Umar ibn al-Khattab, der für seine körperliche Stärke bekannt war und die Stadt beim Morgengrauen zum Gebet wecken ließ, mochte keine Faulenzer und Leute, die ohne wirkliche Beschäftigung umherzogen. Einmal hatte er Abu Huraira zu sich gerufen, um ihm eine Arbeit vorzuschlagen. Zu seiner großen Überraschung lehnte dieser sein Angebot ab. 'Umar, der mit diesen Dingen nicht spaßte, sagte zu ihm:

»Du weigerst dich zu arbeiten? Bessere Leute als du haben um Arbeit gebettelt.«

»'Wer sind diese Leute, die besser sind als ich?' erkundigte sich Abu Huraira.

'Josef (der Prophet), Sohn des Jakob, zum Beispiel', sagte dieser, um einer Unterhaltung ein Ende zu setzen, die ihm in höchstem Maße lästig war.

'Er', antwortete Abu Huraira schalkhaft, 'war ein Prophet, Sohn eines Propheten, und ich bin Abu Huraira, Sohn des Umayma.'«[54]

Mit dieser Anekdote kehren wir sowohl zu unserem Ausgangspunkt, dem Verhältnis des Vaters des kleinen Katzenweibchens zum Weiblichen, als auch zu der äußerst bedeutsamen Frage des Verhältnisses zwischen dem Heiligen und der Frau zurück. Ein Verhältnis, das sich im Fall des Islams als sexuelle Praxis mit außergewöhnlicher Theatralik entfaltet, da es sich in einem Spiel ausdrückt, in dem der *Hijab* einen zentralen Platz einnimmt. Alle monotheistischen Religionen kennen den Konflikt zwischen dem Göttlichen und dem Weiblichen, aber keine ist so weit gegangen wie der Islam, der sich für ein Verbergen des Weiblichen entschieden hat, indem er versucht, es zu verschleiern, zu verstecken, zu maskieren. Diese quasi phobische Haltung gegenüber der Frau ist um so überraschender als wir gesehen haben, daß der Prophet seine Anhänger geradezu ermutigte, sie abzulegen, weil sie die *Jahiliya* und ihren Aberglauben verkörperte. Hieraus ergeben sich folgende Fragestellungen: Ist es möglich, daß der Einfluß des Islams nur eine begrenzte, oberflächliche Wirkung auf die tiefsitzende Voreingenommenheit gegenüber dem Weiblichen hatte? Kann es sein, daß der *Hijab*, der Versuch, die Frau zu verschleiern, den man heutzutage als grundlegenden Bestandteil der muslimischen Identität darzustellen bemüht ist, in Wirklichkeit nur ein Ausdruck der vorislamischen Mentalität ist, der *Jahiliya*-Mentalität, die der Islam zu überwinden sich zum Ziele gesetzt hatte?

Was bedeutet der *Hijab* wirklich im ursprünglichen muslimischen Kontext? Welche Bedeutung hat das Wort an sich? Welchen Sinn und welche Berechtigung hat der *Hijab*? Wann wurde er eingeführt, wo, für wen und weshalb?

Zweiter Teil: Medina im Aufruhr: Die drei schicksalhaften Jahre

I. Der *Hijab*, der Schleier

Der *Hijab*, wörtlich »Vorhang«, ist nicht »herabgekommen«, um sich zwischen Mann und Frau zu stellen, sondern zwischen zwei Männer. Der Hijab ist ein genau datiertes Ereignis, dem der Vers 53 der Sure 33 entspricht, der im Jahre 627 (5 d.H.) offenbart wurde.[1]

»Ihr Gläubigen! Betretet nicht die Häuser des Propheten, ohne daß man euch zu einem Essen Erlaubnis erteilt, und ohne [schon vor der Zeit] zu warten, bis es soweit ist, daß man essen kann! Tretet vielmehr [erst] ein, wenn ihr [herein]gerufen werdet! Und geht wieder eurer Wege [in alle Himmelsrichtungen], wenn ihr gegessen habt, ohne zum Zweck der Unterhaltung auf Geselligkeit aus zu sein [und sitzen zu bleiben]! Damit fallt ihr dem Propheten [immer wieder] lästig. Er schämt sich aber vor euch [und sagt nichts]. Doch Gott schämt sich nicht, [euch hiermit] die Wahrheit zu sagen. Und wenn ihr die Gattinnen des Propheten um [irgend]etwas bittet, das ihr benötigt, dann tut das hinter einem Vorhang! Auf diese Weise bleibt euer und ihr Herz eher rein.«[2]

Die Fuqaha verwendeten den Ausdruck »das Herabkommen des Hijab« für zwei Ereignisse, die zu gleicher Zeit stattfanden, sich aber auf zwei völlig verschiedenen Ebenen abspielten: Zum einen für das Herabkommen des Koranverses vom Himmel als Offenbarung, die Gott an den Propheten richtete, ein Vorgang, der sich auf intellektueller Ebene abspielte, zum anderen für das Herabkommen eines Hijab aus Stoff, eines materiellen Hijab, den der Prophet zwischen sich und dem Mann zog, der sich auf der Schwelle seines Brautgemachs befand.

Der Hijab-Vers ist in dem Zimmer der Brautleute »herabgekommen«, um ihre Privatsphäre zu schützen und eine dritte Person auszuschließen – in diesem Fall Anas ibn Malik, einen der Schüler des Propheten. Anas wurde durch den Hijab ausgeschlossen als Zeuge und Repräsentant einer Gemeinschaft, die allzu besitzergreifend wurde; dieser Zeuge selbst berichtete von dem Ereignis. Weiß man um die Auswirkungen dieser bedeutungsvollen Geste auf das Leben der muslimischen Frauen, leuchtet die Beschreibung ein, die Anas von dem Ereignis gab. Der Prophet hatte soeben geheiratet, er wartete voller Ungeduld darauf, mit seiner neuen Braut, seiner Cousine Zainab, alleine zu sein, es gelang ihm jedoch nicht, eine kleine Gruppe von taktlosen Gästen loszuwerden, die sich in ihren Plaudereien vergessen hatten. Der Schleier soll eine Antwort Gottes an eine Gemeinschaft ohne Feingefühl gewesen sein, die durch ihre Taktlosigkeit einen Propheten verletzte, dessen Höflichkeit an Schüchternheit grenzte; dies ist zumindest die Interpretation Tabaris.

»Anas ibn Malik hat gesagt: 'Der Prophet hatte Zainab bint Jahsch geheiratet. Er hatte mich beauftragt, die Leute zum Hochzeitsmahl einzuladen. Ich bin seiner Aufforderung nachgekommen. Die Gäste waren in großer Zahl erschienen. Sie kamen in Gruppen an, eine nach der anderen. Sie aßen, dann gingen sie wieder. Ich sagte zum Propheten: 'Gesandter

Gottes, ich habe soviele Leute eingeladen, daß ich nicht weiß, wen ich noch einladen soll.' Kurz darauf sagte der Prophet: 'Brecht das Mahl ab!' Zainab saß in einer Ecke des Zimmers. Sie war eine Frau von großer Schönheit. Alle Gäste waren gegangen bis auf drei, die von dem Aufbruch nichts mitbekommen hatten. Sie befanden sich noch immer in dem Zimmer und diskutierten. Ärgerlich verließ der Prophet den Raum. Er wandte sich zur Wohnung Aischas. Als er sie sah, grüßte er sie: 'Friede mit Euch, Bewohnerin dieser Stätte', sagte er zu ihr. 'Friede auch mit Euch, Prophet Allahs', antwortete Aischa, 'wie fandet Ihr Eure neue Gefährtin?' So ging er durch die Wohnungen seiner Ehefrauen, die ihn alle wie Aischa begrüßten. Schließlich machte er kehrt und ging in das Zimmer Zainabs zurück. Er sah, daß die drei Gäste noch immer nicht gegangen waren. Sie waren immer noch am Plaudern. Der Prophet war ein äußerst höflicher und zurückhaltender Mann. Er verließ schnell wieder das Zimmer und ging erneut auf die Wohnung Aischas zu. Ich erinnere mich nicht mehr, ob ich oder ein anderer ihn davon unterrichtet haben, daß die drei Männer sich schließlich zum Gehen entschlossen hatten. Auf jeden Fall kam er in das Brautgemach zurück, hatte einen Fuß in das Zimmer gesetzt und einen draußen gelassen, und in dieser Stellung zog er einen Vorhang *Sitr* zwischen sich und mich, und in diesem Moment kam der Hijab-Vers herab.'«[3]

In dieser Version gebraucht Tabari zwei Begriffe, die oft verwechselt werden: *Hijab* und *Sitr*, was wörtlich »Vorhang« bedeutet. Kommen wir noch einmal auf die wichtigsten Aspekte dieses Berichts zurück:

1. Während er den Vorhang zuzog, so sagt uns Anas, sprach der Prophet aus, was in der Gliederung des Korantextes zu Vers 53 der Sure 33 werden sollte, der für die Experten

der *Hijab-Vers* ist. Es handelt sich also um die Worte, die Anas den Propheten hat murmeln hören, während er den *Sitr* (Vorhang) zwischen ihnen zuzog. Worte, die Gott seinem Propheten als Antwort auf eine Situation eingegeben hatte, in der Mohammed offensichtlich nicht wußte, was er tun, wie er handeln sollte. Es sei in diesem Zusammenhang daran erinnert, daß der Koran im Alltagsleben des Propheten und seiner Gemeinschaft verwurzelt war; oft gab er Antwort auf eine bestimmte Situation.

2. Zum zweiten muß berücksichtigt werden, daß der Prophet seine Heirat mit Zainab bint Jahsch feierte.

3. Er lud fast die ganze muslimische Gemeinschaft Medinas ein.

4. Alle nahmen am Hochzeitsmahl teil und gingen wieder, außer drei unhöflichen Männern, die weiterhin schwatzten, ohne sich um die Ungeduld des Propheten und seinen Wunsch, mit seiner neuen Frau alleine zu sein, zu kümmern.

5. Der Prophet ging verärgert in den Hof hinaus, lief auf und ab, kam in das Zimmer zurück und wartete darauf, daß die Nachzügler sich zum Aufbruch entschlossen.

6. Gleich nach ihrem Aufbruch offenbarte Allah dem Propheten den Vers über den Hijab.

Der Prophet zog einen *Sitr* zwischen sich und Anas, während er den Vers 53 der Sure 33 vortrug, der hier genauer untersucht werden soll.

Tabari versucht in seiner Beschreibung des »Herabkommens des Hijab« nicht, uns die Gründe für die Verärgerung des Propheten zu nennen, der doch für seine Gelassenheit und seine unendliche Geduld bekannt war, eine Verärgerung, die eine so bedeutsame Entscheidung wie die Einführung des Hijab bewirken sollte. Gemessen an den Umständen, die zu dieser Offenbarung führten, ist die außergewöhnliche Schnelligkeit, mit der die Ereignisse ihren Lauf nahmen, auffallend: die Verärgerung des Propheten und die darauf fast unmittelbar erfolgende göttliche Antwort. Bei der Untersuchung anderer Verse und ihrer *Asab an-Nuzul* (den Anlässen für ihre Offenbarung) läßt sich oft feststellen, daß es zwischen dem Zeitpunkt des Auftauchens eines Problems und der Offenbarung seiner Lösung einen Entwicklungszeitraum, eine Wartezeit gibt. Im Fall des Hijab jedoch paßt die recht ungewöhnliche Promptheit der Offenbarung weder zum normalen psychologischen Rhythmus der Offenbarungen noch zum Charakter des Propheten, wie wir ihn kennen.

Der Prophet war bekannt für seine unglaubliche Selbstbeherrschung. Er handelte niemals aus einer spontanen Idee heraus. Stand er vor einem Problem, nahm er sich tagelang Zeit, um nachzudenken. Die Leute waren an die Langsamkeit seiner Überlegungen gewöhnt. Ein Problem zur Kenntnis zu nehmen und lange darüber nachzudenken, bevor die Entscheidung fiel, war eine Eigenschaft, die ihm erlaubte, mit einer Gesellschaft, in der rauhe Sitten herrschten, zu kommunizieren sowie in ihr zu überleben. Das »offizielle« Bild, das er in den Geschichtsbüchern hinterließ, ist das eines sanften und schüchternen Mannes. Der Prophet »war mittelgroß (...) Er hatte eine helle, leicht rosarote Haut; seine Augen waren schwarz, er hatte dichtes, glänzendes und schönes Haar. Sein Gesicht war von einem üppigen Bart umrahmt. Er hatte langes, schwarzes Haar, das ihm bis auf die Schultern reichte. Sein Hals war weiß (...) Sein Gesicht strahlte so viel Güte aus, daß man sich nicht von ihm losmachen konnte, wenn man einmal in seiner Gegenwart war (...) Wer ihn gesehen hatte, gestand, niemals, weder vor ihm noch nach ihm, einen Mann getroffen zu haben, dessen Rede so verzauberte (...).«[4]

Paradoxerweise zeichnete sich Mohammed in einer Gesellschaft, in der laut Tabari zur Regelung der Konflikte sehr schnell zum Säbel gegriffen wurde, durch die Fähigkeit aus, Spannungen auszugleichen und die Ruhe zu bewahren. Der Prophet war ein Mann des öffentlichen Lebens. Er beherrschte die Kunst, mit Menschen umzugehen und sie in seinen Bann zu ziehen. Er besaß die Gabe, sowohl einzelne als auch Interessengruppen, die unterschiedliche Positionen vertraten, zu überzeugen: Er war es gewohnt, Menschen ohne Manieren zu ertragen. Verfügte man in der arabischen Welt nicht über eine beispiellose Selbstbeherrschung, war es so gut wie unmöglich, sich als Autorität durchzusetzen. Nicht umsonst war der Prophet schon als junger Mann als *Hakam*, als Schiedsrichter bei Konflikten, anerkannt. Wie erklärt es sich also, daß eine so geringfügige Verärgerung in Windeseile eine so drastische Entscheidung wie den Hijab, die Zweiteilung des muslimischen Raums, mit sich bringen konnte?

Anhand des historischen Kontextes kann dieses Geheimnis ein Stück weit gelüftet werden. Das Jahr 5 nach der Hidschra (627) war kein Jahr wie alle anderen. Es war das verheerendste Jahr für den Propheten als militärisches Oberhaupt einer monotheistischen Glaubensgemeinschaft, die versuchte, sich in einem polytheistischen Arabien durchzusetzen.

Kehren wir zu dem Zeitpunkt zurück, als Mohammed, um der Verfolgung zu entgehen, beschloß, Mekka zu verlassen und bei den Stämmen Medinas um Asyl bat. Eine Stadt wie Medina hätte sich wohl kaum dazu bereit erklärt, einem Rebellen Schutz zu gewähren, der dem ganzen Arabien samt seinen Göttern, dem gefürchteten und mächtigen Mekka, den Krieg erklärte, hätten sie sich nicht einen Nutzen davon versprochen.

Realistisch gesehen: Mohammed konnte sein Unternehmen nur deshalb mit Erfolg abschließen, weil er sich ständig der Wirklichkeit und ihrer Konflikte gewiß war. Als er Mekka nach dem vergeblichen Versuch, sein Heiligtum zu erobern, verließ, wußte Mohammed, daß er letztendlich nur mit seiner Rückkehr siegen konnte. Die Mekkaner wußten das ebenso gut und waren daher fest entschlossen, ihn daran zu hindern. Wer immer also den Propheten aufnahm, um ihm Schutz zu gewähren, lief Gefahr, mit dem Stamm des Propheten, einem der mächtigsten Stämme Arabiens, den Quraish und ihren Verbündeten, in einen Krieg verwickelt zu werden.

Der Prophet wußte, daß die Medinenser von ihm die militärische Behauptung in der Region erwarteten. Der Erfolg auf dem Schlachtfeld war notwendig, um den *Muhadschirun* (den Einwanderern aus Mekka) Selbstvertrauen zu geben und den Medinensern zu zeigen, daß sie eine gute Wahl getroffen hatten, als sie sich für den Islam entschieden. Das Jahr 5 war ein Jahr der Stagnation, des Stillstandes, nach der militärischen Niederlage von Uhud im Jahre 625 (3 d.H.). Ein um so schwierigeres Jahr, als die Truppen Mohammeds nach der Schlacht von Badr im Jahr 2 (624) am Erfolg Geschmack gefunden hatten.

In Badr war die Zahl der Muslime bedeutend geringer als die ihrer Gegner. Sie waren nicht mehr als 314 (83 Einwanderer aus Mekka, der Rest Ansarn, ihre Verbündeten aus Medina, 61 vom Stamm der Aus und 170 vom Stamm der Chasradsch).[5] Die Mekkaner kämpften mit »950 Männern; hundert von ihnen hatten Pferde, die anderen ritten Kamele.«[6]

Als die Schlacht am Hügel von Badr begann, »trat der Prophet zusammen mit Abu Bakr in das Zelt ein, warf sich erneut zu Boden, weinte, betete und sagte: ‘Oh Herr, wenn diese Truppe, die bei mir ist, untergeht, wird es nach mir niemanden mehr geben, der Dich anbetet; alle Gläubigen werden die wahre Religion aufgeben. Er hob die Hände gen Himmel und betete (...).'«[7] Daraufhin schickte ihm Gott eine Armee von fünftausend unsichtbaren Engeln zu Hilfe.[8] Aber der Prophet begnügte sich nicht damit zu beten, er benutzte alle militärischen Taktiken, wie Nachforschungen über den Gegner, Untersuchung des Terrains (vor allem Besetzung eines strategisch wichtigen Brunnens), Verhandlungen an der Basis mit den Männern der Truppe, prophetische Träume und andere Techniken, um aus einer Handvoll Individuen eine Armee von Eroberern zu machen. »Der Prophet betete lange; dann trat er aus dem Zelt, und die Muslime stellten sich in Schlachtordnung auf. Der Prophet ging mit einem Stock in der Hand an den Reihen der Soldaten vorbei, um sie auszurichten. Einer der Ansarn mit Namen Sewad, Sohn des Ghaziyya, stand nicht genau in seiner Reihe. Der Prophet schlug ihn mit dem Stock auf den Bauch (...).«[9] Die Gegner erlitten schwere Verluste: vierzehn getötete Muslime gegenüber 72 gefallenen Mekkanern und ebensovielen Gefangenen .[10] Da die Mehrzahl der Gefangenen von hohem Rang waren, sahen sich deren Verwandte gezwungen, sie freizukaufen (um zu verhindern, daß sie zu Sklaven würden); die Lösegelder ergaben eine märchenhafte Kriegsbeute.

Leider wiederholte sich das Wunder von Badr nicht, als sich die Muslime dreizehn Monate später einer riesigen Armee von Mekkanern bei der Schlacht von Uhud gegenübersahen. Uhud war eine Katastrophe: Die Mekkaner hatten eine Armee von »dreitausend schwerbewaffneten Männern, zum Teil Bewohner Mekkas, zum Teil arabische Beduinen. Zweihundert von ihnen hatten Pferde, die anderen Kamele. Siebenhundert Männer waren mit Harnischen ausgerüstet. Sie marschierten nach Medina, und als sie vor den Pforten der Stadt angelangt waren, hielten sie in der Nähe eines Berges, der eine Meile hoch war.«[11] Der Prophet beeilte sich, mit ihnen zusammenzutreffen, um zu vermeiden, daß sie Medina angriffen. Er erschien an der Spitze einer Armee von tausend Männern. Außer dem des Propheten gab es nur ein einziges Pferd. Weiß man, daß die Anzahl der Harnische und Pferde damals das Schicksal des Siegers bestimmte, so liegt es auf der Hand, daß die Mekkaner schnell triumphierten: »Der Prophet sah, wie die Muslime nach Medina flüchteten. Er begab sich mit seinen Gefährten auf einen Sandhügel und rief: Meine Freunde, ich bin hier, ich, der Prophet Gottes! Aber jene, obwohl sie seine Stimme hörten, kehrten nicht zurück (...).«[12] Die Beschreibung dieser Schlacht sowie deren Hintergründe für die Niederlage, einschließlich der Tatsache, daß manche Muslime mehr Interesse am Plündern als am Heiligen Krieg hatten, füllen etliche Seiten der Geschichtsbücher.[13] Das Schlimmste war die Rückkehr nach Medina: Die Verluste unter den Muslimen beliefen sich auf siebzig Männer. »Es gab nicht ein Haus in Medina, in dem nicht Trauer herrschte. Als der Prophet in die Stadt zurückkam, hörte er das Wehklagen am Eingang der Moschee. Er fragte, was dies zu bedeuten habe. Man gab ihm zur Antwort, daß dies die Frauen der Ansarn seien, die die Toten von Uhud beweinten.«[14]

Das Jahr 5 d.H. – das des »Herabkommens« des Hijab – war also ein besonders katastrophales. Seit Uhud hatte der Prophet ununterbrochen Expeditionen durchgeführt, um den Wunsch zu siegen und die Erinnerung an Badr wachzuhalten. Es gelang ihm jedoch nicht, seinen Traum zu verwirklichen und die Mekkaner zu besiegen, um seinen Anhängern, den Medinensern und möglicherweise der gesamten Arabischen Welt militärisch glaubwürdig zu erscheinen. Schlimmer noch, letztere belagerten ihn noch im selben Jahr in Medina, unter der Befehlsführung der Mekkaner. Der Hijab-Vers gehört zur

Sure 33, *al-Ahzab*, und heißt »das Bündnis der Klans«, der Parteien. Diese Sure beschreibt unter anderem die Belagerung Medinas, auch Grabenschlacht genannt, denn Mohammed hatte Befehl gegeben, zum Schutz einen Graben um die Stadt legen zu lassen.

Der Islam erlebte eine schwere militärische Krise, die erst im Frühjahr des Jahres 630 (8 d.H.) endete, als der Prophet einen entscheidenden Sieg über die Mekkaner errang, bei dem er zuerst Mekka, dann ganz Arabien eroberte. Der Zwischenfall, der sich in der Hochzeitsnacht des Propheten mit Zainab zutrug, muß in seinem historischen Kontext gesehen werden. Er ereignete sich in einer Epoche der Zweifel und der militärischen Niederlagen, in der die Moral der Einwohner Medinas ins Wanken geriet.

Der oben zitierte Vers 53 der Sure 33 wird von den Begründern der Religionswissenschaft als Grundlage für die Einführung des Hijab herangezogen. Alle Bücher der Fikh widmen dem »Herabkommen des Hijab« ein Kapitel. Dieser Vers ist nicht der einzige, der sich auf das erwähnte Ereignis bezieht. Er ist jedoch der erste einer Folge von Vorkommnissen, die schließlich zu einer Spaltung des muslimischen Raumes führen sollten. Bei der aufmerksamen Lektüre dieses Verses wird deutlich, daß sich Allah um das richtige Handeln sorgte: Den Gläubigen sollten gewisse Höflichkeitsregeln, die sie noch nicht zu kennen schienen, beigebracht werden, wie z.B. nicht mehr in ein Haus einzutreten, ohne um Erlaubnis zu bitten.

Abgesehen von den Anstandsregeln, berührt der letzte Teil des Verses ein anderes Thema, das Verbot Allahs, die Frauen des Propheten nach dessen Tod zu ehelichen. Der Hijab-Vers endet folgendermaßen: »Es ziemt sich nicht, daß ihr den Gesandten Allahs kränkt *(Tu'du)* und jemals seine Frauen nach ihm heiratet; denn dies wäre ein schweres Vergehen vor Allah.«

Tabari, der den Koran Satz für Satz auslegt, behandelt diesen letzten Teil gesondert. Der Prophet war von Männern bedroht, die zu seinen Lebzeiten den Wunsch äußerten, seine Frauen nach seinem Tod zu heiraten. Wie war dies möglich? Die gesellschaftliche Krise mußte schon sehr tief sitzen, damit ein solcher Angriff, der sich zwar nur auf der verbalen Ebene bewegte, aber dennoch ernstzunehmen war, stattfinden konnte. Der Hijab schien Ordnung gebracht zu haben in eine komplexe und konfuse Situation, indem er Lösungen bot für ein ganzes Geflecht von Konflikten und Spannungen, läßt man dabei die Episode mit den unhöflichen Gästen während des Hochzeitstags mit Zainab einmal außer acht. Nun vermittelt aber eine schnelle Lektüre des Korans, wie es das Zeugnis des Anas (wiedergegeben von Tabari) vermittelt, den gegenteiligen Eindruck. Es stellt sich folgende methodologische Frage: Müssen wir die Untersuchung dieses Verses auf die Geschehnisse während des Hochzeitstags mit Zainab beschränken, oder erlaubt uns der Islam beispielsweise die Untersuchung des historischen Kontextes? Die wissenschaftliche Tradition, eingeleitet von den Fuqaha, ermutigt uns, die Recherchen so weit wie möglich auszudehnen. Suyuti zum Beispiel, Verfasser eines Buches über *Asbab an-Nuzul* (»Die Ursachen der Offenbarungen«), sagt uns: »Es ist unmöglich, einen Vers zu verstehen, ohne seine Geschichte *Qisa* und die Gründe zu kennen, die zu seiner Offenbarung geführt haben.«[15] Er fügt hinzu, daß »es oft vorkommt, daß die *Mufassirun* (Kommentatoren, Ausleger des Korans) verschiedene Ursachen *(Asbab)* für denselben Vers angeben.«[16] Obwohl es Unmengen von Kommentaren und Auslegungen des Korans gibt, findet sich meines Wissens nirgends eine Synthese, in der einerseits die Gesamtheit der möglichen Ursachen für einen bestimmten Vers in chronologischer Reihenfolge und andererseits die Analyse seiner psychologischen und gesellschaftlichen Auswirkungen zusammenhängend untersucht werden. Sowohl as-Suyuti, der die Ursachen für die Offenbarung herausfinden will, als auch Tabari, der den Vers auslegen möchte und folglich vorgibt, eine umfassendere Arbeit zu leisten, begnügen sich damit, eine Chronik der Ereignisse zu erstellen. As-Suyuti faßt in seinem Buch über die Ursachen lediglich auf ein paar hundert Seiten den umfangreichen *Tafsir* Tabaris zusammen, der dreißig Bände umfaßt. Tabari fügt jeder Erläuterung über die Hintergründe einer Offenbarung sowohl die sprachliche Analyse eines jeden Terminus' als auch die Debatten der Experten über die Auslegung in ihrer ganzen Unterschiedlichkeit hinzu, dabei läßt er die eigenen Schlußfolgerungen keineswegs außer acht. Was fehlt, ist die Synthese. Ohne Synthese ist jedoch heutzutage die Komplexität eines Ereignisses nicht erfaßbar. Daher ist es notwendig, jede verfügbare Information, besonders aber die sprachliche Bedeutung des Terminus' Hijab, zu überprüfen.

Der Begriff *Hijab* hat eine dreidimensionale Bedeutung. Die drei Dimensionen überschneiden sich mehrfach. Die erste Dimension ist die visuelle: dem Blick entziehen. Die Wurzel des Verbs *hajaba* bedeutet »verstecken«. Die zweite Dimension dagegen ist die räumliche: trennen, eine Grenze ziehen, eine Schwelle aufbauen. Die dritte Dimension schließlich ist ethischer Natur: sie gehört dem Bereich des Verbotenen an. Hierbei handelt es sich nicht mehr um fühlbare Kategorien, die in der Realität der Sinne existieren, wie das Visuelle oder das Räumliche, sondern um eine abstrakte Realität, eine Idee. Ein hinter einem Hijab verborgener Raum ist ein verbotener Raum. Das Wörterbuch »Lissan al-Arab« (»Sprache der Araber«) hilft uns nicht viel weiter. Dort bedeutet *hajaba*, »mit einem *Sitr* verdecken«. Und »Sitr« bedeutet im Arabischen wörtlich »Vorhang«, ein Vorgang also, bei dem der Raum zweigeteilt und ein Teil davon dem Blick entzogen wird. Laut Wörterbuch wurden einige Synonyme des Verbes »verstecken« von den Wörtern »Sitr« und »Hijab« abgeleitet: Sowohl *satara* als auch *hajaba* bedeuten »verstekken«. Wer die Geduld besitzt, dem Autor dieses Wörterbuches zu folgen, gelangt anhand der sorgfältig ausgewählten Beispiele Schritt für Schritt zum Kern dieses fundamentalen Begriffs und erkennt seine Bedeutungen.

Der Verwahrer des Schlüssels der Ka'ba, des Heiligen Grabes, besitzt das Privileg der *Hijaba*: »Die Banu Qusai«, erklärt er, »sagten, sie besäßen die Hijaba der Ka'ba, das heißt, sie waren für ihren Schutz verantwortlich, und sie besaßen die Schlüssel (...).« Er zitiert auch den »Hijab des Prinzen«: Der mächtigste Mann der muslimischen Gemeinschaft benutzte den Schleier, um sich den Blicken seiner Umgebung zu entziehen – eine Tradition, die bei den heutigen arabischen Staatschefs unvorstellbar wäre! Der Hijab, das ist unter anderem der Vorhang, hinter den sich die Kalifen und Könige zurückzogen, um sich den Blicken ihrer Vertrauten zu entziehen, belehrt uns die Encyclopédie de l'Islam: »Dieser Brauch, der, so scheint es, bei den alten Bewohnern des Hidschas unbekannt war, soll durch die Omaiyaden in den Islam eingeführt worden sein, wahrscheinlich unter dem Einfluß der sassanidischen Zivilisation (...) Mu'awiya und seine Nachfolger waren durch einen Vorhang, *Sitara* und *Sitr*, von ihren Vertrauten getrennt. Es handelt sich dabei um einen Brauch, der sich schließlich zur Institution entwickelte.«[17] Dieser Brauch, der uns heute fremdartig erscheint, wurde seit Mu'awiya, dem fünften Kalifen, praktiziert.[18] Er gelangte schließlich nach Andalusien, nach Nordafrika und Ägypten, wo die Fatimiden-Dynastie (909 –

1171) ihn zu einer wahren Zeremonie ausbaute. Bei den Fatimiden hatte die Heiligkeit des Kalifen eine besondere Bedeutung erlangt: »Der Kalif, damals Inbegriff der aktiven weltlichen Intelligenz, wurde beinahe zum Kultobjekt. Er mußte sich soweit wie möglich den Blicken seiner Getreuen entziehen, damit sie vor dem Leuchten seines Gesichtes geschützt waren.«[19]

Die umfassende Bedeutung des Wortes *Hijab* ist nur dann nachvollziehbar, wenn bekannt ist, welche Anwendung der Begriff bei den muslimischen Sufis findet. Hier hat der Hijab nichts mit dem »Vorhang« zu tun. Über die Sufis gelangt man zu den unendlichen Horizonten der geistigen Sehnsüchte, nach denen der Muslim streben soll; der Hijab ist hierbei in erster Linie eine negative Erscheinung, eine Störung, ein Hindernis. »Im Sufismus nennt man denjenigen *Mahjub* (Verschleierter), dessen Bewußtsein von sinnlicher oder geistiger Leidenschaft geprägt ist und der folglich nicht das göttliche Licht in seinem Herzen wahrnehmen kann. Ein Mensch in diesem Zustand ist von einem Schleier oder einem Vorhang bedeckt und nicht göttlich.«[20] In der Sufi-Terminologie ist der *Mahjub* derjenige, der an das Irdische gefesselt ist. Aufgrund seines Zustandes kann er keine höheren Bewußtseinsebenen erleben. Der nicht in die Sufi-Disziplin Eingeweihte ist kaum in der Lage, seine unbekannten Wahrnehmungsfähigkeiten zu erforschen, die nur mit viel Übung und Disziplin aus dem Bereich des Materiellen gelöst und zum Höheren, Göttlichen, zum Himmel gelenkt werden können.

Hallaj geht davon aus, daß die ständige Suche nach Gott es ermöglicht, den Hijab zu überwinden, der unser Bewußtsein gefangenhält: »Die Geschöpfe irren in der dunklen Nacht umher und suchen Dich (Gott), aber sie nehmen nur Schatten wahr.«[21] Bei den Mystikern ist das Gegenstück zum Hijab der *Kasf*, die Erleuchtung.[22]

Der Begriff des Hijab ist also ein Schlüsselbegriff der muslimischen Zivilisation, genauso wie der der Sünde in die christliche Zivilisation oder der des Kredits in die Zivilisation des kapitalistischen Amerika gehört. Diesen Begriff auf ein Stück Stoff zu reduzieren, das die Männer den Frauen aufgezwungen haben, damit sie sich verschleiern, wenn sie auf die Straße gehen, heißt, ihn eines Gutteils seiner Bedeutung oder seines Sinnes zu berauben. Vor allem vor dem Hintergrund, daß der Hijab, entsprechend dem Koranvers und der Erklärung Tabaris, vom Himmel »herabgekommen« ist, um den Raum zwischen zwei Männern zu teilen.

Halten wir also fest, daß der Hijab eine räumliche Dimension ausdrücken kann, daß er eine Schwelle zwischen zwei verschiedenen Bereichen darstellt, daß er Macht oder Herrschaft verschleiern kann, wie im Fall des *Hijab al-Amir* (Hijab des Prinzen), daß er aber auch das Gegenteil meinen kann, wie im Falle des Sufi-Hijab, der die Erkenntnis des Göttlichen verhindert, und bei dem der Schwache der Verschleierte ist. Muß also der Hijab, der vom Prinzen trennt, geachtet werden, so muß der, der von Gott trennt, zerstört werden.

Der Vollständigkeit halber soll auch die Anwendung des Wortes Hijab in der Anatomie, in der es Grenze und Schutz zugleich bedeutet, betrachtet werden. Am Beispiel der Augenbraue (erklärt *Lissan al-Arab*) läßt sich zeigen, wie diese beiden Begriffe verknüpft werden: »*Al-Hajiban* (Augenbrauen) sind die zwei Knochen über dem Auge mit ihren Muskeln und ihren Haaren (...) Sie wurden so genannt, weil sie das Auge gegen die Sonnenstrahlen schützen (...).« Alles, was trennt und schützt, ist ein Hijab, daher sein häufiger Gebrauch in der Anatomie, das Zwerchfell ist *Hijab al-Djawf* (Hijab des Magens), und das Hymen ist *Hijab al-Bukuriyya*

(Hijab der Jungfräulichkeit). Kehren wir nun von der Ebene des sprachlichen Gebrauchs zum Koran zurück. Wie beim Sufismus existiert dort der Begriff des negativen Hijab, des Hijab als Hindernis, Gott zu sehen: »Wir finden im Koran, der diesen Terminus nur siebenmal gebraucht, wertvolle Informationen über die tatsächliche und metaphorische Bedeutung dieses Begriffs (Hijab), welche uns in gewissem Maße über seine Entstehungsgeschichte aufklären. Im allgemeinen bezeichnet der Hijab eine Trennung: Maria hat sich hinter dem Schleier oder dem Vorhang von den Ihren ferngehalten (Sure 19, Vers 17); er bedeutet auch Isolierung (später, vom Frauengemach), die zunächst auf den Rat 'Umars, wie es scheint, nur den Gattinnen des Propheten auferlegt wurde (Sure 33, Vers 53, vergleiche auch 33, 32). Am Tag des Jüngsten Gerichts werden die Erwählten von den Verdammten durch einen Hijab (eine Mauer) getrennt, (7, 46), prophezeien die Kommentatoren, die sich auf diese Auslegung des Korans berufen (46, 13): »Nie war es einem Menschen vergönnt, daß Allah zu ihm sprach, außer durch ein Gesicht oder hinter Schleiern (42, 51), die offensichtlich dazu bestimmt sind, den Erwählten vor dem Leuchten des göttlichen Antlitzes zu bewahren (...).[23]

Der Hijab als Schleier, der Gott vor den Menschen verbergen soll, hat manchmal im Koran eine äußerst negative Bedeutung, und zwar dann, wenn die Unfähigkeit der Menschen, Gott wahrzunehmen, gemeint ist. Dies wird dargestellt in Sure 41, Vers 5. Dort ist, so Tabari, der Schleier Symbol für die Schwierigkeiten, die die Quraish, traditionell Polytheisten, mit der monotheistischen Botschaft Mohammeds hatten: »Und sie sagten: 'Unser Herz ist vor dem, wozu du uns aufforderst, verhüllt, wir haben Schwerhörigkeit in den Ohren, und zwischen uns und Dir befindet sich eine Scheidewand.'«

In diesem Vers bedeutet Hijab Minderung der menschlichen Verstandeskraft. Im übrigen heißt der Titel der Sure *fussilat* »die deutlich Erklärten«[24]. Hijab ist hier ein Synonym für *Akinnatin*, »eine Hülle, die den Bogen schützt«[25]. Und Tabari fügt hinzu, daß Hijab in diesem Vers sinngemäß »den konfliktträchtigen Unterschied zwischen Religionen meint«[26], da die Quraish, die dem Propheten Widerstand leisteten, dem Götzenkult anhingen, während der Prophet sie aufforderte, einen einzigen Gott anzubeten: »Der Hijab, von dem sie (die Polytheisten) meinen, daß er zwischen ihnen und dem Propheten Allahs stehe, ist im Grunde nichts anderes als ein Sinnbild ihrer konfliktgeladenen Situation innerhalb der Religion.«[27] Wer vor allem vom Hijab geblendet wird, ist der Polytheist. Für manche Theologen ist der Hijab eine Strafe, wie z.B. für an-Nissabori: »Unter den Anrufungen, die as-Siriy as-Siqte aussprach, ist jene besonders denkwürdig: 'Gott, wenn du mich mit etwas quälen mußt, so quäle mich nicht mit der Erniedrigung des Hijab.'«[28] Es ist schon seltsam zu beobachten, welche Entwicklung dieser Begriff, der zu Beginn im Koran einen so negativen Beiklang hatte, in der Moderne durchgemacht hat: Er war das Stigma des Verfluchten, desjenigen, der von den Vorrechten und geistigen Gnaden, die der Muslim erlangen konnte, ausgeschlossen war. Heute dagegen gilt er als Symbol der muslimischen Identität überhaupt, als Manna der muslimischen Frau.

Eine große Anzahl von Büchern über die Frau im Islam und den Schleier wird momentan neu aufgelegt und zwar unter der Federführung religiöser Autoritäten, die sich »um die Zukunft des Islams sorgen«, und die in ihren Einführungen erklären, daß es ihr Ziel sei, »die muslimische Gesellschaft vor der Gefahr zu retten, die ihr durch den Wandel droht«. In einer Zeit, in der die arabische Buchproduktion von einer schweren Krise gezeichnet ist, deren Ursachen unter anderem auf den Krieg im Libanon zurückzuführen sind (einem traditionellen Zentrum der Buchindustrie), der die Preise von einem Monat zum anderen in schwindelerregende Höhe steigen läßt, überrascht es, daß diese Neuauflagen oftmals luxuriös sind (mit Goldschnitt!) und zu erstaunlich niedrigen Preisen zu haben sind: Für 58 Dirham (ca. 14,- DM) kann man die 1981 erschienene Ausgabe des *Kitab Ahkam an-Nissa* (»Rechtliche Bestimmungen über die Frau«) von ibn al-Jawzi[29], einem äußerst konservativen Autor des 19. Jahrhunderts (gestorben im Jahre 589 d.H.), kaufen. Bei ibn al-Jawzi erreicht die Vorstellung vom Hijab als Gefängnis ihren erschreckenden Höhepunkt. Die Lektüre einiger Kapitelüberschriften genügt, um einen Einblick zu bekommen: Kapitel 26, »Den Frauen vom Ausgehen abraten«; Kapitel 27, »Die Segnungen der Frau, die sich für das Heim entscheidet«; Kapitel 31, »Argument, um zu beweisen, daß es besser für die Frau ist, die Männer nicht zu sehen«. Selbstverständlich wird die Teilnahme der Frauen am Gemeinschaftsgebet zu einer klandestinen Handlung. Er zitiert einen seltsamen Hadith, nach dem die Frauen des Propheten sich mitten in der Nacht in die Moschee schlichen, dort tief verschleiert beteten und die Stätte in großer Eile vor dem Morgengrauen verließen.[30] Hinsichtlich des Rechts auf den Haddsch, die Pilgerfahrt nach Mekka, zeigt er die notwendigen Voraussetzungen, unter denen eine Frau eine solche Reise antreten darf: Sie muß frei sein (die Sklavin wird also automatisch vom Haddsch ausgeschlossen), sie muß das Alter der Pubertät überschritten haben, sie muß fähig sein, vernünftig zu denken *('aqila)*. Sie muß auch reich genug sein (um sich die Reise leisten zu können), und schließlich muß sie von einem Mann begleitet werden, der ihr durch das Tabu des Inzests *(Muhrim)* verboten ist. Er fügt hinzu, daß die Frau auf keinen Fall länger als drei Tage reisen darf, wird sie nicht von ihrem Vater, ihrem Mann oder ihrem Sohn begleitet.[31] Ibn al-Jawzi, Wortführer des Madhab und konservativster, asketischster und strengster Vertreter der vier sunnitischen Schulen des Islams, gibt auch eine Beschreibung der körperlichen Verstümmelungen, die man den Frauen zufügt, wie die Beschneidung, die mit dem Islam absolut nichts zu tun hat und vollkommen unbekannt ist im 7. Jahrhundert, dem Arabien Mohammeds. Das 6. Kapitel heißt »Die Beschneidung der Frauen«[32] , und das 67. Kapitel gibt dem Ehemann das »Recht, seine Frau zu schlagen«[33].

Die Neuauflage des Buches von ibn al-Jawzi ist kein Einzelfall, sie ist Teil einer großangelegten Medienkampagne. 1983 wurde eine erste Auflage (diesmal aus Kairo) der *Fetwas über die Frauen* von Scheich ibn Taymiyya (Autor des 15. Jahrhundert) in Umlauf gebracht. Es handelt sich um einen Auszug aus seinem Monumentalwerk *Majmou' al-Fatawi al-Kubra* (»Die Sammlung der großen Fetwas«; Fetwas sind Ansichten der religiösen Autoritäten über ein bestimmtes Thema). Die Herausgeber dieses Buches haben aus den 35 Bänden der Fetwas (religionsrechtliche Entscheidungen aller Art) all das exzerpiert, was die Frauen betrifft. Ihr Ziel ist es, »uns muslimischen Frauen zu helfen, indem sie uns in einem einzigen, leicht zu handhabenden Band alle Fetwas zur Verfügung stellen«. Ausgerüstet mit diesem Handwerkszeug sind wir nun in der Lage, »alle diejenigen zu bekämpfen, die heutzutage von der Freiheit der Frauen sprechen.«[34] Der Wunsch, den weiblichen Körper zu verstecken, wird in diesem Werk zur Besessenheit: Ein Kapitel erläutert in allen Einzelheiten »die Notwendigkeit, das Gesicht und die Hände während des Gebets zu verschleiern« (S. 33 ff.); ein anderes stellte sich die Frage: »Ist das Gebet der Frau nichtig, wenn ihre Haare unbedeckt sind?« (S. 35). Ein weiteres Kapitel schließlich legt ein wirtschaftliches Dilemma dar, das unseren Scheich gequält zu haben scheint: »Soll eine Frau, die 1000 Dirhams besitzt, diese einsetzen, um die Pilgerfahrt nach Mekka zu machen, oder um die Aussteuer ihrer Tochter zu kaufen?« (S. 89). Natürlich finden wir in Kapitel 4 wieder »Die Beschneidung der Frau«, die weder mit dem Islam noch mit der arabischen Kultur vereinbar ist!

Eine Veröffentlichung auf dem Markt des »Frauenbuches« läßt jedoch nach wie vor alle anderen verblassen: Die Neuauflage (1980) des aus Indien stammenden Buches von Fkih Mohammed Ciddiq Hassan Khan al-Qannuji, *Husn al-Uswa*, stellt alle anderen Titel in Sachen Frauenfeindlichkeit in den Schatten.[35] Für 60 Dirham (ungefähr 15 DM) kann man darin alles über »Den großen sexuellen Appetit der Frauen« (S. 52) lesen sowie die Tatsache, daß die Frau »keineswegs in der Moschee oder beim öffentlichen Freitagsgebet geduldet ist« (S. 345). Man kann all das nachlesen, »was über die Unfähigkeit der Frau, vernünftig zu denken, gesagt wurde sowie über ihr Unvermögen hinsichtlich der Religion« (S. 365), und selbstverständlich belehrt er uns über alles, was er über den »Bevölkerungsanteil der Frauen in der Hölle« weiß (S. 331).

Diese Wanderung durch die Geschichte von der Entstehung des Hijab bis hin zu seiner kontroversen Auslegung, die Ende des 20. Jahrhunderts wieder eine Renaissance erlebt, die in einer Bücherflut endet und die muslimische Bevölkerung bei ihrer Identitätsfindung fasziniert, fordert das Einschließen und die Ausgrenzung der Frau als Grundlage des Islams. Um zu verstehen, was der Hijab im Jahre 5 bedeutete, hinsichtlich dessen, was auf dem Spiel stand und dem, was heute auf dem, was heute auf dem Spiel steht, braucht man sich nur seine doppeldeutige Auslegung vor Augen zu führen.

Das »Herabkommen« des Hijab hatte von Anfang an eine zweifache Bedeutung, es spielte sich sowohl auf einer konkreten Ebene – der Prophet zog einen greifbaren Vorhang zwischen sich und Anas ibn Malik – als auch auf einer abstrakten Ebene ab – das Herabkommen des Verses vom Himmel zur Erde, von Gott zum Propheten, der ihn rezitierte. Der Prophet zieht einen wirklichen Vorhang zwischen sich und dem einzigen fremden Menschen in seinem Haus, der sich noch bei ihm befindet, nachdem die Gäste gegangen sind, und er spricht im selben Moment den Vers aus, der ihm augenblicklich von Gott eingegeben wurde.

In einer der Darstellungen Bukharis sagt uns Anas: »Als die Leute gegangen waren, kehrte der Prophet zum Zimmer (der Braut) zurück, trat in den Raum ein und zog einen Vorhang vor *(Arkha as-Sitr).*« Und er fügt ein wichtiges Detail hinzu: »Und ich war noch immer bei ihm im Zimmer, als er zu sprechen begann: Oh Gläubige, betretet nicht die Räume des Propheten, um mit ihm zu speisen, wenn er es Euch nicht erlaubt hat und die Zeit ihm nicht gelegen ist. Sobald er Euch aber einlädt, dann geht hinein.«[36] In der Beschreibung Bukharis wie in der Tabaris bedeutet der Hijab ein Teilen des Raumes in zwei Bereiche, wobei er die zwei anwesenden Männer, den Propheten und Anas, den Zeugen, der uns das Ereignis beschreibt, voneinander trennt. Die Bedeutung des Hijab als Abgrenzung von Bereichen wird in den verschiedenen Versionen deutlich bestätigt, indem es heißt, daß »der Prophet ein *Sitr* zwischen sich und Anas schlug *(daraba)*, und der *Hijab* kam herab (...)«[37] , wobei sich der *Sitr* (Vorhang) auf einen physisch wahrnehmbaren

Vorhang bezieht und der *Hijab* auf den Koranvers. Ein relativ geringfügiger Vorfall – einige Gäste haben sich nach einem Hochzeitsmahl länger aufgehalten als sie sollten – ruft eine so bedeutsame Konsequenz hervor wie die Spaltung des muslimischen Raumes in zwei Welten, die Welt des Innen (Heim) und die Welt des Außen (Öffentlichkeit). Das Mißverhältnis zwischen dem Vorfall und der Reaktion auf ihn muß überraschen; der Prophet hätte die Gäste einfach bitten können, nicht ohne Erlaubnis einzutreten. Er wurde viel zu sehr geliebt und geachtet, als daß man ihm nicht gehorcht hätte. Der Vers, wie auch seine Auslegungen, lassen die Annahme zu, daß die Leute ohne die geringste Formalität zum Propheten kamen. Es läßt sich ebenfalls schlußfolgern, daß das Haus des Propheten der Gemeinschaft leicht zugänglich war und daß es außerdem keine Trennung zwischen seinem privaten und seinem öffentlichen Leben gab, dem privaten Raum (der Aufenthaltsstätte des Propheten, den Wohnungen seiner Frauen) und dem öffentlichen Raum (der Moschee, dem Ort des Gebetes, dem Ort der Versammlung der Gemeinschaft...).

Fügt man die in diesem Kapitel etwas verstreuten Elemente zusammen, wird ersichtlich, daß der Prophet während der unruhigen Zeit der Anfänge des Islams einen für die muslimische Religion recht außergewöhnlichen und bedeutungsvollen Vers aussprach, der die Zweiteilung des Raumes einleitete. Er bewirkte die Trennung des Öffentlichen vom Privaten oder des Weltlichen vom Heiligen und führte letztendlich zur Trennung der Geschlechter: Der Schleier, der vom Himmel herabkam, wird die Frau verhüllen, sie vom Mann, vom Propheten und folglich von Gott trennen. Nachdem die sprachliche, soziale, historische und religiöse Wirklichkeit des Hijab erörtert wurde, stellt sich nun die Frage nach der

Lebensweise des Propheten, welche Beziehungen er zu seinen Schülern, seinen Frauen und seinen Mitbürgern unterhielt und an welchen Orten er die Notwendigkeit, sich zu schützen, als absolut unerläßlich empfand.

II. Der Prophet und der Raum

Während der Zeit, in der der Prophet seine Mission erfüllte, ob in Mekka (610 bis 622) oder in Medina (622 bis 632), maß Mohammed den Frauen im öffentlichen Leben eine herausragende Bedeutung bei. Er war vierzig Jahre alt (in manchen Darstellungen heißt es 43), als ihm die erste Offenbarung im Jahre 610 widerfuhr. Er flüchtete in die Arme seiner ersten Frau, Chadidscha, um bei ihr Trost und Unterstützung zu finden. Es gibt zahlreiche Beschreibungen der Ängste des Propheten während der ersten Offenbarungen, und in allen heißt es, daß er aus seiner Ehe die Energie schöpfte, die er benötigte. Es war kein Mann, zu dem er mit seinen Ängsten kam: »Mohammed stieg den Berg herab. Ein Zittern ergriff ihn, und er kehrte nach Hause zurück (...) Er zitterte am ganzen Körper vor Angst und Schrecken, die ihm Gabriel eingeflößt hatte (...) Er neigte den Kopf und sagte: 'Bedeckt mich! Bedeckt mich!' Chadidscha bedeckte ihn mit einem Mantel, und er schlief ein. Chadidscha, die die alten Schriften gelesen hatte und die Geschichte der Propheten kannte, hatte auch den Namen Gabriels kennengelernt (...).«[1]

Einer der Gründe für die Ängste des Propheten war die Befürchtung, zu den Dichtern und Schwärmern gerechnet zu werden.[2] Diese wurden angeblich von unsichtbaren Kräften geleitet, die ihnen von irgendwoher Worte einflößten, über die sie keine Kontrolle hatten. Dieses Irgendwo machte ihm Angst, und Chadidscha, die einen Onkel namens Waraqa ibn Nawfal hatte, der zum Christentum konvertiert war, versuchte beharrlich, ihn zu überzeugen, daß er weder verrückt noch ein Dichter war, sondern wirklich und wahrhaftig der Prophet einer neuen Religion. Chadidscha sollte seine erste Anhängerin werden: »Wen soll ich rufen? Wer wird an mich glauben?« fragte Mohammed sie eines Tages während eines jener langen Gespräche, die sie jedesmal führten, wenn Gabriel ihm erschienen war. Glücklich darüber, daß er nicht mehr an seiner neuen Mission zweifelte, rief Chadidscha aus: »'Du kannst zumindest mich rufen, mich, vor allen anderen Menschen, denn ich glaube an Dich!' Der Prophet war sehr glücklich, rezitierte vor Chadidscha die Formel, und Chadidscha glaubte.«[3] Die Formel, um die es sich handelte, ist das Glaubensbekenntnis: »Es gibt keinen Gott außer Allah, und Mohammed ist sein Gesandter.«

So begann der Islam, in den Armen einer liebenden Frau. Nach dem Tod Chadidschas sollte der Prophet die Liebe bei anderen Frauen suchen. Er verheiratete sich wieder; er wurde polygam und lernte das Schicksal der polygamen Ehemänner kennen: Streitigkeiten, Eifersüchteleien, aber auch die Freude, im Mittelpunkt der Aufmerksamkeit schöner und kluger Frauen zu stehen. Kurz vor der Hidschra, der Auswanderung nach Medina, heiratete er Sawda, eine Frau mittleren Alters wie er. Die große Liebe seines Lebens war Aischa, die Tochter seines Schülers und Freundes Abu Bakr. Er verlobte sich mit ihr kurz vor dem Aufbruch nach Medina. Bei ihr lernte er das Lachen einer Kindfrau kennen, sah, wie sich ihr lebhafter und scharfer Verstand entfaltete, bewunderte ihr fabelhaftes Gedächtnis für die Geschichte der Abstammungen, die sie von ihrem Vater, Abu Bakr, kennengelernt hatte. Nichtsdestotrotz heiratete er andere Frauen, auf die sie so eifersüchtig war, daß sie gegen manche von ihnen Intrigen schmiedete. Gegen die Koptin Maria zum Beispiel, eine Schönheit mit lockigem Haar, die dem Propheten einen Jungen namens Ibrahim schenkte. Der Prophet war Aischas erster Ehemann, was bei den anderen Frauen, z.B. bei umm Salma, nicht der Fall war – eine Erklärung vielleicht für das Verhalten der jungen Frau. Manche dieser Ehen beruhten auf militärischen Überlegungen: Das Netz der Allianzen mit den neubekehrten oder verbündeten Stämmen mußte vergrößert werden. In vielen Fällen aber war die körperliche Schönheit der Frauen ausschlaggebend: So heiratete er Jowariya bint al Harith nach der Niederlage seines Stammes beim Feldzug gegen die Bani Mostaliq im Jahre 6 d.H. Zainab bint Jahch (während ihrer Hochzeitsnacht wurde der Schleier offenbart) war seine eigene Cousine, folglich gab es keinerlei militärisches Interesse, das diese Verbindung begründen konnte[4], zudem war sie mit seinem Adoptivsohn Zaid verheiratet, als der Prophet sich in sie verliebte.

Tabari beschreibt, wie alle Historiker, diese einmalige Liebesgeschichte. Zainab war »die schönste Frau ihrer Zeit. Eines Tages besuchte der Prophet Zaid in seinem Haus, er legte die Hand auf die Tür und öffnete sie. Als er in der Mitte der Wohnung Zainab mit entblößtem Haupte sitzen sah, fragte er sie, indem er sein Gesicht abwandte, wo sich Zaid aufhielte. Sie antwortete, daß er ausgegangen sei.«[5] Schon vorher hatte er oft Gelegenheit gehabt, Zainab zu sehen. Aber, Tabari zufolge, war es die Tatsache, daß er sie in ihrer Privatsphäre überrascht hatte, die eine große Wirkung auf ihn ausübte: »Sie hinterließ einen starken Eindruck bei ihm, und da er sie kein zweites Mal sehen wollte, schloß er die Augen und sagte: 'Gelobt sei Gott der Große, gelobt sei Gott, der über die Herzen und die Augen verfügt!' Dann ging er.«[6] Es war Liebe auf den ersten Blick. Er heiratete sie nach ihrer Scheidung.

Bei seinem Tod hatte der Prophet neun Frauen, aber er unterhielt nur zu den Frauen sexuelle Kontakte, die ihm von Anfang an vor allem durch ihre körperliche Anziehungskraft gefallen hatten. Sollte es Zufall sein? Es waren Frauen, wie Aischa und umm Salma, mit denen er auch auf intellektueller Ebene kommunizieren konnte. Der Krieg trennte ihn nicht von seinen Frauen, sei es während der Blitzfeldzüge oder den sehr langen Belagerungen: Er ließ sich von einer oder zweien begleiten, deren Wahl er, um Eifersucht und Groll zu verhindern, dem Zufall überließ.

Mohammed war ein Staatschef, der die Bedeutung der Gefühle und des Sexuellen zu schätzen wußte. Auf dem Schlachtfeld waren seine Frauen keine bloßen Statistinnen, sondern sie teilten mit ihm seine strategischen Sorgen. Er hörte auf ihre Ratschläge, die manchmal in schwierigen Verhandlungen entscheidend waren. Bei der Besiegelung des Vertrages von Hudaibiya mit den Mekkanern im Jahre 628, den seine Anhänger als militärisch demütigend ablehnten, war der Prophet ratlos, und er sprach darüber mit der Frau, die ihn begleitete: »Nach Abschluß des Vertrags gab der Prophet den Muslimen den Befehl, sich die Köpfe kahlzuscheren und Buße zu tun *(al-Ihram)*. Keiner befolgte seinen Aufruf, den er dreimal wiederholte. Der Prophet, der davon sehr betroffen war, ging in das Zelt seiner Frau umm Salma, die er mit sich genommen hatte. Als diese ihn nach dem Grund seines Kummers fragte, erwiderte er: 'Ich habe ihnen dreimal befohlen, sich den Kopf kahlzuschweren, niemand hat gehorcht.' Umm Salma sagte: 'Laß dich davon nicht bedrücken, Apostel Gottes, sondern laß dir den Kopf kahlscheren und erfülle das Opfer.' Der Prophet stand auf, schlachtete das Kamel, das er selbst opfern wollte, und ließ sich den Kopf kahlscheren. Als seine Begleiter dies sahen, sagten sie es weiter, und jeder ließ sich den Kopf kahlscheren und brachte die Opfer dar.«[7]

Die erste muslimische Gemeinschaft wurde nicht von einem geschlechtslosen, von der Jagd nach Macht besessenen Mann angeführt. Er selbst soll sechsundzwanzig Expeditionen geleitet haben, andere Versionen sagen siebenundzwanzig und soll außerdem »fünfunddreißig Expeditionen von Truppeneinheiten ausführen lassen haben, ohne selbst daran teilzunehmen.«[8] Diese militärischen und religiösen Aktivitäten verleiteten ihn trotzdem zu keinem Zeitpunkt dazu, sein Privatleben abzuwerten oder zurückzustellen. Die Streitigkeiten in seinen Ehen bereiteten ihm große Sorge, und er besprach sich mit den ihm am nächsten stehenden Vertrauten, insbesondere seinen Schwiegervätern Abu Bakr und 'Umar. Eben dieses ständige Bestreben, sein Privatleben und sein öffentliches Leben gleichberechtigt nebeneinander zu führen, sollte von einem Medina, das zum Zeitpunkt der Krise in den Jahren 4, 5 und 6 so feindselig und haßerfüllt wie zuvor Mekka geworden war, gegen ihn verwendet werden.

Wegen seiner Frauen schließlich griffen ihn die *Munafiqun* (Heuchler), jene Medinenser an, die durch ihn ihre Interessen und die Sicherheit der Stadt gefährdet sahen. Sie erschütterten ihn in seinen Gefühlen. Im damaligen Medina, das durch die

Niederlage von Uhud (im Jahre 3) in Trauer gestürzt worden und durch die Belagerung während der Grabenschlacht (im Jahre 5) ausgeblutet war, nahm die politische Opposition das räudige Gesicht jener an, die der Prophet *Munafiqun* nennen sollte. Sie griffen ihn selten direkt an, sondern zogen es vor, Verleumdungen, Gerüchte und andere hinterhältige Methoden zu benutzen, wie den Frauen des Propheten nachzustellen und sie auf der Straße zu belästigen. Methoden, gegen die der Prophet, entmutigt durch seine militärischen Schwierigkeiten, machtlos war. Methoden, die ihn dazu brachten, an den Frauen zu zweifeln und den berühmten Hijab zu akzeptieren.

Im Jahre 622, als der Prophet in Medina ankam, wohnte er zunächst bei einer Ansarn-Familie, bei einem Mann namens Kulthum. Im Hause eines Junggesellen, Saad ibn Khaythama, nahm er Kontakt zu den Würdenträgern der Stadt auf: »Als er das Haus Kulthums verließ, um Leute zu treffen,« erklärt ibn Hisham, »tat er dies bei Saad, denn Saad war Junggeselle, er hatte keine Familie. Er war der Gastgeber, bei denen sich die Unverheirateten unter den Muhadschirun niederließen.«[9] Schon bei den ersten Kontaktaufnahmen zeigten sich deutlich die Unterschiede in den Sitten, insbesondere hinsichtlich der Beziehungen zwischen Männern und Frauen, zwischen den Muhadschirun (Einwanderern aus Mekka) und den Ansarn (Medinensern), für die die Trennung der Geschlechter ein untergeordnetes Problem zu sein schien. So wurde Ali ibn Abu Talib, der dem Propheten drei Nächte später gefolgt war, bei einer Frau untergebracht, »die keinen Ehemann hatte«.[10] Diese Details sollten im Laufe der Tage unerwartete Ausmaße annehmen und zu einem der besorgniserregendsten Konflikte zwischen den beiden Gemeinschaften werden. Es gab aber auch andere Probleme. Der Prophet, dem alle Ansarn gern

Unterkunft gewähren wollten, befand sich vor einem heiklen Problem: Wie sollte er sich für einen Aufenthaltsort entscheiden und dabei gleichzeitig die Empfindlichkeiten und politischen Rivalitäten beachten? Jeder der Ansarn wollte den Propheten bei sich aufnehmen, er aber wußte, daß diesen oder jenen Vorschlag anzunehmen, bedeutet hätte, Tür und Tor für Spekulationen über seine Vorlieben und privilegierten Bündnisse zu öffnen, was er um jeden Preis vermeiden wollte. Er reagierte auf eine Art und Weise, wie man sie später noch oft bei ihm finden wird und die auf seinem unbestechlichen Wunsch nach Gleichberechtigung beruhte: Er bat die Leute, den Weg vor seiner Kamelstute zu räumen. Er wollte dort seine Heimstätte wählen, wo das Tier stehen bleiben würde: »Laßt sie sich dort hinwenden, wo sie will (...) Laßt sie vorbei, sie hat einen Auftrag«[11], wiederholte er. Die Kamelstute blieb vor einem Haus mit einem *Mirbad*, einem Platz, wo man Datteln trocknete, stehen. Es war das Haus eines Ansarn mit Namen Abu Ayyub.[12] Mohammed stieg von seinem Reittier ab, fragte, wem das Gelände gehöre und wieviel es koste und beschloß, hier zu wohnen und eine Moschee, einen Versammlungsort zu bauen, für die Gläubigen zum Gebet und zur Beratung der Probleme der Gemeinschaft. (Interessanterweise bekämpft der muslimische Staat heutzutage die Bestrebungen, aus der Moschee, in der die gesellschaftlichen und wirtschaftlichen Probleme debattiert werden, wieder eine politische Arena zu machen![13]) Er entschädigte den Besitzer und begann mit den Arbeiten, wobei er an Ort und Stelle sein Lager für die Dauer des Baues der Moschee und seiner Wohnung aufschlug. Er begnügte sich nicht damit, die Fortschritte bei den Arbeiten zu überwachen: »Um die Muslime zu ermuntern und sie zu bewegen, am Bau teilzunehmen, legte er selbst mit Hand an.«[14] Ihre Trägheit schien trotzdem über den Enthusiasmus zu siegen, denn ein Gläubiger improvisierte ein Gedicht, worin er festhielt, daß es praktisch unmöglich war, »sitzenzubleiben, während der Prophet dabei war, sich auf der Baustelle zu schinden.«[15]

Als die Arbeiten abgeschlossen waren, stand auf dem alten Platz nicht nur eine Moschee, sondern es gab auch neun Räume für den persönlichen Gebrauch des Propheten. Fünf davon waren aus mit Erde bedeckten Palmzweigen *(Jarid)* gebaut, die vier anderen aus Stein.[16] Die Frauen des Propheten belegten in der Reihenfolge ihrer Ankunft die Räume, die die Historiker manchmal *Buyut* (Zimmer), manchmal *Hujurat* (Wohnungen) nannten; der Oberbegriff für das Ganze ist *Manazil* (Wohnstätten). »Die *Manazil* der Frauen des Propheten«, erklärt ibn Saad, »befanden sich auf der linken Seite (der Moschee), wenn du dich zum Gebet erhebst, gegenüber dem Imam im Minbar.«[17] Besondere Erwähnung findet die Wohnung Aischas, die der Prophet so herrichtete, daß er durch sie direkten Zugang zur Moschee hatte: »Der Prophet entwarf die Wohnung Aischas und baute in die Mauer der Moschee eine Tür ein, die sich genau gegenüber der Tür zu Aischas Wohnung befand. Er benutzte diese Tür, wenn er sich zum Gebet begab.«[18] Die Moschee und das Zimmer Aischas lagen so nahe beieinander, daß sich der Prophet manchmal für das Reinigungsritual die Haare von Aischa waschen ließ, ohne dabei die Moschee verlassen zu müssen. »Der Prophet mußte sich lediglich vorbeugen«, sagt ibn Saad, »um seinen Kopf aus der Moschee heraus zur Wohnung Aischas zu strecken, die ihm so den Kopf wusch, während sie ihre Regel hatte.«[19] Ibn Saad zitierte dieses Detail im Zusammenhang mit dem bereits angesprochenen Problem der Unreinheit.

Letztendlich war der Raum so aufgeteilt, daß die Moschee,

die Wohnungen des Propheten und die seiner nächsten Verwandten und Anhänger ein zusammenhängendes Ganzes bildeten. Wenn ein neuer Einwanderer ankam, versuchte er zunächst, eine Unterkunft in der Nähe der Moschee zu finden, die damals schon nicht nur ein religiöses und politisches Zentrum war, sondern auch ein räumlicher Bezugspunkt, der die Wohnansprüche der Gemeinschaft bestimmte, sowohl bei den Einwanderern als auch bei den Ansarn, die aus anderen Orten kamen. Fatema, die Tochter des Propheten und Gattin Alis, die ein wenig verspätet ankam, fand nur eine von der Moschee weiter entfernte Unterkunft. Der Prophet wünschte jedoch ihre Nähe. Unter seinen Töchtern gehörte sie zu seinen liebsten, unter anderem weil sie die Nachkommenschaft des Propheten sicherte, indem sie Ali, seinen Vetter und Haschemit wie er, heiratete und ihm zwei Söhne schenkte: Hassan und Hussein. Alle Scharifen, das heißt jene, die sich als Nachfahren des Propheten bezeichnen, können bis heute noch ihre Abstammung bis Hassan oder Hussein nachzeichnen. Dies ist zum Beispiel der Fall bei dem jetzigen König von Jordanien. Für die Schiiten ist Fatema unbestreitbar die erste »Dame« des Islams und ihr Vorbild an Weiblichkeit das erstrebenswerteste. Zu Lebzeiten des Propheten jedoch zeigte sie eine so überschwengliche Zärtlichkeit für ihn, daß sie ein äußerst gespanntes Verhältnis zu Aischa hatte, die sie wie eine Rivalin erlebte. Da jene keine Kinder bekam, behandelte der Prophet Hassan und Hussein wie die seinen. Daher rührte der beharrliche Wunsch Fatemas, so nahe wie möglich bei ihrem Vater zu wohnen. Obwohl jedoch Mohammed genauso stark wünschte, daß sie eine Unterkunft in seiner Nähe fand, zögerte er, beim Besitzer, No'man ibn Haritha, vorzusprechen, der »Häuser in der Nähe der Moschee und um sie herum hatte.«[20] Fatema gab nicht auf, sie drängte den Propheten. »'Er hat uns so viele Wohnungen überlassen, sagte dieser, daß es mir unangenehm ist, ihn um weitere zu bitten.'«[21] Schließlich hörte der Eigentümer von dieser Geschichte, und er fand sich selbst zu einem Wohnungstausch bereit.[22]

Wozu nun all diese Details? Um eine Vorstellung von den gesellschaftlichen Raumverhältnissen zu vermitteln, in denen der ursprüngliche Islam erlebt wurde. Das Verhältnis eines politischen Oberhaupts zu seiner Umgebung ist vollkommen anders, wenn er in einem Palast wohnt, der weit von den Menschen entfernt liegt, auf einem Berg oder in einem schwer zugänglichen Tal, oder wenn er sich im Gegenteil für einen Wohnort bei seinen »Untertanen« entscheidet, unter denselben Bedingungen lebt und mit ihnen durch nachbarschaftliche Beziehungen und ständigen Austausch verbunden ist. Diese Nähe zwischen Regierendem und Regierten dürfte uns helfen, die äußerste Empfindlichkeit des Propheten in bezug auf Gerüchte und üble Nachrede zu verstehen. Wegen der Enge der Kontakte innerhalb des Raumes, den er sich geschaffen hatte, kannte er die Alltagssorgen der Menschen von innen, zugleich aber konnte er die Spannungen von außen wahrnehmen und deutlich den Druck und die Widerstände fühlen.

Unter seinen Anhängern, die zugleich seine Nachbarn waren, gab es nicht nur gute Muslime, sondern auch Menschen, deren Glaube sich auf bloße Worte beschränkte und die in die Geschichte, wie bereits erwähnt, unter dem Namen *Munafiqun* (die Heuchler) eingingen. Die siebzig Würdenträger, die die Übereinkunft mit dem Propheten getroffen hatten, sich in Medina niederzulassen, sollten eigentlich im Namen der gesamten Bevölkerung sprechen. Diese aber wurde auf 10000 Einwohner geschätzt, wenn nicht sogar mehr[23] und, da man weiß, daß die Verhandlungen vorwiegend hinsichtlich des Stammesschutzes geführt wurden, dürfte die Auswahl jener Würdenträger mehr auf Vetternwirtschaft als auf den Regeln der Demokratie beruhen. Was die Existenz der *Munafiqun* erklärt, jener Menschen, die sich offensichtlich nicht allzu sehr dem Treueschwur verpflichtet fühlten, den ihre Anführer dem Propheten gegenüber leisteten. Medina war eine alte Siedlung, dreihundert Kilometer nordwestlich von Mekka gelegen. Die Bewohner waren seßhaft, sie betrieben Landwirtschaft und Obstanbau. Im übrigen war es weniger eine Stadt als »eine Ansammlung von Weilern, Bauernhöfen und Zitadellen, die auf dem Gebiet einer fruchtbaren Oase verstreut waren, welche sich auf etwa dreißig Kilometer felsigem, unbebaubarem Boden erstreckte (...).«[24] Unter denen, die den Propheten nicht aufgefordert hatten zu kommen und die dieser Entscheidung nicht zustimmten, befand sich die jüdische Gemeinschaft Medinas: »Medina wurde von zwei Stämmen beherrscht, den Aus und den Chasradsch. Letztere waren am zahlreichsten. Die Dörfer auf dem Gebiet von Medina, wie Khaibar, Qoraizah, Wai l-Quora und Yanbou', wurden von Juden oder Arabern bewohnt, Nachfahren der Bani Israel, jener, die von Syrien und Jerusalem gekommen waren (...) Die Aus und die Chasradsch wollten sich dieser Dörfer bemächtigen, aber es gelang ihnen nicht, denn die Juden hatten große und solide Festungen (...).«[25] Medina war also ein Ort, an dem die Interessen der verschiedensten Gemeinschaften kollidierten und an dem die Hauptkonflikte zwischen Juden und Nicht-Juden durch Konflikte zwischen den Klans innerhalb der Stämme verstärkt wurden und die sich bis in die einzelnen Klans und in die Familien hinein fortsetzten.

Man könnte sagen, daß der Begriff *Munafiqun* jene Einwohner Medinas bezeichnete, die, da sie keine Juden waren, den Stammesoberhäuptern der Chasradsch und Aus zur Treue verpflichtet waren, aber nichtsdestotrotz die Niederlassung eines fremden Anführers in der Stadt ablehnten. Es waren jene, deren Überzeugungen sich den Umständen, das heißt den politischen und wirtschaftlichen Interessen entsprechend änderten. *Munafiqun* bezieht sich auf die Opportunisten aller Richtungen, auf die politischen Gegner Mohammeds wie auf all jene, die ihn hinsichtlich seines Privatlebens kritisierten. Man kann den Einfluß, den die *Munafiqun* auf die Dynamik der Stadt ausübten, nicht verstehen, trägt man nicht der Bedeutung der öffentlichen Meinung, in diesem Falle des Gerüchts, Rechnung, das zu gleichen Teilen auf die Enge des Zusammenwohnens der Gemeinschaft aus Mekka und auf die intensiven Beziehungen der Mitglieder dieser Gemeinschaft untereinander zurückzuführen ist. Ibn Saad berichtet, daß No'man ibn Harith, der Grundstücke in der Nähe der Moschee besaß, einige davon abtrat, »jedesmal wenn ein Verwandter des Propheten in Medina eintraf«, bis »alle Häuser ibn Hariths in die Hände des Propheten oder seiner Frauen gelangt waren.«[26] Die Eheschließungen zwischen Einwandererfamilien, eine durchaus übliche Praxis, verstärkte sowohl die Intensität der Beziehungen als auch die Verbreitung von Gerüchten und ihrer Manipulation.

Je intensiver das Leben einer Gemeinschaft, umso weniger muß das Individuum Eigeninitiative zeigen: Diejenigen, die in Medinas, in alten Städten, gewohnt haben oder in kleinen Douars, kennen dies gut. Aber jene Intensität, von der die Bewohner der anonymen Vorstädte der großen europäischen Metropolen träumen, hat ihren Nachteil: das Gewicht der sozialen Kontrolle, das schwer auf dem einzelnen liegt und ihn daran hindert, anders zu sein, Neuerungen einzuführen und die Dinge um ihn herum zu verändern. Die Macht der sozialen Kontrolle, die aus dem lebendigen Austausch innerhalb der ersten muslimischen Gemeinschaft erwuchs, sollte als immenses Widerstandspotential jeglicher Veränderung entgegenwirken. Zur besseren Beurteilung der räumlichen Nähe während der ersten Zeit des Islams, empfiehlt es sich, ibn Saad zu lesen. Er berichtet, daß mit dem Siegeszug des Islams eine Vergrößerung der Moschee unumgänglich wurde, dabei bot es sich an, die Wohnungen der Frauen in die Moschee zu integrieren: »Ich habe die Wohnungen der Frauen des Propheten gesehen, als 'Omar ibn Abdel Aziz Prinz von Medina unter dem Kalifat von al-Walid ibn Abd al-Malik (705 – 715) war. Er hatte beschlossen, sie zu zerstören, um die Moschee zu erweitern.« Der Autor fügt hinzu, daß die Medinenser weinten, als diese Entscheidung fiel, weil sie wollten, »daß die Leute nicht soviel Geld für den Bau ausgaben. Zudem wollten sie mit eigenen Augen sehen, wo der Prophet, der die Schlüssel des Universums in seinen Händen hielt, gelebt hatte.«[27] Diese Wohnungen waren sehr bescheiden und boten in ihrer Baufälligkeit den Kalifen, die bereits einige Jahrzehnte später in Palästen wohnten, nicht genügend Komfort. Die Kalifen der Abbasiden-Dynastie prägten den heute so bedeutungsvollen Ausdruck von den »Palästen der Tausendundeinen Nacht«. Welch ein Unterschied zwischen diesem Prunk und der bescheidenen Behausung Mohammeds bestand, davon berichtete ein junger Zeuge: »Ich war noch ein Jugendlicher, als ich die Wohnung des Propheten betrat, ich konnte ohne weiteres die Decke mit der Hand berühren.«[28] Die Einfachheit der Unterkünfte, ihre Beengtheit, die Nähe der Moschee, verliehen der islamischen Gemeinschaft jenen demokratischen Gesichtspunkt, von dem wir alle träumen: das Fehlen der Distanz zwischen dem Anführer und »seinem

Volk«. Dank der Leichtigkeit, mit der der Austausch unter den Muhadschirun stattfand, und der Präsenz der Moschee vollzog sich die Integration der Ansarn und der anderen Neubekehrten mit Schnelligkeit. Um die Assimilation der Medinenser und Mekkaner zu beschleunigen, setzte Mohammed Rituale ein, die »brüderliche« Bindungen *(Muakhat)* begünstigten: Jedem Ansarn wurde ein eingewanderter »Bruder« zur Seite gestellt, für den er in gewisser Weise verantwortlich war, »um ihm zu helfen, das Gefühl der Entwurzelung zu überwinden«.[29]

Überall dort aber, wo Liebe, Bewunderung und Enthusiasmus herrschen, gibt es auch Kontrolle, Widerstand und Einschränkung. Die räumliche Verbundenheit von Moschee und Wohnung sowie die Liebe, mit der die Einwandererfamilien den Propheten umgaben – eine Art Stammesliebe – sollten ihm die Kraft und die Begeisterung geben, die er brauchte, die aber auch genausooft zum Hemmschuh und zur Opposition gegenüber seinen Vorhaben werden konnte, vor allem was seine revolutionärsten Pläne anbelangte. Jede noch so geringfügige Veränderung der libidinösen Strukturen kann, wie man heute so gut weiß, eine Bedrohung für das tiefste Innere eines Menschen mit sich bringen und Widerstände und Gewalt provozieren. So war die einfache Lebensweise des Propheten für diejenigen, die ihn umgaben, gleichzeitig auch eine Bedrohung. Er war keineswegs nur von den Vorzügen der Trennung zwischen privatem und öffentlichem Raum überzeugt, denn männliche Überlegenheit kann nur bestehen und sich konsolidieren, wenn die Trennung von Öffentlichem und Privatem als quasi unantastbar aufrechterhalten bleibt.

Zum besseren Verständnis des alltäglichen Islams, des Islams als Lehre, die den ganzen Raum umfaßte und in der die Sehnsüchte nach unendlichen Horizonten nur realisiert werden konnten, weil auch die Architektur wandlungsfähig war, bietet es sich an, den Zeitpunkt der Erkrankung und des Sterbens Mohammeds zu betrachten. Gegen Ende des Monats Safar, dem zweiten Monat des Jahres 632, begann sich der Prophet unwohl zu fühlen. Vom ersten Tag des dritten Monats an war er ans Bett gefesselt, und am 13. desselben Monats starb er.[30] Während seiner Krankheit sorgte er sich um die Zukunft des Islams wie auch um das Ritual des Gebets. Zu Beginn leitete er das Gebet von der Wohnung Aischas aus, in der sich sein Krankenlager befand, denn die Wohnung war direkt mit der Moschee verbunden. Als er sich schwächer fühlte, bat er Abu Bakr, das Gebet an seiner Stelle zu leiten. »Eines Tages, als der Prophet sich ein wenig besser fühlte, kam er in die Moschee, um dem Morgengebet beizuwohnen. Abu Bakr, der vor der Menschenmenge stand, leitete es. Als der Prophet, auf Ali gestützt, in die Moschee eintrat (...), ging eine Bewegung durch die Versammlung. Abu Bakr trat, ohne das Gebet zu unterbrechen, zurück. Aber der Prophet hielt ihn auf seinem Platz beim Mihrab zurück, indem er die Hand auf seinen Rücken legte und sich zu seiner Rechten stellte. Und da er nicht stehenbleiben konnte, setzte er sich und vollendete das Gebet auf diese Weise. Danach ging der Prophet wieder in sein Haus zurück und legte sich nieder.«[31] Am Tag seines Todes erschien er auf der Schwelle des Zimmers von Aischa: »Eines Morgens waren die Menschen beim Gebet, als der Prophet den *Sitr* (Vorhang) hob, die Tür öffnete und auf der Schwelle zu Aischas Wohnung stehenblieb. Die Muslime waren so glücklich, ihn zu sehen und so erregt von seiner Gegenwart, daß es fast zur Unruhe während des Gebetes gekommen wäre. Er machte ihnen Zeichen fortzufahren und lächelte, als er ihre Diszipliniertheit beim Gebet sah.«[32]

Während seiner Krankheit besuchten Ansarn und Muhadschirun ihn in der Wohnung Aischas. Es war ein ständiges Kommen und Gehen von mehr oder weniger nahestehenden Männern und Frauen aus der Familie des Propheten.[33] Die Akustik zwischen den beiden Räumlichkeiten war so beschaffen, daß Mohammed mithören konnte, was in der Moschee vor sich ging: »Als er bemerkte, daß er nicht mehr genügend Kraft besaß, um das Ritual des Gebetes zu leiten, befahl er, man möge Abu Bakr bitten, dies für ihn zu tun. Aischa beschloß, ihm nicht zu gehorchen, denn sie fand seine Wahl unangemessen; und obwohl es sich um ihren eigenen Vater handelte und eine solche Geste in gewisser Weise eine Ernennung zum politischen Nachfolger bedeutete, rief Aischa 'Umar, einen anderen Schüler. Später erklärte sie, daß sie den Moment fürchtete, in dem Abu Bakr dazu aufgerufen werden sollte, die Nachfolge des Propheten anzutreten. Sie hätte es lieber gesehen, wenn er unbeteiligt geblieben wäre, denn sie wußte, daß Konflikte entstehen würden. Als der Prophet, der noch immer in seinem Zimmer lag, den Widerhall der Stimme 'Umars in der Moschee vernahm, rief er überrascht und verärgert aus: »Aber wo ist denn Abu Bakr?«[34] Aischa erklärte ihm, daß sie 'Umar habe rufen lassen anstelle ihres Vaters, denn jener habe eine schwache Stimme und sei so empfindsam, daß er weine, wenn er den Koran rezitiere. 'Umar, so erklärte sie, habe die stärkere Stimme.[35] Bei dieser Gelegenheit stellte der Prophet, der verärgert darüber war, daß Aischa ihm nicht gehorcht hatte, die Überlegung an, daß in jeder Frau eine Verräterin schlummere, was auch auf die Freundin Josephs *Sawahibu Yusuf* zutraf. Die noch relativ harmlose Überlegung, die sogar ein wenig Zärtlichkeit in sich barg, entwickelte sich während der Jahrhunderte zu einem frauenfeindlichen Denken, das letztendlich in die Unerbittlichkeit eines wahren Bannfluches gegen das weibliche Geschlecht mündete. Mein Literaturlehrer auf dem Gymnasium wiederholte ihn unermüdlich, jedesmal wenn eine von uns ein Gedicht falsch aufsagte oder die Daten verwechselte.[36]

Zusammenfassend läßt sich sagen, daß die Architektur des Propheten einen Raum zuließ, in dem die Trennung zwischen privatem und öffentlichem Leben gleich Null war und in dem die Hemmschwellen kaum wirkliche Hindernisse darstellten. Diese Architektur ließ es zu, daß das Wohnzimmer mitten in die Moschee führte. So wurde die Moschee zu einem entscheidenden Ort im Leben der Frauen und in ihrer Beziehung zur Politik. Diese räumliche Osmose zwischen Wohnzimmer und Moschee sollte zwei Konsequenzen haben, von denen der offizielle moderne Islam annimmt, daß sie es nicht wert seien, beachtet zu werden. Die erste führte über die Gleichstellung von Privatheit und Öffentlichkeit zur Formulierung politischer Forderungen bei den Frauen, insbesondere nach Abschaffung der männlichen Privilegien hinsichtlich des Erbes und des Rechts, Waffen zu tragen. Die zweite, die sich aus der ersten ableitete, war der Hijab, den man uns darstellt, als entspringe er dem Willen des Propheten, zur Pflicht gemacht von 'Umar ibn al-Khattab, dem Wortführer des männlichen Widerstandes gegen die Forderungen der Frauen. Mohammed gab erst nach, als er sich mitten im militärischen Desaster befand, zu einem Zeitpunkt, als die wirtschaftlichen und politischen Krisen Medina von allen Seiten spalteten und die verletzbare und unsichere Stadt den grausamen Kämpfen der *Ahzab* (ein Begriff, den die Abendländer mit »Bündnis« übersetzen und der im Arabischen »politische Partei« bedeutet) ausgeliefert war.

III. Der Prophet und die Frauen

Der muslimische Gott ist der einzige monotheistische Gott, dessen Heilige Stätte, die Moschee, an ein Schlafzimmer angrenzt. Er ist auch der einzige, der einen Propheten auserwählte, der seine Sorgen und Nöte als Mann nicht verschwieg, sondern im Gegenteil laut über Sexualität und Lust nachdachte.

Die Imams konnten natürlich von unserer Unkenntnis der Heiligen Schriften profitieren und somit einen alles verdekkenden *Hijab* um die Moschee und Wohnstätte weben, aber jeder weiß, daß die Erinnerung dem Gläubigen nützlich ist.[1] Es genügt, sich über die vergilbten Seiten unserer Geschichtsbücher zu beugen, um das Lachen Aischas zu erkennen, die Zornesausbrüche und bohrenden Fragen umm Salmas und ihre politischen Forderungen in einer märchenhaften muslimischen Stadt zu erleben: dem sich zum Himmel öffnenden Medina.

Die Frauen des Propheten: die glückliche Zeit

Als der Prophet im Jahre 626 (4 d.H.) um die Hand umm Salmas anhielt, war Aischa sehr eifersüchtig, denn sie hatte von umm Salmas Schönheit gehört. Als sie sie zum ersten Mal sah, stockte ihr der Atem: »Sie ist viel schöner, als man mich hat glauben lassen!«[2] Der Autor des *al-Isaba* beschreibt umm Salma als »eine Frau von außergewöhnlicher Schönheit *(Jamal Baari')*, die über einen scharfen Verstand, rasche Auffassungsgabe *(Fawra 'aqliha)* und eine unerhörte Fähigkeit, zutreffende Urteile zu formulieren, verfügte«.[3]

Umm Salma gehörte wie Mohammed der Aristokratie der Quraisch an. Sie hatte vier Kinder aus erster Ehe, als der Prophet um ihre Hand anhielt. Zunächst wies sie ihn ab. Sie sagte: »Ich habe bereits Kinder, und ich bin sehr eifersüchtig.«[4] Der Prophet versprach ihr, um sie zu überzeugen, Gott zu bitten, sie von ihrer Eifersucht zu heilen, und was das Alter anbelange, so sei er in jedem Fall wesentlich älter als sie.[5] Der Sohn umm Salmas gab sie dem Propheten zur Braut. Sie stillte ihre Letztgeborene, Zainab, als sie in das Heim des Propheten einzog, und dieser machte es sich zur Gewohnheit, sie, wenn er nach Hause kam, mit den Worten zu begrüßen: »Wo ist Zunab?« (zärtlicher Kosename für Zainab).[6]

Umm Salma gehörte zu jenen aristokratischen Frauen der Quraisch, deren körperliche Schönheit und Intelligenz mit zunehmendem Alter zu einem besonderen Einfluß auf ihre Umgebung führten. Sie gewannen das Vorrecht, in entscheidenden Angelegenheiten der Gemeinschaft konsultiert zu werden.[7] Die erste Frau des Propheten, Chadidscha, repräsentierte recht gut jene Frauen, die sowohl im öffentlichen als auch im privaten Leben voller Tatendrang waren. Chadidscha war vor ihrer Ehe mit dem Propheten bereits zweimal verheiratet und hatte jedem ihrer Gatten ein Kind geschenkt. Sie war es, die »um die Hand des Propheten anhielt«, weil sie fand, daß er die Eigenschaften besaß, die sie am meisten bei einem Mann schätzte. Sie war auch, wie wir gesehen haben, Erbin eines großen Vermögens, das ihr ihr voriger Ehemann hinterlassen hatte. Ein Vermögen, das unter ihrer Obhut weiter gedieh, indem sie es in internationale Handelsgeschäfte investierte. In der Geschichtsschreibung wird der Altersunterschied zwischen Mohammed (25 Jahre) und Chadidscha (40 Jahre) zum Zeitpunkt der Eheschließung betont, aber es stellt sich die Frage, ob Chadidscha nicht in Wirklichkeit jünger war, in Anbetracht der Tatsache, daß sie ihm in fünfzehn Jahren gemeinsamen Lebens sieben Kinder schenkte.

Der Inbegriff einer dynamischen, einflußreichen, unternehmungslustigen Frau im privaten wie im öffentlichen Leben ist jedoch Hind bint 'Utba, der eine zentrale Rolle im Widerstand Mekkas gegen Mohammed zukam. Dies führte sogar soweit, daß ihr Name, als der Prophet Mekka eroberte, auf der Liste der wenigen Mekkaner stand, deren Tod er verlangte. Er vergab ihr nicht die Tanz- und Gesangsriten, die sie auf dem Schlachtfeld von Uhud vollführte, mitten zwischen den Leichen der Muslime: »Die Frauen, die aus den Bergen zurückgekehrt waren, blieben hinter der Armee zurück und schlugen das Tamburin, um die Soldaten zu ermutigen. Hind, die Frau Abu Sufiyans, hüpfte und tanzte, während sie jene Verse sang:

Wir sind Töchter des Morgensterns:
Unsere Füße wandeln auf Kissen.
Unsere Hälse sind mit Perlen geschmückt:
Unser Haar duftet von Muskat.
Kämpft ihr, so halten wir euch fest in unseren Armen:
Weicht ihr zurück, so lassen wir euch los.
Lebe wohl, Liebe.«[8]

Eine der Aufgaben der Frauen im vorislamischen Arabien war die Ermutigung der Männer, während des Krieges bis zum Schluß zu kämpfen und dem Tod auf dem Schlachtfeld ins Auge zu sehen. Eine Rolle, die selbstverständlich gar nicht in das Bild der treusorgenden Frau paßt, jener Frau, die Wunden verbindet und den Sterbenden beisteht. Hind und ihr Kriegslied hingegen verkörpern das Weibliche als Todestrieb. Im übrigen wird Hind von den muslimischen Historikern als Menschenfresserin beschrieben, da sie angeblich die Leber Hamzas, des Onkels des Propheten, gegessen haben soll, den sie ganz besonders verabscheute.[9] Ibn Hajjar aber rechtfertigt die Ausschreitungen Hinds auf dem Schlachtfeld von Uhud, indem er daran erinnert, daß sie dem Onkel des Propheten grollte, weil dieser ihren Onkel in Sheiba getötet und sich an den Intrigen beteiligt hatte, die zum Tode ihres Vaters 'Utba führten.[10] Ihr Haß auf den Islam war nicht nur bekannt, sondern wurde auch als berechtigt angesehen, weil im Namen des Islams viele Mitglieder ihres Klans getötet worden waren. Es ist verständlich, daß der Prophet nach seinem triumphalen Einzug in Mekka im Jahre 630 (8 d.H.) ihren Kopf forderte. Abu Sufiyan, damaliges Oberhaupt der Stadt, bat Mohammed jedoch um die Begnadigung seiner Frau. Als diese gewährt wurde, mußte sie sich Mohammed mit den Abordnungen der weiblichen Bevölkerung Mekkas vorstellen, um ihren Treueschwur *(Bey'a)* zu leisten, nachdem sie wohlgemerkt das Glaubensbekenntnis abgelegt hatte. Der Treueschwur Hinds, den die Historiker Wort für Wort überlieferten, ist und bleibt ein Meisterwerk des Humors und politischen Wagemuts, geleistet von einer Frau, die zur Unterwerfung gezwungen wurde, die jedoch keineswegs auf ihr Recht auf Meinungsfreiheit verzichtete. Als der Prophet sie aufforderte zu schwören, »keinen Ehebruch zu begehen«, erwiderte Hind: »Eine freie Frau begeht niemals einen Ehebruch.« Der Prophet soll 'Umar einen amüsierten Blick zugeworfen haben, »denn er kannte die Abenteuer Hinds und ihre

Beziehungen zu 'Umar vor der Islamisierung«.[11] Die Persönlichkeit Hinds faszinierte die Historiker in einer Weise, daß sie ihr ganze Seiten widmeten.[12] Wie sehen sie Hind, jene Frau, die dem Islam mit soviel Zurückhaltung begegnete? So seltsam das heutzutage erscheinen mag, die islamischen Historiker zeigen die Persönlichkeit Hinds in ihrer ganzen Komplexität, in ihrem exzessiven Haß und ihrer Anthropophagie, die sie das Fleisch eines Muslimen verschlingen ließ, aber auch in ihren unbestreitbaren Qualitäten: »Hind wurde am Tag der Eroberung Mekkas Muslimin. Sie gehörte zu den Frauen mit dem besten Urteilsvermögen *(Ka nat min 'Uqala 'an-nissa).*«[13]

Daher war der Prophet auch nicht weiter erstaunt darüber, daß eine Frau wie umm Salma, im Gegensatz zu Aischa, die noch sehr jung war, eminent politische Fragen aufwarf, wie sie nur Frauen reiferen Alters stellen können: »Weshalb, so fragte sie eines Tages den Propheten, werden die Männer im Koran zitiert, und warum wir nicht?«[14] Als sie ihre Frage gestellt hatte, wartete sie auf die Antwort des Himmels.

Eines Tages, als sie in aller Ruhe ihr Haar kämmte und darüber nachdachte, daß sie noch immer keine Antwort auf ihre Frage bekommen hatte – obwohl damals Gott Frauen wie Männern antwortete, wenn diese Fragen über ihren Status oder ihren Platz in der neuen Gemeinschaft stellten – hörte sie den Propheten in der Moschee den letzten ihm offenbarten Vers zitieren, und dieser betraf sie: »Ich hatte den Propheten gefragt, weshalb der Koran von uns nicht so spricht wie von den Männern. Und wie groß war meine Überraschung, als ich eines Nachmittags seinen Ruf vom Minbar (der Moscheekanzel) hörte, als ich dabei war, mein Haar zu entwirren. Ich band es in Eile zusammen und lief zu einer der Wohnungen (von der aus man besser hören konnte), ich legte mein Ohr an die Wand und hörte die Worte des Propheten: 'Oh, ihr Menschen! Allah hat in seinem Buch gesagt: 'Für die Muslime und die Musliminnen, für die gläubigen Männer und Frauen, usw.', und er fuhr fort bis zum Schluß, wo es heißt: 'Für alle hat Allah Versöhnung und großen Lohn bereitet.'«[15]

Die Antwort des muslimischen Gottes an umm Salma war eindeutig: Allah spricht für die beiden Geschlechter, die als Gläubige, das heißt als Mitglieder der Gemeinschaft, unbedingt gleich sind. Gott erkennt jene, die zu seinem Haus gehören, jene, die Anspruch auf seine grenzenlose Belohnung haben. Nicht das Geschlecht bestimmt seine Gnadenerweisungen, sondern der Glaube und der Wunsch, ihm zu dienen und zu gehorchen. Der Vers, den umm Salma hörte, ist revolutionär, und seine Lektüre läßt keinen Zweifel darüber zu: *Für die Muslime und die Musliminnen, für die gläubigen Männer und Frauen, für die wahrhaftigen, standhaften und demütigen Männer und Frauen, für die Almosen gebenden und für die fastenden und für die keuschen Männer und Frauen, die oft Allah anrufen, hat Allah Versöhnung und großen Lohn bereitet.*[16]

Wurden die Sorgen umm Salmas von den anderen Frauen geteilt, oder handelte es sich um eine rein persönliche Initiative, eine exzentrische Idee von seiten einer ehrgeizigen und arroganten Aristokratin? War es eine Laune umm Salmas oder im Gegenteil eine geistige Bewegung unter den Frauen Medinas?

Viele Anzeichen sprechen dafür, daß es sich um eine wahre Protestbewegung der Frauen handelte. Die Frage, die umm Salma stellte, war das Ergebnis einer Bewegung, die Forderungen stellte und nicht die Laune einer verwöhnten Ehefrau. In einigen Versionen heißt es zunächst, daß die Initiative von den Frauen der Gemeinschaft ausging: »Einige Frauen sind zu den Gemahlinnen des Propheten gekommen und haben zu ihnen gesagt: 'Allah hat von euch (den Gattinnen des Propheten) ausdrücklich im Koran gesprochen, aber er hat nichts über uns gesagt. Gibt es also nichts an uns, das wert wäre, erwähnt zu werden?'«[17]

Die Frauen stellten sich nicht nur die gleichen Fragen wie umm Salma, sie betrachteten die Antwort des Himmels als das, was sie war: Ein Bruch mit den vorislamischen Praktiken und die Infragestellung der Bräuche, die die Beziehungen zwischen den Geschlechtern regelten. Wie auch immer diese Traditionen aussahen, die Frauen waren offensichtlich froh über die Änderung und hofften, daß die Dinge sich mit dem neuen Gott wandeln würden. Ihr Triumph war so groß, daß eine Sure ihren Namen tragen sollte. Es handelt sich dabei um die Sure 4 *an-Nisa'* (Die Frauen), die die neuen Bestimmungen über das Erbe beinhaltet und den Männern Stück für Stück ihre Privilegien aberkennt. Die Frauen werden künftig nicht mehr wie Kamele und Palmen »vererbt«, sondern sie werden selbst erben. Sie treten in Konkurrenz zu den Männern, was die Aufteilung des Vermögens betrifft: *»Den Männern gebührt ein Teil von dem, was Eltern oder Verwandte hinterlassen; aber auch den Frauen gebührt ein Teil von der Hinterlassenschaft der Eltern und Anverwandten; sei es wenig oder viel, ein bestimmter Teil gehört ihnen.«*[18]

Dieser kleine Vers versetzte die männliche Bevölkerung Medinas in helle Aufregung. Sie befand sich zum ersten Mal in direktem und persönlichem Konflikt mit dem muslimischen Gott. Vor der Entstehung dieses Verses hatten nur die Männer ein Recht auf das Erbe in Arabien, die Frauen hingegen waren ein Teil der Erbmasse: »Starb ein Mann, erbte sein ältester Sohn seine Witwe. Er konnte sie, wenn sie nicht seine eigene Mutter war, heiraten oder die Rechte auf sie an seinen

Bruder oder Neffen weitergeben, wenn er dies wünschte. So konnten diese sie an seiner Stelle heiraten.«[19]

Die Männer fanden, daß die neue Gesetzgebung bezüglich des Erbes einen Bereich tangierte, in den der Islam sich nicht einzumischen hatte: ihre Beziehungen zu den Frauen. Auf vieles durfte der Islam bei den Gläubigen Einfluß nehmen, ihre Privilegien gegenüber den Frauen durfte er jedoch nicht ändern. Sie waren in zweifacher Hinsicht betroffen: Die Erbmasse verringerte sich, weil die Frau, die einen guten Teil davon ausmachte, nicht mehr darin enthalten war; außerdem mußten sie den Rest, der vom Erbe übrigblieb, mit ihr teilen.

Die Frau hatte in der vorislamischen Tradition keinerlei Recht zu erben. Dies war in allen Fällen eine Angelegenheit der Männer, der des Klans des Ehemanns oder ihres eigenen: »Wenn ein Mann in der vorislamischen Zeit seinen Vater, seinen Bruder oder seinen Sohn verlor und dieser ihm eine Witwe hinterließ, eilte der neue Erbe, die Privilegien der vom Verstorbenen bezahlten Mitgift nutzend, zu ihr, bedeckte sie mit seinem Mantel und sicherte sich somit das ausschließliche Recht, sie zu heiraten. Wenn er sie heiratete, nahm er ihr damit ihr Recht auf den Anteil des Erbes, den die Mitgift darstellte. Gelang es jedoch der Witwe des Verstorbenen, zu ihrem eigenen Klan vor der Ankunft des neuen Erben zurückzukehren, verlor dieser seine Rechte auf sie zugunsten ihres eigenen Klans.[20] Bei der Erbfolge erschien die Frau lediglich als Gegenstand, auf den die männlichen Erben ihre jeweiligen Ansprüche anmeldeten, seien es nun die Männer des Klans des Verstorbenen oder die des Klans der Frau.

Die neuen Gesetze stellten die Erbfolge in Frage: Der Islam bejahte die Vorstellung vom Individuum als Persönlichkeit mit eigenem Willen und souveränem Bewußtsein, das, solange der Mensch am Leben ist, nicht erlöschen wird. Die

Männer lehnten sich gegen diese Gesetze auf, denn, würden sie sie akzeptieren, unterstützten Mohammed und sein Gott bald auch andere Forderungen der Frauen, wie z.B. das Recht auf Kriegsführung und Kriegsbeute.

Im Krieg fiel den Frauen eine passive Rolle zu, sie standen außerhalb des Konfliktes; im Falle einer Niederlage wurden sie zu *Sabaya* (Kriegsgefangenen) erniedrigt, während die Männer getötet wurden. Arabien war eine Sklavenhaltergesellschaft, in der es Menschen zweier Kategorien gab: den freien Menschen *(A-hrar)* und den Sklaven *('Abid)*. Dies galt für beiderlei Geschlecht. Wurde jedoch der souveräne Wille eines freien Mannes niemals aufgehoben – im Falle, daß er in Gefangenschaft geriet, wurde er getötet – spielte der der Frau bei der Erbschaft und der militärischen Niederlage keine Rolle: Die freien Frauen, wenn nicht losgekauft, wurden »vererbt« und zu Gefangenen erniedrigt. Der Status der Kriegsgefangenen ist dem der Sklavin sehr ähnlich.[21]

»Mahne nun [mit dem Koran], solange die Mahnung [den Menschen] nützt!« sagt der Koran (Sure 87, Vers 9). Im Licht der Vergangenheit nimmt die Gegenwart eine beängstigende Klarheit an: Die Art und Weise, wie die Zeitgenossen des Propheten auf jene Gesetze reagierten, ist uns genauestens bekannt. Zunächst lehnten sie die neuen Gesetze ab, trotz ihrer Konversion zum Islam wollten sie weiterhin in der Tradition der *Jahiliya* leben. Sie versuchten, Druck auf den Propheten auszuüben, damit Allah diese Gesetze ändere. Um dem Text zu entrinnen, stürzten sie sich schließlich verzweifelt auf seine Auslegung und zwar noch zu Lebzeiten des Propheten. Die Frauen ließen sich dies jedoch nicht gefallen, sie liefen zum Propheten, als die Männer nicht davon abließen, traditionell, d.h. nach den vorislamischen Praktiken zu handeln.

So beklagte sich auch umm Kajja, eine Frau aus dem Stamme der Ansarn, beim Propheten: »Mein Mann ist gestorben, sagte sie ihm. Nun möchte man mich daran hindern zu erben.« Der Bruder ihres Mannes hatte ihr, um seine Entscheidung zu rechtfertigen, befohlen, sich an die Tradition zu halten und die neuen Gesetze zu mißachten: »Frauen reiten keine Pferde, und sie kämpfen nicht (...).«[22] Umm Kajja hatte fünf Töchter, denen die Erbschaft von den Männern des Klans streitig gemacht wurde. Zu diesem Zeitpunkt »erbten einzig und allein die Männer. Das Mädchen und die Frau wurden vollständig vom Erbe ausgeschlossen.«[23] Sie wurden als Bürger zweiter Klasse betrachtet, da sie nicht am Kriegsgeschehen teilnahmen, während es die Beteiligung eines Stammes in einer Gesellschaft der wirtschaftlichen Knappheit erlaubte, sich an der Kriegsbeute zu bereichern. So war es möglich, neben Handel und Erbschaft zu Reichtum zu gelangen. Umm Kajja war nicht die einzige, die sich beschwerte. Unentwegt kamen die Frauen mit der Bitte zu Mohammed, das neue Gesetz anzuwenden. Der Fall Kubaicha bint Ma'ans sollte wichtige Konsequenzen haben, denn Allah selbst mußte über ihn entscheiden.

Der Stiefsohn Kubaichas wollte sie auf die traditionelle Weise erben. »'Prophet Allahs', sagte sie, 'ich habe weder von meinem Gatten geerbt, noch die Freiheit erhalten, mich mit dem Mann wiederzuverheiraten, den ich möchte.'«[24] Ihr Stiefsohn, Abu Qais ibn al-Aslat, weigerte sich, das neue Gesetz anzuwenden und bestand darauf, die Frau seines Vaters zu erben, die jedoch offensichtlich andere Dinge vorhatte. Dieser Konflikt zwischen Männern und Frauen führte zu einer weiteren Spaltung der Gesellschaft. Aber auch nun sollten die Frauen den Sieg davontragen, denn Allah antwortete auf ihren Ruf. Der Vers 19 der Sure der Frauen fiel herab wie ein Schwert: Qais verlor die Privilegien der Männlichkeit, die ihm das Recht zu reiten und mit Säbel und Bogen umzugehen, einräumten: *»Ihr Gläubigen! Es ist euch nicht erlaubt, Frauen [nach dem Tode ihres Mannes] wider [ihren] Willen zu erben. Und drangsaliert sie nicht in der Absicht, [ihnen] einen Teil von dem, was ihr ihnen [vorher als Morgengabe] gegeben habt, wegzunehmen! [Behaltet nichts von ihrer Morgengabe ein], es sei denn, sie begehen etwas ausgesprochen Abscheuliches.«*[25]

Die männliche Bevölkerung Medinas, besonders die der Ansarn, war von diesem Vers außerordentlich betroffen. Kubaicha forderte das Ende des Brauchtums in dieser Stadt: »Das Erbe war bei den Leuten von Yathrib (früherer Name Medinas) folgendermaßen geregelt: Starb ein Mann, erbte sein Sohn die Stiefmutter. Diese konnte sich der Aneignung nicht widersetzen. Er konnte sie entweder heiraten, wenn er es wünschte, und dann mit ihr dieselben Beziehungen haben wie sein Vater vor ihm oder sich von ihr trennen, liebte er sie nicht mehr. War der erbende Sohn zu jung, hinderte man die Stiefmutter daran, sich wiederzuverheiraten, und sie war gezwungen zu warten, daß dieser alt genug war, um sich für oder gegen sie zu entscheiden.«[26]

Was den Klan und seine männlichen Erben interessierte, waren weniger die körperlichen Reize der Stiefmutter als ihr Recht auf das Erbe. Prinzipiell mußte der Erbe den Erbteil der Stiefmutter den Männern ihres Klans übergeben, falls er sie nicht heiratete, wobei die »Obszönität« des materiellen Interesses durch den feierlichen Glanz der Ehe vertuscht wurde. Die Leute aus Mekka machten in vielerlei Hinsicht weniger Aufhebens um ihre Frauen als die Medinenser. Sie belasteten sich nicht einmal mit den Formalitäten, die die Ansarn gezwungen waren einzuhalten. In Mekka praktizierte man zum Beispiel das den im wahrsten Sinne des Wortes körperlichen Zwang *('Addle)*. Es handelte sich dabei um richtiggehende Erpressungen, die vertraglich abgezeichnet wurden und nicht nur bei der Erbfolge ihre Anwendung fanden: »*'Addle* existierte bei den Quraish in Mekka. Ein Mann heiratete eine Frau von Adel *Charifa*. Gefiel sie ihm nicht mehr, trennte er sich von ihr, nachdem er mit ihr vereinbart hatte, daß sie sich nicht ohne seine Einwilligung wiederverheiraten konnte. Der Mann holte Zeugen hinzu und setzte vor ihnen einen schriftlichen Vertrag auf, in dem die Bedingungen der Vereinbarung festgelegt waren. Hielt ein Freier um die Hand jener Frau an, konnte sie keine Entscheidung ohne die Einwilligung ihres früheren Ehemannes treffen. Um seine Erlaubnis zu bekommen, mußte sie ihm zu seiner Entschädigung und Zufriedenstellung ausreichend große Summen zahlen, ansonsten verweigerte er seine Zustimmung *('Adalaha)*.«[27]

Sowohl die Praxis des *'Addle* als auch die Praxis der Vererbung der Frau an den Erben ihres Mannes waren Gegenstand mehrerer Verse, in denen diese Vorgehensweise als unmoralisch verurteilt wurde. Nicht nur die verheirateten Frauen waren den Zwängen und Erpressungen ausgesetzt; im Falle des Ablebens des Familienoberhauptes litt auch die minderjährige Tochter darunter. Ihre Situation war sogar noch schlimmer. Diesen jungen Mädchen verdanken wir jene Versreihen, die den Waisenkindern gewidmet sind, so zum Beispiel die Verse 2, 3, 6, 10, 36, 127 in der Sure der Frauen und in Sure 2 (Die Kuh) die Verse 177, 215 etc. Viele Araber fanden diese Verse unverständlich. Es war für sie vollkommen absurd, daß ein Mädchen Anspruch auf seinen Erbteil erheben konnte. Der Vers 2 der Sure der Frauen zum Beispiel erteilt den Männern einen Befehl hinsichtlich der jungen

Erbinnen: »*Und gebt den [eurer Obhut anvertrauten] Waisen ihr Vermögen und tauscht [dabei] nicht etwas Schlechtes gegen etwas Gutes aus, und zehrt nicht ihr Vermögen auf, indem ihr es eurem eigenen zuschlagt! Das wäre eine schwere Sünde.*«[28]

Die unverheirateten Mädchen wurden nach den vorislamischen Bräuchen nicht nur um ihr Erbe betrogen, sondern sie waren auch allen möglichen Mißhandlungen und sexuellen Mißbräuchen ausgeliefert. Der Vormund zwang manchmal die schönsten von ihnen zur Heirat, um sich den Zugriff auf ihr Erbteil zu sichern sowie um zu vermeiden, eine Mitgift zahlen zu müssen. Waren die Waisenmädchen unglücklicherweise nicht schön genug, bei ihrem Vormund Gefallen zu erregen, konnte dieser sich auf ihre Häßlichkeit berufen und somit rechtfertigen, daß er sich einer Heirat widersetzte. Er zahlte jedoch auch ihren Erbteil nicht aus: »War das Waisenmädchen häßlich, zahlte er ihr kaum jemals ihren Anteil aus. Er hinderte sie daran, sich zu verheiraten und wartete bis sie starb, um sich dann an ihrem Erbe zu bereichern.«[27] Kinder beiderlei Geschlechts als Parteien im Erbrecht zuzulassen, stieß auf lebhaften Widerstand, so daß Gott beschloß, die Weigerung, den Waisenkindern den ihnen zustehenden Anteil auszuzahlen, zu den sieben schwersten Sünden zu zählen *(al-Kaba-ir as-Sab')*.[30]

Daß ein nach den Maßstäben des Klanoberhauptes häßliches Mädchen erben sollte, empörte viele. Jabir ibn 'Abdallah hatte eine blinde Kusine, die häßlich war und von ihrem Vater ein bedeutendes Vermögen geerbt hatte. Jabir hatte keineswegs die Absicht, sie zu heiraten, widersetzte sich jedoch ihrer Heirat aus Angst, der Ehemann könnte über ihr Vermögen verfügen. Er holte sich beim Propheten Rat in dieser Frage, und er war nicht der einzige, der dies tat. Viele Männer, die wie Jabir die Verantwortung für Waisenmädchen trugen, akzeptierten nicht, daß Mohammed den alten Zustand ändern wollte: »'Hat ein häßliches und blindes Mädchen das Recht zu erben?' rief er vor dem Propheten aus. Dieser antwortete ihm: 'Ja, selbstverständlich', und er (Jabin) sagte weiterhin: 'Sie bitten dich um eine Entscheidung bezüglich der Frauen, sag: 'Gott hat euch eine Entscheidung mitgeteilt, sie wurde euch in dem Buch über die Waisenmädchen offenbart, denen ihr nicht das gegeben habt, was vorgeschrieben ist.'«[31] Dieser Vers machte den Männern deutlich, daß Mohammed und Gott nicht immer in ihrem Interesse handelten und daß die neue Religion nicht nur Siegesverheißungen brachte, sondern auch ein ethisches System war, das gewisse Opfer auferlegte. Der Konflikt zwischen Gott und seinen muslimischen Anhängern trat offen zutage.

»'Wie', fragten die Männer, 'kann man einer Frau und einem Kind, die nicht arbeiten und nichts verdienen, das Erbrecht erteilen? Sollen sie von nun an erben wie der Mann, der gearbeitet hat, um dieses Geld zu verdienen?' Sie hofften auf eine Berichtigung von seiten des Himmels. Dann sagten sie sich: 'Wir müssen um Klärung dieser Frage bitten', und sie kamen zum Propheten und stellten ihm Fragen zu diesem Thema.«[32]

Der Prophet ließ sich nicht einschüchtern, er blieb bei seiner Haltung: Gott hatte ihnen seine Entscheidung zu dieser Frage mitgeteilt, sie mußten sich ihr unterwerfen. Als sie jedoch mit den Gesetzen, die ihnen mißfielen, konfrontiert waren, versuchten sie diese mit den Mitteln der Auslegung zu umgehen, mit anderen Worten, sie versuchten, die Schriften zu manipulieren, um ihre Privilegien aufrechtzuerhalten.

Die Frauen und die Unvernünftigen

In Anbetracht der Widerstände gegen die neuen Erbgesetze verdoppelte der muslimische Gott seine Vorsichtsmaßnahmen. Ein großer Teil der Sure der Frauen befaßt sich gründlichst mit all den Fällen, die im Bereich des Möglichen liegen. Die Frau als Mutter hat bestimmte Ansprüche, als Ehefrau und als einzige Tochter oder gemeinsam mit ihren Brüdern etc. Um jegliche Zweideutigkeit auszuschließen, wird jeder einzelne Fall fein säuberlich festgehalten: »*Und von der Hinterlassenschaft eurer Gattinnen steht euch die Hälfte zu, falls sie kinderlos sind. Falls sie jedoch Kinder haben, steht euch ein Viertel davon zu. [Auch dies] nach [Berücksichtigung] einer [etwa] von ihnen getroffenen testamentarischen Verfügung oder einer [von ihnen hinterlassenen] Schuld.*«[33]

Trotz dieser Festlegungen und Erläuterungen wollten die Männer weiterhin den egalitären Aspekt des Islams im Keim ersticken, denn er störte jene, die zum Islam konvertiert waren, um sich zu bereichern und ein besseres Leben zu führen, empfindlich. Sie wurden ihrer persönlichsten Vorrechte beraubt. Im Gegensatz zur Sklavenhaltung, die nur die Reichen betraf, ging die Veränderung des Status der Frau alle an. Keiner wurde ausgenommen, gleichgültig, welcher Klasse er angehörte und wie groß sein Vermögen war. Ein Vers mit dem recht zweideutigen Begriff des *Safih*, des Unvernünftigen, sollte ihnen als Sprungbrett dienen, um die neuen Gesetze außer Kraft zu setzen.

Dieser Vers besagte: »Den Unvernünftigen gebt das Vermögen, welches euch Allah zu ihrer Erhaltung gegeben hat, nicht in die Hände.«[34] Das war der Vers, auf den sie gewartet hatten: Da die *Sufaha* ausgenommen sind, sind die Frauen ganz einfach *Sufaha*. »Die *Sufaha*, das sind die Kinder und die Frauen, so sagten einige, und beide müssen vom Erbe ausgeschlossen werden.«[35] Was natürlich auf die Rückkehr zu den Praktiken der vorislamischen Zeit, der Jahiliya, hinauslief, jener Epoche der Unwissenheit, in der die Unterscheidung zwischen Gut und Böse noch nicht offenbart worden war: Wiederholt man nur oft genug, daß der Begriff *Safih* auch auf die Frau zutrifft, werden alle männlichen Wesen zutiefst zufrieden sein, und der muslimische Gott und sein Prophet können trotzdem ihre sonderbaren Gesetze über das Erbe beibehalten. Ein stillschweigendes Einvernehmen der männlichen Bevölkerung würde sich über den Begriff *Safih* ausbreiten, den die Vorsehung geschickt hatte.

Die Konservativsten jubelten: Sie behaupteten, das Wort *Safih* bezeichne »die Frauen und die kleinen Kinder, aber sicher ist, daß die Unvernünftigsten der Unvernünftigen ganz gewiß die Frauen sind *(an Nissaa Asfaha as-Sufahaa)*.«[36] Wie sollte Tabari mehrere Jahrhunderte später als Wächter der Heiligen Schrift auf diesen Konflikt reagieren, der den muslimischen Gott in Opposition zu den männlichen Gläubigen brachte?

Tabari führte seine Arbeit fachmännisch durch: Er überlieferte neunundzwanzig Zeugnisse über die verschiedenen Interpretationen dieses Verses, wobei er darauf hinwies, daß er jenem Wort *Safih*, auf das er bereits mehrfach im Koran gestoßen war, umfangreiche Kommentare gewidmet habe.[32] Untersucht man alle anderen Zusammenhänge, in denen der Begriff *Safih* auftaucht, ist man so klug wie zuvor. In einem Text bezeichnet *Safih* die Unwissenden, in einem anderen die Kinder, oder noch besser, manchmal bezeichnet er die Juden und manchmal die Polytheisten.[38] Schließlich kann sich *Safih* auf eine Person beziehen, der es an Urteilsvermögen mangelt, das heißt an der Fähigkeit, das Gute vom Bösen zu unterscheiden.[39] Zu guter Letzt sollten wir uns noch als Gläubige darüber informieren, wie das Wort *Safih* am besten zu verstehen ist. Zwei Interpretationsweisen sind möglich: jene, nach der das Wort *Safih* nichts mit dem Geschlecht zu tun hat, sondern sich auf den Mangel an Urteilsvermögen und die Verschwendung von Vermögen für nutzlose Dinge bezieht,[40] und jene, in der die Frau mit den Unvernünftigen in Verbindung gebracht und dadurch ihr Recht auf das Erbe für nichtig erklärt wird. Tabari, der seinen *Tafsir* (»Erklärungen«) geschrieben hat, um die nachfolgenden Generationen über den »wahren« Sinn des Korantextes aufzuklären, findet sich vor einem grundlegenden Problem der Fikh (religiöse Literatur) wieder, da dieser Vers bereits zu Lebzeiten des Propheten umstritten war, was teilweise erklärt, weshalb es so einfach ist, das Heilige zu manipulieren. Es mangelt an Zusammenhängen, dagegen ist die Empirie überrepräsentiert. Der muslimische Fqih versucht, sich zwischen die Heilige Schrift und den Leser zu stellen; da er so objektiv wie möglich sein möchte, begnügt er sich damit, uns die Vielfalt an Meinungen darzustellen und seine hinzuzufügen. Aus Angst, seine Subjektivität könne zu offensichtlich werden, verbietet er sich jede Eigeninitiative im Hinblick auf die Synthese. So stehen wir also vor einer Abfolge von Fällen, einer Vielfalt von Meinungen, jedoch entdecken wir keinen Versuch, aus diesem ganzen empirischen Material Prinzipien, Gesetzmäßigkeiten, Strukturen herauszuarbeiten, die es erlauben würden, das Strukturelle vom Konjunkturellen zu unterscheiden.

Tabari begnügt sich damit, seine Meinung hinzuzufügen, nachdem er die der anderen dargestellt hat, er versucht nicht, ein Prinzip der Gleichheit herauszuarbeiten, hinsichtlich des Verhältnisses zwischen den Geschlechtern. »Unserer Meinung nach müssen die Worte Allahs 'Den *Sufaha* gebt das Vermögen, welches Euch Allah zu ihrer Erhaltung gegeben hat, nicht in die Hände' dahingehend interpretiert werden, daß Gott dem Wort *Safih* eine allgemeine Bedeutung beimißt. Er hat es nicht auf eine bestimmte Kategorie Unvernünftiger begrenzt. Dieser Vers bedeutet also, daß man einem Unvernünftigen sein Vermögen nicht in die Hände geben soll, unabhängig von Alter und Geschlecht. Da *Safih* hier eine Person bezeichnet, die unfähig ist, ihr Vermögen zu verwalten, eine Person, die ihre Güter verschleudert, muß diese unter Vormundschaft gestellt werden und der Vormund Kontrolle über die Verwendung der Güter haben.«[41]

Niemals, an keiner Stelle, versucht Tabari, ein Prinzip zu formulieren. Welches Argument benutzt er also, um eine Entscheidung in dieser Debatte zu fällen? Sein gewichtigstes Argument zieht er aus dem Wortlaut des Textes und verweist auf die Grammatik, wobei er betont, daß der Begriff allgemein gebraucht wird: *Safih* schließt diejenigen aus, die die Reife im Sinne von Urteilsvermögen erreicht haben. Die Frauen vom Erbe auszuschließen, bedeutet seiner Meinung nach eine Differenzierung nach Geschlechtern einzuführen, die im Text des Korans nicht enthalten ist. »Wer sagt, daß in diesem Vers *Sufaha* speziell die Frauen bezeichnet werden, der macht schlicht einen falschen Gebrauch von der Sprache. Denn die Araber gebrauchen die Form *Fu'alaa* nur für den Plural der männlichen Form oder für den Plural der männlichen und der weiblichen Form zusammen.« Er schließt mit einer Abhandlung über den Gebrauch des Plurals in der arabischen Sprache. Hätte Allah sagen wollen, daß die Frauen unvernünftig seien, so hätte er seiner Meinung nach die entsprechende Form des Plurals gebraucht.[42]

Es existiert bis heute keine Theorie über die Grundgedanken des Islams als Philosophie, als Wissenschaft vom menschlichen Zusammenleben. Da die *Fuqaha* stets bestrebt waren, ihre Subjektivität weitgehend zu reduzieren, beschränkten sie sich schließlich darauf, einzelne Fälle und die sie betreffenden verschiedenen Ausleger aufzuzählen. Da man jedem das Recht auf seine Meinung einräumte, entstand letztendlich eine Literatur, in der lediglich Meinungen aneinandergereiht wurden. Die religiöse Literatur wollte wissenschaftlich sein, das war sie auch. Sie wurde jedoch zu einer empirischen Wissenschaft, in der sich jeder auf die Überprüfung beschränkte, ohne Methoden der Analyse zu entwickeln, die dazu hätten beitragen können, das Wichtige vom Unwichtigen zu unterscheiden. Der Imam weicht ängstlich vor der Wirklichkeit zurück. Indem er das tut, ebnet er der Manipulation durch falsche Auslegung den Weg, wie es die Debatte um das Wort *Safih* beweist. Handelt es sich um einen kontrovers diskutierten Vers, beruft sich jeder auf die Auslegung, die ihm am genehmsten ist, da ihm ja die Fiqh eine große Vielfalt von Meinungen bietet. Es ist anzunehmen, daß die Entwicklung eines Systems grundlegender Prinzipien es dem Islam als Zivilisation der Schrift wahrscheinlich erlaubt hätte, ohne größere Umwege zu einer Art Erklärung der Menschenrechte zu gelangen, die in ihren Grundzügen der Allgemeinen Erklärung der Menschenrechte ähnelte, einer Erklärung, von der noch heute behauptet wird, daß sie unserer Kultur fremd und aus dem Westen importiert sei. Die gesellschaftliche Haltung des modernen Islams zur Frauenfrage und zur Frage der Sklavenhaltung zeigt recht deutlich den Verdrängungsmechanismus gegenüber der Entwicklung von Prinzipien sowie die Unfähigkeit des politischen und praktizierten Islams, der die Beziehungen des Alltags regelt, das Prinzip der Gleichheit zu verwirklichen. Trotz der Grundeinstellung des Islams gegen die Sklavenhaltung verschwindet diese, wie wir bald sehen werden, erst unter dem Druck und durch das Eingreifen der Kolonialmächte aus der islamischen Gesellschaft (vergleiche den Artikel *'Abd* in der »Encyclopédie de l'Islam«).

Um zu ermessen, wie groß diese Gedächtnislücke in der Erinnerung der heutigen Muslime ist, die die Gleichheit der Geschlechter als fremdländische Erscheinung betrachten, müssen wir immer wieder in die Gassen Medinas zurückkehren, wo aufs heftigste über die Gleichheit der Geschlechter debattiert wurde und die Männer dazu gezwungen waren, darüber zu diskutieren, wenn nicht gar sie zu akzeptieren, weil Allah und sein Prophet es so wollten.

Die Frauen und die Kriegsbeute

Auf den Erfolg umm Salmas und die Verse, die die Gleichheit der Frauen und insbesondere ihr Recht auf das Erbe bestätigten, folgte eine kritische Periode. Neue Verse schwächten das Prinzip der Gleichheit der Geschlechter wieder ab, und die männliche Vorherrschaft wurde teilweise wiederhergestellt, ohne jedoch die für die Frauen günstigen Ansatzpunkte aufzuheben. So wurde eine Ambiguität im Koran geschaffen, die von den Führungseliten bis heute ausgenützt wird. Tatsächlich war der Triumph der Frauen von sehr kurzer Dauer: Nicht nur, daß der Himmel nicht mehr auf ihre Fragen antwortete, sondern es kamen jedesmal, wenn sie eine neue Forderung aufstellten, eindeutige und feindliche Verse vom Himmel.

Ermutigt von der Tatsache, daß Allah sie als den Männern gleichwertige Gläubige betrachtete, hatten es die Frauen sogar gewagt, die Teilnahme am Krieg zu fordern, um dadurch Anteil an der Kriegsbeute zu erlangen sowie sich für die Initiative beim Geschlechtsakt einzusetzen. Diese Ansprüche wurden von den Männern selbstverständlich als das empfunden, was sie waren: eine neuerliche Infragestellung der männlichen Überlegenheit. Als sie sich darüber bewußt wurden, daß die Forderungen der Frauen in höchstem Maß politisch waren, mobilisierten sich die Familienoberhäupter in einer wahren Widerstandsbewegung mit einem auserlesenen Führer: 'Umar ibn al-Khattab, der außergewöhnliche Militärchef, begeisterte die muslimischen Truppen durch seinen Mut, und der Prophet selbst gab zu, daß »die Bekehrung 'Umars zum Islam eine Eroberung und ein Triumph gewesen sei.«[43] 'Umar zeigte eine grenzenlose Bewunderung gegenüber dem Propheten und seinen Plänen, eine arabische Gesellschaft zu schaffen. Er war bereit, dem Weg des Propheten zu folgen und ihn in seinem Wunsch nach einer allgemeinen Veränderung der Gesellschaft zu unterstützen. Seine Meinung über die Beziehungen zwischen den Geschlechtern konnte er jedoch nicht nachvollziehen. 'Umar war nicht in der Lage, sich einen Islam vorzustellen, der die traditionellen, das heißt vorislamischen Verhältnisse zwischen Mann und Frau umwälzte. Die Forderungen der Frauen hinsichtlich ihres Wunsches, Waffen zu tragen und aktiv an den militärischen Operationen teilzunehmen, anstatt passiv darauf zu warten, gefangengenommen zu werden, wie die Tradition der Jahiliya es wollte, schienen ihm absurd. Er war jedoch bereit, die Götter des polytheistischen Mekkas zu zerstören, die seine Vorfahren bis dahin angebetet hatten, und somit das Gleichgewicht der Himmel zu erschüttern: die Vorstellung jedoch, daß die arabische Frau auf Erden eine andere Rolle fordern könnte, schien ihm unerträglich.

Und dies zu einem Zeitpunkt, als die Frauen, ihres Sieges gewiß, nach vorne preschten. Die entschlossensten unter ihnen gingen gleich zur Provokation über, indem sie die Behauptung aufstellten, daß der Koranvers »Ein Mann erhält soviel wie zwei Frauen« nicht nur für das Erbe zuträfe, sondern auch für die Sünden. Jeder Mann werde, so behaupteten sie, am Tag des Jüngsten Gerichts überrascht sein, daß seine Sünden doppelt wögen. »Wenn sie zweimal soviel erben, dann soll es bei den Sünden genauso sein!«[44] Die Lage spitzte sich zu.

Zur großen Überraschung der Frauen griff Allah dieses Mal zugunsten der Männer ein und bestätigte ihre Vorrechte. Der Vers 32 der Sure der Frauen enthält zwei Forderungen und bringt die Antwort auf zwei Gesuche, die sorgfältig auseinandergehalten werden müssen: der Wunsch der Frauen, die gleichen Privilegien wie die Männer zu erhalten, und die Behauptung, daß die wirkliche Gleichheit nur über das Vermögen erreicht werden kann. Um den Männern also wirklich ebenbürtig zu werden, muß Allah ihnen das Recht auf Kriegsführung und somit auch das Recht auf Kriegsbeute zugestehen. Allah antwortete unmißverständlich: Die Rechte des einzelnen bemessen sich nach seinem jeweiligen Verdienst. Die Frauen, denen es nicht gestattet ist, am Krieg teilzunehmen, können keinen Anspruch erheben, gleich behandelt zu werden: *»Den Männern steht ein [bestimmter] Anteil zu von dem, was sie erworben haben. Ebenso den Frauen.«*[45] Dieser Teil des Verses ist, Tabari zufolge, eine Antwort auf die Forderung der Frauen, zu den Waffen greifen zu dürfen. Sie trieben die Argumentation für die Gleichberechtigung bis zum äußersten. Da der Anteil jedes einzelnen dem entsprach, was er auch verdient hatte, und die Männer sich nur durch die Teilnahme am Krieg bereichern wollten, baten sie um das Recht, dieses Privileg auch zu bekommen.

Um die Beharrlichkeit der Frauen in diesem Punkt zu verstehen, ist es nötig, sich ein wenig mit den Mechanismen des Krieges und der Kriegsbeute sowie ihrer Bedeutung für die Wirtschaft Medinas auseinanderzusetzen. Der Begriff *Ghazaui* (Plural von *Ghazwa*, von dem das Wort *Razzia* abgeleitet wurde), entspricht dem Wörterbuch *Lissan al-Arab* (»Sprache der Araber«) zufolge der »Entscheidung, einen Gegner anzugreifen, um ihn seiner Güter zu berauben *(intihabuhu)*.« Das Wörterbuch erklärt, daß »eine mißlungene *Ghazzia* diejenige ist, bei der der Angreifer keiner Güter habhaft werden konnte« *(lam yagzhnam)*. Die *Ghazaui* bilden eines der gängigsten Mittel, Reichtümer zu »schaffen«: Sie sind Feldzüge unter den Stämmen, stark ritualisierte Überfälle, deren Ziel es vor allem ist, in den Besitz der »Reichtümer« anderer zu gelangen. Es handelt sich dabei meistens um Kamele, wobei Blutvergießen vermieden werden soll. Blutvergießen ist eine sehr schwerwiegende Angelegenheit, die um jeden Preis vermieden werden muß, denn der *ghazzi* (Angreifer) setzt sich der Rache des Stammes des Getöteten aus. Blutvergießen löst eine ganze Kette von Repressalien mit unendlichen Vendettas und Vergeltungsmaßnahmen aus. Es gab jedoch gleichzeitig zwei Arten von *Ghazaui*, die eine für die Güter, wie eben beschrieben, die andere für den Krieg, und diese kannte keine Gnade. Der Krieg und die Erkämpfung der Kriegsbeute waren, neben dem von den Mekkanern praktizierten Handel und der von den Medinensern betriebenen Landwirtschaft, eine der möglichen und substantiellen Einnahmequellen. Mohammed selbst beteiligte sich daran, wobei er den Krieg jedoch in den Dienst eines

Vorhabens stellte, das den Rahmen der traditionellen *Ghazzia* überschritt. Hätte er dies nicht getan, wäre er einer der zahlreichen kleinen Stammesoberhäupter Arabiens geblieben, die entweder gar nicht oder nur am Rande in die Geschichte eingingen. Der Prophet entdeckte jedoch schnell die Grenzen und Widersprüche einer solchen Praxis. Das Gesetz der *Ghazzia* war unerbittlich und ließ dem Sieger nur die Wahl zwischen einigen Alternativen, von denen gegenüber den Besiegten eine so unmenschlich war wie die andere: die Männer wurden getötet, die gefangenen Frauen zu Sklavinnen erniedrigt. Kamen die Männer und Frauen jedoch aus adligen Familien, wurden sie gegen beträchtliche Lösegelder ausgetauscht. Die Frage, die sich den Muslimen stellte, war folgende: Wie sollte man vorgehen, wenn ein Gefangener erklärte, daß er zum Islam konvertieren wolle? Gewann man auf diese Weise einen Gläubigen, so verlor man die Kriegsbeute, um die es eigentlich ging.

Die Frauen nutzten diese neuen Fragestellungen für ihre Forderungen: »Während der vorislamischen Zeit schlossen die Männer die Frauen und die Kinder vom Erbe aus, weil sie sagten, daß diese nicht die *Ghazzia (la-yaghzoun)* machten und somit keinen Anteil an der Kriegsbeute hätten.«[46] Umm Salma formulierte mit der von ihr gewohnten Knappheit und Schärfe in einem Bittgesuch den wesentlichen Punkt der neuen Forderung der Frauen: »Gesandter Gottes, die Männer ziehen in den Krieg, und uns wird das Recht darauf verweigert, während wir das Recht zu erben haben!« Nach einer anderen Darstellung soll umm Salma gesagt haben: »Gesandter Gottes, weshalb ziehen die Männer in den Krieg und wir nicht?«[47]

Eine Forderung, die die Grundlage des Gesetzes der *Ghazzia* in Frage stellte. Dieses Gesetz verlieh dem Sieger das

Recht, die Männer zu töten (bei Aristokraten, sie gegen ein Lösegeld auszutauschen) und die Frauen und Kinder des Besiegten zu *Sabaya*, Kriegsgefangenen, zu machen. Eine *Masbiya*-Frau kann von demjenigen, dem sie als Teil der Kriegsbeute zugefallen ist, verkauft werden. Er kann beschließen, mit ihr ein eheliches Verhältnis aufzunehmen, wenn er es wünscht. Er kann aus ihr die Mutter seiner Kinder machen, sie als Konkubine behalten oder sie als Arbeitskraft gebrauchen.[48] Die Versklavung der Frauen war zugleich Quelle sexueller Befriedigung, häuslicher Arbeit und der Vermehrung von Arbeitskraft.[49] Indem sie das Recht auf das Tragen von Waffen forderten, verringerten die Frauen drastisch die Reichtümer, die ein Mann bei den Razzien erhaschen konnte. Sie hofften, auf diese Weise dem ihnen bestimmten Schicksal zu entgehen, wie folgende Erzählung zeigt.

'Amr ibn Ma'dikarib, ein unerschrockener Krieger, erzählte 'Umar, der zu diesem Zeitpunkt Kalif war, von seinen Errungenschaften aus der Zeit der Jahiliya: »Ich werde dir von einem Abenteuer erzählen, von dem noch nie jemand vor dir gehört hat. Eines Tages brach ich mit einigen Reitern der Banu Zabid zu einer Erkundung des Gebietes der Bani Kinana auf. Wir begegneten einer Truppe, die des Nachts marschierte (...) Ich sah Futtersäcke für die Pferde, Krüge voller Nahrungsmittel, Zelte aus rotem Leder und eine große Anzahl Vieh. Nachdem wir uns die Beute gesichert hatten, wandte ich mich zum größten dieser Zelte, das ein wenig abseits stand. Es beherbergte eine Frau von seltener Schönheit, die auf einem Teppich lag. Sobald sie mich und meine Reiter erblickte, brach sie in Tränen aus. Ich fragte sie nach dem Grund: 'Ich weine nicht über mein Schicksal', antwortete sie mir, 'nein, ich weine aus Wut, wenn ich daran denke, daß meine Cousinen (dem Unglück) entronnen sind, dessen

Opfer ich bin.' Ich glaubte, daß sie die Wahrheit sprach und fragte sie, wo ihre Cousinen seien: 'Dort drüben, in diesem Tal', antwortete sie. Sogleich bat ich meine Begleiter, sich bis zu meiner Rückkehr still zu verhalten, gab meinem Pferd die Sporen und erklomm den Gipfel einer Düne.«[50]

Als 'Amr oben auf der Düne angekommen war, verstand er, daß er hereingelegt worden war: »Nicht weit von da nahm ich einen jungen Mann mit blondem Haar und langen Wimpern wahr, der seine Sandalen flickte. Vor ihm lag sein Schwert, und sein Pferd stand an seiner Seite. Als er mich erblickte, ließ er von seinem Tun ab, stand in größter Ruhe auf, ergriff seinen Säbel und stieg auf eine Anhöhe. Als er sah, daß sein Zelt von meinen Reitern umstellt war, bestieg er sein Pferd und näherte sich mir, indem er diese Verse sprach (...).«[51] Es folgte ein Duell zwischen 'Amr, dem Angreifer, und dem Mann, der, wie sich herausstellte, der Ehemann der Frau war, Rabi'a ibn Mukaddam, ein außergewöhnlicher Krieger. 'Amr verlor die Schlacht, griff Rabi'a aber erneut an und »bemächtigte sich einer reichhaltigen Kriegsbeute und der Frau Rabi'as. Letzterer wurde, da er ganz in der Nähe war, von den Geschehnissen unterrichtet. Er nahm sogleich die Verfolgung auf einem ungesattelten Pferd auf und hatte keine andere Waffe als eine Lanze ohne Eisenspitze. Er holte 'Amr ein und forderte ihn auf, ihm seine Gefangene zurückzugeben (...).«[52] Rabi'a gelang es, seine Frau zurückzuerobern, »sowie die aufgegebene Kriegsbeute, und er kehrte zu seinem Stamm zurück.«[53] Dies alles konnte einer jungen Frau im vorislamischen Arabien widerfahren, wenn sie nicht von den Mitgliedern ihres Stammes oder dem ihres Mannes umgeben war. Und nicht alle Ehemänner besaßen denselben Mut wie der prachtvolle Rabi'a. Diejenigen, die mit gewöhnlichen Männern verheiratet waren, endeten als Gefangene und Sklavinnen ihrer Eroberer.

Vom Islam zu verlangen, daß er eine solche Situation ändere, hieße, das Gebäude der auf Kriegsbeute basierenden Wirtschaft zum Einsturz zu bringen. Würde der muslimische Gott den Wunsch der Frauen erfüllen, hätte der Krieg keinen Sinn mehr. Im übrigen ergaben alle Details, die über die Nahrung, die Wohnverhältnisse und die Kleidung zusammengetragen wurden, das Bild einer genügsamen, ja ärmlichen Gesellschaft. Ein Gläubiger hatte den Propheten gefragt, ob man im selben Gewand beten könne oder ob man sich vorher umziehen müsse. »Glaubt ihr denn, jeder habe zwei Kleidungsstücke?«[54] war die Antwort des Propheten. Die Araber waren sprachlos beim Anblick der Kleidung der christlichen Prinzen, die sie gefangengenommen hatten: »Die Muslime betrachteten mit Erstaunen das Gewand Okaidirs, das aus goldbesticktem Brokat angefertigt war; niemals zuvor hatten sie etwas Vergleichbares gesehen.«[55] Für die von den Frauen gewünschte Gleichberechtigung mußten also handfeste wirtschaftliche Interessen geopfert werden.

In Anbetracht dieser Überlebensfragen für die Gemeinschaft reagierte die Mehrzahl der Frauen, abgesehen von umm Salma, die das Recht auf Kriegsführung verteidigte, politisch falsch. Umm Salma tat dies nicht, um sich zu bereichern, sondern des Rechtes wegen, »sich für Gott zu opfern« und die Sache seines Propheten. Die anderen erklärten: »Schade, daß wir keine Männer sind, sonst hätten wir in den Krieg ziehen und dieselben Reichtümer wie sie erlangen können.«[56] Da es ihnen am politischen Verstand umm Salmas mangelte, gelang es ihnen nicht, ihre materiellen Forderungen unter den armseligen Gewändern des Heiligen Krieges zu verbergen. Dieser Fehler wurde ihnen zum Verhängnis.

Prophet zu sein, bedeutet, einen gerade noch gangbaren Mittelweg zwischen dem Wahrscheinlichen und dem Unmöglichen zu beschreiten, zwischen »sicheren« Risiken und auf den ersten Blick unmöglichen Erfolgen. Ein Prophet ist per definitionem ein Mann, der seinem Schüler die Hoffnung gibt, daß sein künftiges Leben besser und erträglicher sein wird, wenn er sich nur dazu entschließt, auf das neue Ideal zu setzen. Der muslimische Gott wie sein Prophet wußten, daß die irdischen Reichtümer in ihrer Anziehungskraft ein nicht zu vernachlässigender Faktor waren. Schließlich waren die neuen Anhänger tapfere Familienväter, die für ihre Angehörigen zu sorgen hatten. Der Islam versprach eine Verbesserung der Lebensbedingungen, handelte es sich nun um das geistige oder das irdische Leben. Die Aussicht auf Kriegsbeute nährte bei den Streitern Allahs den legitimen Wunsch, sich zu bereichern: »Allah hat euch versprochen, daß ihr reiche Beute machen werdet, und eilt sich, dieses Versprechen einzulösen.«[57] Die Beute und die Aussicht auf ein Paradies im Jenseits waren zwei legitime Ambitionen des Gläubigen, und der Prophet erkannte als militärisches Oberhaupt schnell, daß sehr wenige seiner Mitstreiter einer Änderung der Aufteilung der Kriegsbeute zustimmen würden. Die Ereignisse von Taif im Jahre 8 sprechen eine deutliche Sprache: Bei diesem Feldzug wollte der Prophet, berührt von der Bestürzung der besiegten Stämme, von denen ihm einige emotional sehr nahestanden, die Bräuche hinsichtlich der Beute und der Stellung der gefangenen Frauen menschlicher gestalten. Seine Truppen wandten sich gegen ihn, und er sah sich einer wahren Meuterei gegenüber.

Ebenso sollten bei der Expedition von Honain zwei Ereignisse, das eine emotionaler, das andere religiöser Art, den Propheten erschüttern und ihn daran hindern, die Aufteilung der Beute stur nach der Regel vorzunehmen. Die Expedition von Honain fand nach der Eroberung Mekkas im Jahre 8 statt. Von der Eroberung der Stadt unterrichtet und entschlossen, ihr zu Hilfe zu eilen, strömten die Stämme der Region, die dem Islam noch widerstanden, zur Stadt Taif, die einige hundert Kilometer entfernt lag. Ohne den Handel mit Taif konnte Mekka nicht überleben: »Zwischen Mekka und Taif lagen drei Tagesmärsche auf der Straße des Jemen. Taif besteht aus mehreren, nicht zu unterschätzenden Siedlungen (...) Es gibt dort eine große Anzahl von Obstgärten, bestellten Feldern, Weingärten und Bächen. Die Einwohner Mekkas stehen in ständigem Austausch mit Taif, weil es in Mekka weder Reben noch Bäume, noch Früchte gibt. Alle Früchte, die man in Mekka findet, kommen aus Taif, wo alle Früchte der Welt wachsen. Jeder Einwohner Mekkas besitzt in Taif einige Weinreben oder einen Garten. Während der drei Sommermonate bleibt niemand in Mekka, außer den Armen.«[58]

Wer Mekka einnimmt, der wird auch nicht zögern, Taif einzunehmen. Malik ibn 'Auf, der Anführer der Thaqif, des Stammes, der die Stadt beherrschte, übernahm den Oberbefehl über den Widerstand. Es gelang ihm, überall Truppen zu rekrutieren, außer bei einem Klan der Hawazim, den Sa'd Ben Bekr, denn der Prophet war ihnen anvertraut worden, als er noch ein Säugling war. Es war Brauch bei den Stadtbewohnern, die Kinder zu einer Amme außerhalb der Stadt in eine gesündere Umgebung zu geben. Dieser Klan weigerte sich, Malik Soldaten zu geben. Sie erwiderten: »Mohammed ist als Säugling zu uns gekommen, er ist bei uns aufgewachsen. Wir können nicht gegen ihn Krieg führen. Malik jedoch unternahm so viele Schritte, bis er schließlich auch von ihnen eine Truppe von Kriegern erhielt.«[59]

Malik verließ Taif an der Spitze einer Armee von 30000 Soldaten, und er hielt in der Ebene von Honain, drei Tagesmärsche von Mekka entfernt. Um die Verbündeten dazu zu bringen, Mohammed bis zum Tod zu bekämpfen, hatte er »Befehl gegeben, daß jeder Soldat seine Frau, seine Kinder und seine Herde mit sich führen sollte.«[60] Der Prophet, der von dem Zusammenschluß der Beduinen in Honain gehört hatte, hob eine Armee von 12000 Männern aus, darunter 2000 Mekkaner. Einem seiner Männer übertrug er die Befehlsgewalt über Mekka, und er wandte sich nach Honain. Es war eine schwierige Schlacht, und der Prophet ließ dabei fast selbst sein Leben. Mit einem äußerst knappen Sieg schlugen die Muslime die zahlenmäßig überlegenen Gegner. Malik beschloß, sich nach Taif zurückzuziehen, da es leichter war, sich in einer befestigten Stadt zu verteidigen. In der Verwirrung ergriffen die Verbündeten die Flucht, wobei sie Frauen und Kinder zurückließen. Der Prophet gab Befehl, wie es Sitte war, »die Flüchtigen über die Entfernung von drei Tagesmärschen zu verfolgen (...) alle die zu töten, die sie erreichen konnten, und die Frauen, Kinder und Herden zurückzubringen.«[61] Die Beute war enorm: »Die muslimischen Truppen brachten alle Herden zurück, die die Gegner mit sich genommen hatten. Rinder und Schafe in so großen Mengen, daß nur Gott allein ihre Zahl kannte. Außerdem brachten sie 6000 Frauen und Kinder mit.«[62]

Unter den Gefangenen befand sich Osma, die Milchschwester Halimas, der Amme Mohammeds: »Der Prophet erkannte sie, und er brach in Tränen aus. Dann nahm er den Mantel von seinen Schultern, breitete ihn auf dem Boden aus, nahm Osma bei der Hand und ließ sie auf dem Kleidungsstück Platz nehmen. Am nächsten Tag fragte er sie, ob sie es vorzöge, bei ihm zu bleiben oder zu ihrem Stamm zurückzukehren.«[63] Sie zog es vor, nach Hause zurückzukehren. Der Prophet schickte sie mit Geschenken zurück: »Zwei Sklaven, ein Mann und eine Frau, ein Kamel, ein Schaf, alles von der

Beute.«[64] Indem er auf diese Weise über die Beute, zu der Osma gehörte, verfügte, beging der Prophet einen ersten Fehler gegenüber seinen Truppen, die nichts für Rührseligkeiten übrig hatten. Es folgte ein schwerwiegenderer: Malik, der Oberbefehlshaber des Widerstandes, der sich nach Taif zurückgezogen hatte, gab seine Entscheidung bekannt, sich mit seinen Verbündeten zum Islam bekehren zu lassen, wodurch er die gesamte Kriegsbeute, Frauen, Kinder und Güter, zurückbekam. Das ist das Gesetz und die Logik des Heiligen Krieges, der mit einer normalen *Ghazzia* nicht vergleichbar ist.

Die Entscheidung Maliks veränderte die Lage völlig. Der Prophet konnte nicht mehr über die Beute verfügen, er mußte die Soldaten daran hindern, sie anzurühren: »Er ließ alle Gefangenen herbeiführen und die gesamte Beute zusammentragen. Die Aufsicht übergab er bis zu seiner Rückkehr aus Taif Mas'oud, dem Sohn Amrous, den er an die Spitze von 10000 Männern stellte.«[65] Der Krieg folgte jedoch seinen eigenen Gesetzen. Ohne die Zustimmung der Truppen konnte der Prophet nicht entscheiden. Er schlug also dem Klan der Beni Sa'd vor, die Gelegenheit des öffentlichen Freitagsgebets zu nutzen, um das Problem vor allen zur Diskussion zu stellen.

Der Islam wurde auf eine schwierige Probe gestellt: Ist die Kriegsbeute oder Allah das Wichtigste für einen muslimischen Soldaten? »Am nächsten Tag, als der Prophet das Morgengebet hielt und die ganze Armee hinter ihm versammelt war, erhoben sich die Hawazin, die Thaqif und die Beni Sa'd in dem Moment, als er mit dem Rücken zum Mirhab stand und brachten ihre Bitte um Rückgabe ihrer Frauen und Kinder zum Ausdruck.«[66] Der Prophet, der den Verlauf des Gebets geplant hatte, wandte sich zu den Gläubigen und erklärte: »Diese Gefangenen gehören mir nicht allein, sondern allen Muslimen.«[67] Er fügte hinzu, daß er selbst dazu bereit sei, auf seinen Teil der Beute zu verzichten, daß es aber im übrigen »an den muslimischen Truppen sei zu entscheiden«.[68] Es folgte eine erhitzte Debatte in der Moschee. Was die Soldaten sich weigerten zurückzugeben, war nicht das Vieh, sondern die gefangenen Frauen, da jeder Mensch mehrere Stück Vieh wert war. Den Befehlshabern, die sich weigerten, auf die Beute zu verzichten, sagte der Prophet: »Ihr habt das Recht dazu (die Beute zu fordern), aber jeder eurer Männer, der seinen Anteil an Gefangenen zurückgibt, wird von mir sechs Schafe pro Kopf erhalten.«[69] Der Heilige Krieg wurde bei jenem Freitagsgebet des Jahres 630 (8 d.H.) zu einem harten Handel, wobei für Mohammed die Zukunft seines gesamten Vorhabens ins Wanken geriet: Würde er seine Truppen überzeugen können, von der *Ghazzia* abzusehen und die Gefangenen nicht als Beute, sondern als Gläubige wie sie selbst zu betrachten?

Als das Gebet zu Ende ging, hatte man sich noch nicht geeinigt. Mohammed war es gelungen, die psychologische Wirkung des Auftritts in den Griff zu bekommen, indem er den Besiegten riet, sich in die Moschee zu begeben, ihre Konversion zum Islam zu erklären und auf diese Weise die Truppen miteinzubeziehen. Sobald sie jedoch die Moschee verlassen hatten, griffen die Soldaten den Propheten an und forderten ihn auf, die Aufteilung der Beute anzuordnen: »Sie beharrten darauf, daß er die Aufteilung an Ort und Stelle vornähme. Der Prophet versprach es ihnen. Da ergriffen sie ihn und sagten: 'Wir werden dich nicht gehen lassen, bevor du nicht die Teilung befohlen hast.' Sie nahmen ihm seinen Mantel weg, und alle schrien durcheinander und benahmen sich ungehörig (...).«[70] Der Prophet war also gezwungen, den Rest der Beute nach den Stammesbräuchen an Ort und Stelle aufzuteilen.[71]

In einem solchen Klima der politischen Spannung, in dem offenkundig wurde, daß der muslimische Kämpfer keine klare Vorstellung von seinen Pflichten als Gläubigem hatte, sondern weiter auf seinen Vorrechten als Krieger beharrte und die Gefangenen als sein wertvollstes Gut betrachtete, war es selbstverständlich, daß das von Mohammed gegebene Versprechen der Gleichheit aller Gläubigen an seine Grenzen stieß. Man darf jedoch nicht die zeitliche Reihenfolge außer acht lassen: Honain, das ist schon der triumphierende Islam. Die Frauen hatten jedoch die Debatte über den Krieg und die Beute bereits wesentlich früher begonnen und zwar während der »schwierigen« Periode (in den Jahren 4 bis 8), die zwischen der Niederlage von Uhud und der Eroberung Mekkas liegt. In dieser Zeit war die Moral der Truppen auf dem Nullpunkt, und die Glaubwürdigkeit Mohammeds als militärischem Oberhaupt war ernsthaft erschüttert. Man kann die Kehrtwendung, die Mohammed gegenüber den Forderungen der Frauen vollzog, nicht verstehen, läßt man den militärischen Kontext außer acht. In Honain wurde deutlich, daß ein siegreicher Prophet immer mehr oder weniger dem Wohlwollen seiner Truppen ausgeliefert ist. Versuchen wir uns also seine Verhandlungsposition gegenüber den Soldaten vorzustellen, wenn er noch nicht einmal in der Lage war, ihnen den Traum von der Kriegsbeute zu erfüllen! Wir haben gesehen, wie der Prophet Allah bei der Schlacht von Badr anflehte: Ohne militärischen Erfolg gäbe es auch keinen Islam. Der Handlungsspielraum, der dem Propheten in einer auf dem Krieg aufbauenden Wirtschaft zur Verfügung stand, war sehr gering.[72] .

Die Anwendung des Prinzips der sozialen Gleichheit bedeutete, sich einer Gefahr zusätzlicher Unruhen auszusetzen, da es der gläubigen Frau das Recht auf Gleichheit einräumte, denn einzig die Frömmigkeit wäre von nun an das Kriterium für die Hierarchie gewesen. »Nur der von euch ist am meisten bei Allah geehrt, der am frömmsten unter euch ist.«[73] Den Frauen den Weg zum Paradies freizugeben, war weit weniger schwierig, als ihnen das Recht auf Erbschaft und Kriegsbeute zuzugestehen. Es bedeutete jedoch auch andererseits, auf verfängliche Weise die Zahl der Opfer zu erhöhen, die der Gläubige Allah zu geben bereit war. Wenn die Männer Gott brauchten, so brauchte dieser ebensogut auch die Männer.

In Anbetracht dieser schwierigen Wahl – Gleichheit der Geschlechter oder Überleben des Islams – ist es das Verdienst Mohammeds und die Größe seines Gottes, solche Alternativen zu Beginn des 7. Jahrhunderts gestellt zu haben sowie die Gemeinschaft darüber zum Nachdenken gebracht zu haben. Ein Sachverhalt, den die Politiker fünfzehn Jahrhunderte später als etwas ihrer Kultur Fremdes zurückweisen. Er hat weder etwas mit der Sunna noch mit der Tradition des Propheten zu tun. Ein Prophet ist vor allem ein Mann, der die Kunst des Heiligen Tanzes beherrscht, eines Tanzes mit schwieriger Choreographie, zwischen einem idealistischen, letztendlich weit entfernten, fremden, himmlischen Gott und leidenden Männern, die Gefangene einer Erde sind, die von Gewalt und Ungerechtigkeit regiert wird. Zur Zeit Mohammeds wimmelte es von Propheten oder vielmehr von falschen Propheten (um in den Worten der muslimischen Historiker zu sprechen) auf der Arabischen Halbinsel, insbesondere im Jemen, wo »al-Ansi und Mussailima, der Berühmteste« lebten. »Dieser beherrschte die Kunst der Verführung. Er war ein sehr redegewandter Mann, der sich wunderschön in Reimen ausdrücken konnte.«[74] Mussailima betrachtete sich als

Rivalen Mohammeds, dem er übrigens vorschlug, sich mit ihm zu verbünden: »'Ich bin Prophet wie Mohammed', rief er der Menge in der Stadt Yamama im Jemem zu, 'die Hälfte der Erde gehört mir, die andere Hälfte ihm!'«[75] Er hatte oft an die nationalistische Ader seiner Zuhörer appelliert, um sie zu überzeugen: »Ihr findet keinen besseren Propheten als mich; weshalb wollt ihr einem fremden Propheten folgen?«[76]

Auch Frauen machten Karriere als Prophetinnen, so zum Beispiel Sadjahi bint al-Harith ibn Suwayd, die in den Liedern der Propheten ihres Stammes gerühmt wurde:

Unser Prophet ist eine Frau, die wir verehren, während die anderen Völker Männer als Propheten haben.[77]

Sie beging die Unvorsichtigkeit, sich als Prophetin von den Gefühlen leiten zu lassen und verliebte sich in Mussailima, den sie schließlich heiratete. »Als sie als von Gott Berufene auftrat, verweigerte sie dem Betrüger Mussailima zunächst den Titel Prophet, dann glaubte sie an seine Mission. Bevor sie sich Gesandte des Himmels nannte, war sie Seherin und behauptete, dieselbe Kunst zu beherrschen wie Satih, ibn Salama (...) und andere berühmte Seher. Sie begab sich zu Mussailima, der sie heiratete.«[78]

Männer und Frauen, alle Propheten, die die muslimische Tradition als falsche Propheten bezeichnet, scheiterten, weil sie den Tanz zwischen dem Göttlichen und dem Menschlichen nicht beherrschten, jenen starken Wunsch, sich zum Himmel aufzuschwingen, den irdischen Horizont zu durchbrechen, zu Gott zu gelangen, Gott zu werden. Wenn Mussailima kläglich scheiterte, so deshalb, weil er, wie viele moderne Politiker, Prophetie und Demagogie verwechselte und den Irrtum beging, daß der Erfolg eines Propheten in seiner Verführungskunst liege, seiner Fähigkeit, den Mengen zu schmeicheln: »Mussailima gab seinen Landsleuten religiöse

Instruktionen, sprach sie von der Notwendigkeit des Gebetes frei und erlaubte ihnen Unzucht und Wein. Diese Gesetze gefielen ihnen: Sie erkannten ihn als Propheten an und akzeptierten seine Religion. Er sprach gereimte, unrhythmische Verse herunter, die er vom Himmel erhalten zu haben behauptete.«[79]

Prophet zu sein, heißt, im Gegensatz zu dem, was Mussailima glaubte, Menschen dazu zu bewegen, so weit wie möglich zu gehen und nach einer idealen Gesellschaft zu streben. Prophet zu sein, heißt, einem Händler aus Medina, der bis dahin nur begierig auf Beute aus war, verständlich zu machen, daß eine Frau etwas anderes sein kann als eine Gefangene. Prophet zu sein, bedeutet, einem einfachen Gemüt, einem Gemüt, das in seinen Leidenschaften und seinem Egoismus befangen ist, neue Horizonte, ungeahnte Sichtweisen zu vermitteln. Mohammed war wirklich und wahrhaftig ein Prophet, ein Bauherr weiter Horizonte, deren Anblick allein einen Taumel hinterließ. Die tapferen Schüler der Jahre 624, 625, 627 versuchten mitzuhalten; sie schwankten, taten einen Schritt nach vorn und einen zurück. Sie gingen vorwärts, so gut sie konnten. Jene Angelegenheit mit den Frauen, soviele Erschütterungen sie auch mit sich brachte, hatte eine »positiven« Aspekt: Sie schloß die Reihen der Männer enger zusammen. Mehr denn je wurden sie sich darüber bewußt, daß sie einander brauchten, um sich gegen Angriffe in ihrem Haus und auf dem Schlachtfeld zu wehren. Zwietracht und Feindseligkeit verschwanden zugunsten einer ermutigenden Komplizenschaft. Um aber eine ernstzunehmende Opposition bilden zu können, mußte ein Führer gefunden werden, einer, der auch die Achtung und Wertschätzung des Propheten genoß. Und, zum Unglück der Frauen, fanden sie einen gewichtigen Führer: Seinen Lieblingsschüler 'Umar ibn al-Khattab.

IV. 'Umar und die Männer Medinas

'Umar gehörte, bevor er Muslim wurde, zur Elite des Stammes der Quraish. Er war einer der entschiedensten Gegner Mohammeds.[1] Er grollte ihm, weil dieser, seiner Meinung nach, »Zwietracht in den Reihen der Quraish gesät, ihre Religion kritisiert und ihre Gottheiten beleidigt hatte.«[2] Seine Bekehrung erfüllte den Propheten mit besonderem Stolz: Mit ihm gewann er einen der starken Männer Mekkas für seine Sache. Sobald er konvertiert war, »wandte sich 'Umar gegen die Quraish und bekämpfte sie, bis der Weg zur Ka'ba (der Heiligen Stätte) geebnet war. Er wagte es als erster, dort sein *Salat* (Gebet) zu sprechen, und wir beteten mit ihm.«[3]

Mohammed, der 'Umar bereits vor seiner Konversion bewunderte, schenkte ihm besondere Aufmerksamkeit. Er schätzte seinen unbestechlichen Gerechtigkeitssinn und gab ihm den Beinamen *al-Faruq*, »derjenige, der zu unterscheiden vermag«, weil er ein besonderes Gespür für das Erkennen von Wahrheiten und Unwahrheiten hatte, was bei den neu Bekehrten nicht immer selbstverständlich war. Er mochte seinen kritischen Verstand. 'Umar lebte nach dem Grundsatz, daß sich ein Araber »vergewissern muß, wo ihn sein Herr hinführt«, er darf nicht blind seinen Befehlen folgen.[5]

'Umar verkörperte den idealen Kalifen, durch den wir als Kinder den Islam unserer Geschichtsbücher lieben lernten: ein Regierender, der den Regierten zuhört und, vor allen Dingen, ein aufrichtiger Mensch, der die Reichtümer verachtet und selbst geradezu ärmlich lebt: »'Umar lebte einfach, er kleidete sich schlicht und zeigte sich streng bei allem, was die

Verehrung Gottes betraf (...) Seine Kleidung bestand aus einer wollenen, mit Lederstücken und anderen Stoffresten geflickten Tunika *(Djubba)* und einem Mantel *('Abaya)*, in den er sich hüllte. Trotz der würdevollen Stellung, die er einnahm, war er sich nicht zu schade, seinen Wasserbeutel selbst über der Schulter zu tragen. Gewöhnlich ritt er ein Kamel, auf dem er sein Gepäck mit einem Strick aus Palmfasern befestigte. Genauso verhielten sich seine Verwalter, trotz der Größe des Reiches und der Fülle von Reichtümern, die Gott ihnen hatte zuteil werden lassen.«[6]

'Umar besaß viele wunderbare Eigenschaften; nichtsdestotrotz beschrieben die muslimischen Chronisten, denen bei historischen Persönlichkeiten kein Charakterzug, insbesondere keine Schwäche entgeht, sein ungeduldiges, aufbrausendes Verhalten gegenüber Frauen. Bereits Tabari beschrieb, daß sich eine Frau weigerte, ihn zu heiraten, als er Kalif war und als erster den imposanten Titel *Amir al-Muminin* (Prinz der Gläubigen) trug, »weil er sich ungehobelt und streng gegenüber den Frauen verhielt« *(Chadid 'ala an-nissaa)*. Es handelte sich dabei um niemand Geringeres als Aischas Schwester, umm Kelthum.[7]

Es war also kein Zufall, daß er sich zum Wortführer des männlichen Widerstandes gegen das egalitäre Vorhaben des Propheten, den Frauen gleiche Rechte einzuräumen, erklärte. Als Mann mit außergewöhnlichem Charisma verfocht 'Umar die Aufrechterhaltung des Status Quo innerhalb der Familie. Seiner Ansicht nach – und so dachten auch zahlreiche Gläubige, deren Interessen er vertrat – sollten sich die Veränderungen, die der Islam einführte, auf das öffentliche und das geistige Leben beschränken. Das Privatleben sollte weiter den Bräuchen der vorislamischen Zeit gehorchen. Bräuchen, die Mohammed und sein Gott ablehnten und als unvereinbar mit dem neuen muslimischen Wertesystem verurteilten, das die Gleichheit aller Menschen voraussetzte, die Gleichheit der Geschlechter inbegriffen. Die Männer waren bereit, den Islam als eine Revolutionierung der Verhältnisse im öffentlichen Leben hinzunehmen, als Umwälzung der politischen und wirtschaftlichen Hierarchien. Sie wollten jedoch nicht, daß der Islam etwas in den Beziehungen zwischen den Geschlechtern veränderte. Sie fühlten sich wohl in der vorislamischen Tradition, solange es sich um ihr Heim und ihre Beziehungen zu den Frauen handelte. Dies traf besonders auf Mekkaner wie 'Umar zu, die bei ihrer Ankunft in Medina von der Freizügigkeit überrascht waren, die den Frauen Medinas im Denken und Handeln zuteil wurde. Die Frauen der Ansarn beschäftigten ihn sehr: »Wir anderen, die Leute von Quraish, beherrschten die Frauen«, sagte er. »Als wir in Medina ankamen, bemerkten wir, daß sich die Ansarn von den ihren beherrschen ließen. Unsere Frauen begannen daraufhin, ihre Gewohnheiten anzunehmen.«[8] 'Umar hatte allen Grund, auf der Hut zu sein, denn eine der Bewunderinnen der Ansarn-Frauen war niemand anderes als seine eigene Gattin.

Eines Tages hatte 'Umar Streit mit seiner Frau, und er erwartete, daß sie wie gewöhnlich seine lautstarken Vorwürfe gesenkten Hauptes hinnehmen würde, wie es Tradition war bei den Quraish. Aber es kam anders: «Als ich meine Frau anfuhr, antwortete sie mir im gleichen Tonfall. Auf meinen Vorwurf hin sagte sie mir: 'Du tadelst mich, weil ich dir antworte! He! Bei Gott! Die Frauen des Propheten geben ihm auch Widerworte. Eine von ihnen hat sich sogar bis zum Abend geweigert, ihn zu sehen.'«[9] Was 'Umar befürchtet hatte, war eingetreten: Die Autonomie der Ansarn-Frauen sowie ihre Ablehnung jeglicher Art von Bevormundung hatten die Häuser der Quraish erobert. Seine eigene Frau, die er in Mekka so gut gebändigt hatte, bot ihm nun die Stirn und rechtfertigte ihr Verhalten, indem sie ein männliches Vorbild bemühte: den Propheten. Schließlich konnte 'Umar kaum beanspruchen, besser behandelt zu werden als dieser. Erhoben die Frauen des Propheten die Stimme, um ihrer Wut in Anwesenheit des Ehemanns Ausdruck zu verleihen, so mußten sich die Schüler der neuen Situation anpassen. Diejenigen, die beschlossen hatten, dem Propheten zu folgen, wußten, daß sie keinen einfachen Weg gewählt hatten; daß man ihnen aber auferlegte, den Aufstand im eigenen Heim hinzunehmen, war eine Herausforderung, die ihre Fähigkeit, sich an Veränderungen zu gewöhnen, bei weitem überschritt.

'Umar begnügte sich nicht damit, seine Frau zurechtzuweisen; aufgeschreckt von dem Gedanken, daß sich die Revolte ausbreiten könnte, stürzte er zu seiner Tochter Hafsa, einer der Frauen des Propheten, um sie zu befragen. »'Sag Hafsa (...) stimmt es, daß eine von euch heute den Propheten angeherrscht hat und sie ihm bis zum Abend ferngeblieben ist?' 'Ja', antwortete sie. 'Du hast unrecht, und du wirst dafür büßen müssen', fuhr ich fort. 'Fürchtest du nicht, daß der Zorn des Propheten Gott aufbringen und dich ins Verderben stürzen wird? Sei nicht anmaßend gegenüber dem Propheten, leiste ihm keine Widerrede. Zeige ihm nicht die kalte Schulter, und wende dich an mich, wenn du etwas möchtest.'«[10]

Er begnügte sich jedoch nicht damit, Hafsa, seine eigene Tochter, zurechtzuweisen, er ließ sich nicht davon abbringen, auch den anderen Frauen des Propheten Gefügigkeit gegenüber ihrem Mann zu predigen. So forderte er alle anderen Frauen des Propheten auf, niemals ihre Stimme gegen ihren Mann zu erheben. Seine Mission verlief friedlich, bis er an umm Salma geriet. Sie war entrüstet über sein Verhalten: Wie konnte er, 'Umar, es wagen, sich in ihr Privatleben einzumischen, über ihre Beziehung zu ihrem Mann zu urteilen und ihr Ratschläge zu erteilen? Sie zögerte nicht, ihn zurechtzuweisen und das offenbar vor allen anderen Frauen des Propheten, die über ihren Mut entzückt waren: »Weshalb mischt Ihr Euch in das Privatleben des Propheten ein? Wenn er uns solche Ratschläge geben wollte, hätte er dies getan. Er kann das selbst tun! An wen sonst können wir uns mit unseren Bitten wenden, wenn nicht an den Propheten? Fragen wir Euch, was sich zwischen Euch und Euren Frauen abspielt?«[11]

'Umar verfügte über zahlreiche Vorzüge, aber Einfühlsamkeit und Feingefühl waren nicht seine Stärke. Als Abu Bakr – nach dem Tod des Propheten zum Kalifen ernannt – sich um seine Nachfolge zu kümmern begann und seine Vertrauten um ihre Meinung zu 'Umar als Kandidaten befragte, warfen viele 'Umar seine *Zilda* vor, ein schwer übersetzbarer Begriff, der seine Rohheit, Impulsivität und Undurchdringlichkeit beschreibt.[12]

Nach 'Umars Gespräch mit umm Salma bedankten sich die anderen Gattinnen des Propheten gemeinsam bei ihr. Sie bewunderten ihren Mut und wollten ihr Verhalten nachahmen. Sie besaßen jedoch nicht ihre Charakterstärke.[13] .

Als sich 'Umar schließlich entschloß, dem Propheten von seinen Ängsten zu berichten und ihn auf die Gefahr aufmerksam zu machen, in der die Männer schwebten, antwortete der Prophet mit einem Lächeln.[14] Das Lächeln des Propheten war mehr als ein Lächeln. Es galt als sein sicherstes Mittel der Überzeugung. Das Lächeln des Propheten und seine Güte hatten auf die Araber, die in ihren Gedichten die Grausamkeit des Kämpfers besangen, eine starke charismatische Wirkung. »Sein Gesicht strahlte soviel Güte aus, daß man, wenn man einmal in seiner Nähe war, nicht mehr von ihm loskam.«[15]

Mohammed und 'Umar zeigten hinsichtlich der Gefahr einer möglichen Revolte der Quraish-Frauen zwei vollkommen entgegengesetzte Positionen, dies galt auch für ihre Vorstellungen über die Ehe und die Ausübung von Gewalt gegenüber Frauen. Der Prophet überraschte seine Umwelt durch den sanften Umgang mit seinen Frauen, denn viele seiner Anhänger, allen voran 'Umar, zögerten nicht, ihre eigenen Frauen zu schlagen. Die Forderung der Frauen auf der einen und der unnachgiebige Widerstand der Männer auf der anderen Seite konzentrierten sich auf das Problem der körperlichen Gewalt. Die Spaltung der Gemeinschaft, die dadurch heraufbeschworen wurde, sollte das Überleben des Islams in Frage stellen.

Der Islam und die Debatte über die sexuellen Praktiken

Wie es 'Umar vorausgesehen hatte, entzündeten die Ansarn-Frauen den Konflikt zwischen der weiblichen Bevölkerung, die im Propheten einen verständnisvollen Zuhörer und Unterstützer fand, und der männlichen Bevölkerung, deren Wortführer 'Umar war. Aber dieses Mal sollte sich Gott gegen seinen eigenen Propheten entscheiden, denn die Existenz des Monotheismus selbst war gefährdet.

Zwei Ereignisse sollten den Stein ins Rollen bringen, das erste betraf die Weigerung einer Ansarnfrau, bestimmte Stellungen beim Geschlechtsverkehr einzunehmen, zu denen ihr Mann sie zwingen wollte, und das zweite einen Ehestreit, bei dem der Mann gewalttätig geworden war. In beiden Fällen eilten die Ehefrauen zum Propheten und forderten ihn auf, einen Schiedsspruch zu fällen. Da sein Schiedsspruch vom göttlichen Willen abhing, wartete Mohammed auf die Offenbarungen des Himmels, und der Himmel gab den beiden Männern recht. In beiden Fällen nahmen umm Salma und 'Umar Vermittlerrollen bei Mohammed ein, wobei jede der beiden Personen für ihr Geschlecht sprach und dessen Interessen verteidigte.

Worum handelte es sich genau? Die Männer der Quraish »machten es mit ihren Frauen von vorne und von hinten«, und diese Praxis war bei den Medinensern unbekannt.[16] Eine Ansarnfrau ging zu umm Salma und bat sie, dem Propheten diese Problematik zu unterbreiten. Seinen Gewohnheiten folgend rief der Prophet die betroffene Person zu sich, um ihr die vom Himmel offenbarte Antwort mitzuteilen. Als die Frau vor dem Propheten, der zugleich Schiedsrichter und Gesetzgeber war, erschien, rezitierte dieser den Vers 223 der Sure 2, der den Männern die Wahl der Stellung beim Geschlechtsverkehr überläßt: *»Eure Frauen sind euch ein Saatfeld. Geht zu [diesem] eurem Saatfeld, wo immer ihr wollt!«*[17] Tabari legt eine Reihe beeindruckender Zeugenberichte vor und belehrt uns darüber, daß dieser Vers, anstatt die Diskussion zu beenden, sie erst richtig in Gang brachte. Die einen sagten, er gestatte den Analverkehr, die anderen glaubten darin zu lesen, daß er ihn untersage.

Wir befinden uns, gemeinsam mit Tabari, vor einem jener zweideutigen Verse, die verschiedene Interpretationen zulassen und die den Imam, der sich mit der Auslegung des Korans befaßt, zwingen, doppelt wachsam zu sein. Der umsichtige, gewissenhafte Tabari trifft eine Reihe von Vorsichtsmaßnahmen: Einundvierzig Zeugnisse, Meinungen, Auffassungen werden peinlich genau untersucht. Einige davon stützen die

These, daß der Vers das Recht der Männer auf den Analverkehr mit ihren Frauen festige. Dabei wird kein Gesichtspunkt ausgelassen, sogar die dreistesten Interpretationen werden erwähnt: »Abderahman hat mir gesagt (...) man habe zu Yazid ibn Islam gesagt: 'Mohammed ibn al-Munkadir rät den Männern, mit ihren Frauen keinen Analverkehr zu praktizieren' *(Ityan an-Nissaa fi Adbarihin)*. Yazid hat geantwortet: 'Bei Mohammed, ich bezeuge, ich habe Mohammed ibn al-Munkadir sagen gehört, daß er ihn selbst praktiziere.'«[18]

Sicher war also, daß der Himmel durch diesen Vers die Männer unterstützte: Sie besaßen das Recht, die Stellung zu wählen, die sie wollten. Die Frauen durften nicht dagegen protestieren, sie hatten sich den Launen der Männer zu unterwerfen. Dieser Vers schloß eindeutig die Frauen von der Diskussion aus, was natürlich Auswirkungen auf den Inhalt hatte, der sich schließlich auf die Frage beschränkte: Dürfen die Männer ihre Frauen zum Analverkehr zwingen?

Im übrigen sollte eine bestimmte Version den Ausgangspunkt der Debatte neu bestimmen, wobei aus der Frage der Ansarn-Frauen plötzlich eine Frage der Männer gemacht wurde. Einige Männer unterhielten sich, tauschten Vertraulichkeiten über die verschiedenen Positionen beim Geschlechtsverkehr aus und kamen dabei auf den Analverkehr zu sprechen. Sie bemerkten, daß sie nicht so recht wußten, welche Antwort der Islam zu dieser Frage hatte, und so beschlossen sie, zum Propheten zu gehen und ihm die Frage vorzulegen.

In einer anderen Version ist von einem Juden aus Medina die Rede, der mit einem Muslimen diskutierte. Dieser vertraute ihm an, daß er mit seiner Frau den Analverkehr praktiziere. Der Jude rief entsetzt aus: »Aber ihr seid ja wie die Tiere, wir (d.h. die jüdische Gemeinschaft) schlafen mit unseren Frauen nur auf eine Weise.«[19] In einer dritten Version wiederum heißt es, daß Allah deshalb eingriff, weil ein Jude zu den Muslimen sagte: »Wenn ein Mann seine Frau von hinten nimmt, wird das Kind, das aus einer solchen Vereinigung entsteht, einen Makel haben: Es wird schielen.«[20] Mit einem Koranvers soll Allah die Behauptung des Juden zurückgewiesen haben.

Anhand dieses Verses, der eine besonders aufschlußreiche Debatte widerspiegelt, wird der wahre Kern des Problems deutlich: der Mißbrauch des Heiligen durch die Männer, die auf diese Weise bestimmte Privilegien zu rechtfertigen suchen, seien sie politischer oder sexueller Natur. Drei Jahrhunderte später, als sich der Imam Tabari bemühte, den Gläubigen bei der Auslegung des Verses zu helfen, ist die Debatte noch immer nicht beendet! Immer noch wird über die Frage diskutiert, ob der Muslim das Recht auf Analverkehr mit seiner Frau habe! Es scheint mir wichtig festzustellen, daß in der religiösen Literatur eine Debatte niemals abgeschlossen wird. Jede Generation nimmt sie da wieder auf, wo ihre Großeltern sie abgebrochen haben, um sie wieder von vorne zu beginnen, ohne daß ein erkennbarer Fortschritt zu verzeichnen wäre. Worin liegt die Ursache? Eine Zivilisation, die das Leben von Millionen von Menschen prägt, muß ständig neue Grundsätze entwickeln, ansonsten wird sie niemals über die Betrachtung von Einzelfällen und -erfahrungen hinauskommen. So brillant Tabari auch war, er half seinen Zeitgenossen kaum bei der Lösung des Problems, vielmehr verstrickte er sich selbst in Gedankenspiele, die seltsam an die Zeit der *Jahiliya* (Zeit der Unwissenheit) erinnern: »Ja, ich darf Analverkehr praktizieren«, »Nein, du darfst keinen Analverkehr praktizieren.« Er unterläßt es, Prinzipien zu entwickeln, die das Erlaubte und das Verbotene beim heterosexuellen Geschlechtsakt unter Berücksichtigung der Gleichheit der Geschlechter als gläubige Menschen festschreiben. Er gelangt nicht zu der Erkennntis, daß der Geschlechtsakt von zwei verschiedenden Willen abhängt, eine Beziehung ist zwischen zwei Gläubigen mit Bedürfnissen und Wünschen, die nicht unbedingt übereinstimmen müssen. Die Zurückhaltung des Imams hinsichtlich der Ausarbeitung von Prinzipien macht die Verse schwer faßbar und führt fast zwangsläufig zu einer strukturellen Auslegung, in der jeder seinen persönlichen Nutzen sucht.

Tabari fügt noch eine weitere Meinung, seine eigene, hinzu: Der Vers erlaube dem Mann den Geschlechtsverkehr mit seiner Frau, wann er wolle, wie er wolle, von vorne oder von hinten, Hauptsache, er dringe in sie durch ihre Scheide ein, dem einzigen Ort, der die Saat *(al-Harth)*, die Möglichkeit, ein Kind zu zeugen, gewährleistet.[21] Er schlußfolgert, daß der Analverkehr ausdrücklich untersagt sei. Die Kernfrage dieses Verses – die Frage nach dem Grundsatz, der im Islam die Rolle der Frau beim Geschlechtsakt definiert – bleibt unbeantwortet. Verfügt die Frau als Muslimin über einen eigenen Willen? Wenn ja, unter welchen Gegebenheiten? Letztendlich waren dies die Auskünfte, die die Frauen vom Himmel erhofften. Die vorislamischen Gesetze waren diesbezüglich eindeutig: Da die Frau vererbt, als Geisel genommen und zur Sklavin gemacht werden konnte, im Gegensatz zum Mann, der im allgemeinen nach der Niederlage seines Stammes getötet wurde, konnte ihr eigener Wille unter bestimmten Umständen aufgehoben werden.

Die ersten Musliminnen wollten eine Antwort auf die Frage der Erbschaft, des Rechts auf Kriegsführung und Kriegsbeute, des Geschlechtsverkehrs und der körperlichen Gewalt. Sie drängten den Propheten, den muslimischen Gott um Stellungnahme zu bitten. Er sollte definieren, welche Rolle der Wille der gläubigen Frau in der neuen Gemeinschaft spielte. Die Imams, die sich stets nur auf der Ebene der empirisch erfahrbaren Fälle bewegten, verhalfen dem Islam nicht zu einer Theorie des Individuums, einer Theorie des souveränen, unveräußerlichen und gleichbleibenden Willens, der unabhängig von äußeren Bedingungen ist.

Die Sklaverei

Die Frauen sind nicht die einzigen, denen die Befreiung zunächst glückte und denen wieder Fesseln angelegt wurden. Die Haltung des Islams zur Sklaverei ist vergleichbar: Der Prophet forderte die Gleichheit aller Gläubigen. Der Koran bestätigte ihn, indem er die Sklaverei verbot. Ob die Muslime den Befehlen Allahs und seines Propheten Folge leisteten, steht auf einem anderen Blatt: »Der Islam hat die Sklaverei nicht entschiedener abgelehnt als die beiden anderen monotheistischen Religionen, das Judentum und Christentum, aus denen er sich ableitet. Im Gegensatz zu seinen Vorgängern hat er sich – wenn auch auf recht unterschiedliche Weise – jedoch bemüht, die Sklaverei abzubauen sowie rechtliche und moralische Bedenken zu entwickeln.«[22] Im Islam wurde der Grundsatz der Gleichheit aufgestellt und Position gegen die Sklaverei bezogen. Zunächst wurde »bei der Verkündigung stets betont, daß die Freilassung der Sklaven eine verdienstvolle Geste sei, ein Werk der Wohltätigkeit«.[23] Mehrere Verse riefen die Muslime dazu auf, die Sklaven freizulassen, um ihren Glauben zu bekennen; so der Vers 177 der Sure 2: *»Die Frömmigkeit (birr) besteht nicht darin, daß ihr euch [beim Gebet] mit dem Gesicht nach Osten oder Westen wendet. Sie besteht vielmehr darin, daß man an Gott, den Jüngsten Tag, die Engel, die Schrift und die Propheten glaubt und sein Geld – mag es einem noch so lieb sein – den Verwandten, den Waisen (...) und für [den Loskauf von] Sklaven hergibt (...).«*[24] Ähnlich heißt es in Vers 13 der Sure 90, Vers 60 der Sure 9 und Vers 92 der Sure 4. Der Prophet selbst ging mit gutem Beispiel voran, indem er ein Dutzend Sklaven freiließ, darunter Abu Bakr, über den bereits berichtet wurde. Bei der Belagerung Taifs folgten ein Dutzend Sklaven dem Ruf des Propheten. Sie verließen die Festung und kamen zu ihm, als er ankündigte, daß sie freie Männer werden würden, wenn sie sich bekehren ließen. Es blieb jedoch nur Abu Bakr beim Propheten, die anderen *»gingen fort«*.[25] Der Vorschlag Mohammeds bei der Belagerung von Taif darf nicht nur als einfacher Versuch, Soldaten zu rekrutieren, gewertet werden, er verdeutlicht die egalitäre Botschaft der neuen Religion.

Der Islam hat schließlich die Menschenwürde der Sklaven akzeptiert und die gesellschaftlichen Verhältnisse im Bereich der Sexualität neu geregelt. Die Prostitution der Sklavinnen wurde verboten. Um ihr ein Ende zu setzen, forderte der Islam die muslimischen Männer dazu auf, die »tugendhaften« Sklavinnen zu heiraten. Am meisten Aufsehen erregte jedoch die Entscheidung, die Heirat von freien Männern und Frauen mit (selbstverständlich muslimischen) Sklaven und Sklavinnen zuzulassen. Der Prophet ging dabei mit gutem Beispiel voran, indem er einige seiner Frauen, die Kriegsgefangene waren, bevor er sie heiratete, aus der Sklaverei entließ. So im Falle von Jowariya bint al-Harith. Nach der Niederlage ihres Stammes geriet sie als *Sabaya* und somit als Teil der Kriegsbeute in die Hände der siegreichen muslimischen Armee. Bei der Aufteilung der Kriegsbeute fiel sie einem der muslimischen Soldaten, Thabit, Sohn des Kadis, zu. Da sie jedoch dem Adel entstammte, verhandelte sie mit ihm über die Bedingungen ihrer Freilassung und vereinbarte die Zahlung eines Lösegeldes. Als sie beim Propheten vorstellig wurde, um ihm ihren Fall zu schildern, gefiel sie ihm, und er schlug ihr eine andere Lösung vor: Der Propeht würde die Summe zahlen, die sie Thabit schuldete, und sie somit auslösen. Sobald sie frei war, würde er sie heiraten.[26] Genauso ging er bei Safiya vor, einer jüdischen Kriegsgefangenen, die ihm nach dem Feldzug gegen die Juden von Khaibar als Kriegsbeute zugefallen war. Safiya war *Sabaya* und erlitt als solche unausweichlich das Schicksal der Versklavung. Der Prophet bot ihr die Heirat an, nachdem er sie aus der Sklaverei entlassen hatte.

Wie bereits in der Frauenfrage mischte sich der Islam auch bezüglich der Sklavenhaltung in das Privatleben der Menschen ein und zweifelte somit überlieferte Verhaltensstrukturen an. Sklaven zu befreien, ist eine Sache, sie als ebenbürtig zu behandeln, jedoch eine andere. Als der Prophet beschloß, Osama, dem Sohn des Zaid, den er aus der Sklaverei befreit hatte, einen militärischen Kommandoposten anzuvertrauen, leisteten die Soldaten Widerstand. Der Widerstand war genauso hartnäckig wie zu dem Zeitpunkt, als die Frauen die Vorrechte der Männer antasten wollten: »Der Prophet wurde davon unterrichtet, daß an der syrischen Grenze Truppenbewegungen und Aufmärsche der Römer beobachtet worden waren. Trotz seiner Erkrankung gab er den Muslimen den Befehl, sich zum Aufbruch nach Syrien zu rüsten. Er ernannte Osama, den Sohn des Zaid, zum Anführer der Expedition. Osama schlug sein Lager vor den Toren Medinas auf, und die

Soldaten begannen mit ihren Vorbereitungen. Insgeheim murrten sie jedoch und sagten: 'Er macht aus dem Sohn eines befreiten Sklaven den Anführer der Muhadschirun, der Quraish und der Ansarn.' Als der Prophet diese Worte vernahm, sagte er: 'Er ist dieser Aufgabe würdig. Als ich seinen Vater Zaid, den Sohn des Haritha, an die Spitze der Armee von Muta stellte, wurde genauso gesprochen.' Als Osama zum Propheten kam, sprach dieser ihm Trost zu: 'Sei nicht betrübt über die Worte der Soldaten; sie haben dasselbe über deinen Vater gesagt, und er war ein würdiger Befehlshaber; du bist es ebenso.' Er überschüttete ihn mit Lobesworten und erwies ihm alle Ehrerbietungen. Osama kehrte ins Lager zurück, und die Soldaten folgten ihm, nachdem sie ihre Vorbereitungen abgeschlossen hatten.«[27]

Bereits zu Lebzeiten des Propheten war der Widerstand gegen seine Vorstellung von der Freiheit aller Menschen heftig und unerbittlich: Noch eine Generation später erschien der Sohn eines befreiten Sklaven nicht würdig, ein militärisches Kommando zu übernehmen. Die Forderung nach gleichen Rechten für Sklaven und Nichtsklaven hatte, wie im Falle der Frauen, bedeutende wirtschaftliche Auswirkungen: »Sklaverei ist nur in zwei Fällen erlaubt: Bei der Geburt in Knechtschaft und bei Kriegsgefangenschaft.«[28] Die neue Religion versuchte, in diesen beiden Bereichen Veränderungen vorzunehmen. Was die Kriegsgefangenschaft anbelangte, so konnte – wie wir bei der Schlacht von Honain gesehen haben – kein Muslim einen anderen zum Sklaven machen. Hinsichtlich der Geburt in Knechtschaft sollte der Islam die alte Ordnung unwiderruflich zum Einsturz bringen: Das Kind, das aus der Verbindung zwischen einem freien Mann und einer Sklavin hervorging, sollte zum freien Menschen werden. Trotz aller eindeutigen Hinweise im Koran und der Beispiele, die der

Prophet selbst gab, sollte die muslimische Gesellschaft über Jahrhunderte hinweg eine Sklavenhaltergesellschaft bleiben, die erst unter dem Druck der Kolonialmächte im 20. Jahrhundert ihr Ende fand. Will man die Einstellung gegenüber den Frauen, an der sich bis heute nichts geändert hat, verstehen, ist es wichtig, die Geschichte der Sklavenhaltung im Islam nachzuvollziehen.

Wie war es möglich, daß die Sklavenhaltung trotz des Verbotes durch den Islam weiterexistieren konnte? Aufgrund sprachlicher und juristischer Spitzfindigkeiten. Man veränderte einfach die Identität des Sklaven. Der Islam verbietet die Versklavung eines Muslimen. Dies war jedoch kein Hinderungsgrund. Es gab genügend Andersgläubige, die versklavt werden konnten. Man nutzte die große Zeit der Eroberungen, um die Besiegten zu Sklaven zu machen. Das Fortbestehen des Islams war durch den ständigen Nachschub an Menschen aus den Randgebieten oder von außerhalb gesichert. Menschliche Beute, direkt im Krieg gemacht, wurde als Handelsware (unter dem Deckmantel des Heiligen Krieges) aus »fremden Gebieten« mitgebracht. Jene »fremden Gebiete« wurden als *Dar al-Harb*, Stätten des Krieges, bezeichnet, im Gegensatz zur Stätte des Friedens, dem Land des Islams. Die Sklaverei und das damit verbundene Schicksal der Sklaven ist aufgrund seines Widerspruchs zu den Prinzipien des Islams ein Thema, mit dem sich sowohl die Fuqaha als auch die Philosophen und Historiker ständig beschäftigen.[30]

Vierzig Jahre nach dem Tod des Propheten kaufte der Kalif Mu'awiya Sklavinnen (die damals meist *Jariya* genannt wurden), um die Gunst seines politischen Rivalen Hussein, ein Sohn Alis, zu gewinnen. Der Fall Hawas, jener *Jariya*, die der muslimische Kalif wenige Jahrzehnte nach dem Tod des Propheten verschenkte, ist besonders bezeichnend, denn Hawa war mit dem Koran vertraut. Anlaß genug, um Verdacht zu erwecken: Eine Frau kennt das Heilige Buch und wird nicht aufgefordert, Muslime zu werden. »Man führte Mu'awiya eine *Jariya* vor, die ihm gefiel. Er fragte nach ihrem Preis. Man sagte ihm, sie koste tausend Dirhams. Er kaufte sie (...) und schenkte sie Hussein, dem Sohn Alis. Er schickte sie mit einer großen Summe Geld und großzügiger Ausstattung zu ihm. (...) «[31] Hussein war strenggläubig. Als er die Sklavin zum Geschenk erhielt, stellte er ihr einige Fragen und beschloß, sie sofort freizulassen. Ihr Dialog wirft in seiner ganzen Einfachheit ein schlechtes Licht auf Mu'awiya als Kalifen und Nachfolger Mohammeds an der Spitze der muslimischen Gemeinschaft. Zuvor wird betont, daß Hussein »von der Schönheit der *Jariya* aufs höchste beeindruckt« war:

»Hussein: 'Wie ist dein Name?'

Sklavin: '*Hawa* (Wunsch).'

Hussein: 'Dein Name paßt zu dir, was kannst du?'

Hawa: 'Ich lese den Koran, und ich trage Gedichte vor.'

Hussein: 'Lies mir ein wenig aus dem Koran vor.'

Hawa: '*Er [allein] besitzt die Schlüssel [für den Zugang] zum Verborgenen. Keiner kennt sie außer ihm.*' (Sure 6, Vers 59).

Hussein: 'Und kannst du nun einige Gedichte vortragen?'

Hawa: 'Darf ich offen sprechen? Garantiert Ihr für meine Sicherheit?'

Hussein: 'Ja.'

Hawa: 'Dein Beistand wäre mir vollkommenes Glück, wenn du ewig leben könntest. Jedoch ist es gewiß, daß der Mensch von Natur aus vergänglich ist.'«[32]

Hussein, so berichtet der Geschichtsschreiber, begann zu weinen und sagte zu Hawa: »'Du bist frei, und alles, was Mu'awiya an Reichtümern geschickt hat, gehört dir' (...) und er erhob sich, um sein Gebet zu verrichten.«[33] Es wäre übertrieben zu behaupten, alle Muslime seien weiterhin Sklavenhalter geblieben. Um die Entwicklung eines gesellschaftlichen Phänomens gestern wie heute zu verstehen, ist es nötig, den Zusammenhang der verschiedenen Ebenen und ihre Relation zur Macht zu betrachten. Hussein ibn Ali verzichtete auf das Kalifat, weil er nicht über den Zynismus verfügte, den man braucht, um in der Politik Erfolg zu haben. Seine Haltung gegenüber Hawa, jener Sklavin, die mit der Heiligen Schrift und der Dichtkunst vertraut war, ist ein Spiegel seiner Persönlichkeit, genauso wie Mu'awiya mit seinem Verhalten seinen wahren Charakter verrät. Die Geschichte der Sklaverei endete mit dem am 25. September 1926 in Genf abgeschlossenen Internationalen Abkommen. Die Kolonialmächte hatten auf die muslimischen Staaten erheblichen Druck ausüben müssen. Fast alle Staaten unterzeichneten das Abkommen. Unter denen, die sich weigerten, befanden sich Saudi-Arabien und der Jemen. Der Irak schaffte die Sklaverei erst 1924 ab; Ägypten garantierte die Freiheit des einzelnen in seiner Verfassung im Jahre 1923. In Marokko wurde schließlich der Sklaverei durch einen Rundbrief der französischen Protektoratsverwaltung ein Ende gesetzt.

Die Muslime, die bereits im 7. Jahrhundert den Grundstein für eine Gesetzgebung hätten legen können, um den Traum des Propheten von einer auf Gleichheit beruhenden Gesellschaft zu realisieren, gaben erst im 20. Jahrhundert mit viel Mühe und unter dem Druck der »unmoralischen Ungläubigen«, sprich der Kolonialherren, die Sklaverei auf.

Die Gewalt gegenüber den Frauen

Die ersten Muslime lebten nicht wie wir in einer ausschließlich irdischen Realität: Sie lebten in einer Zeit, da Himmel und Erde den Hintergrund für das Abenteuer des Menschseins bildeten. Das Medina der Jahre 622 (der Hidschra) bis 632 (Tod des Propheten) war eine Stadt, in der der Himmel für jeden zugänglich war.

Stets kamen Menschen zum Propheten, die ihn mit Fragen bedrängten. Bukhari überliefert einen Hadith, wonach Mohammed so sehr von Männern und Frauen, auf der Suche nach Wissen, mit Fragen bestürmt wurde, daß er sie bat, ihn zufrieden zu lassen: »'Umar hat gesagt: 'Als immer mehr Konflikte und Streitigkeiten vor den Propheten getragen wurden, rief dieser verärgert aus: 'Geht! Laßt mich in Ruhe!'«[34] Ibn Saad berichtet, daß, »als der Prophet aufstand, um nach Hause zu gehen, die Menschen sich um ihn scharten und ihm folgten«.[35] Allah war gezwungen einzugreifen, um die Ruhe seines Botschafters zu gewährleisten, der von einer wißbegierigen Gemeinschaft verfolgt wurde, die trunken war nach dem direkten Kontakt zu Gott, der zugleich Macht, Gesetz und Vorbild verkörperte.

»Die meisten derer, welche dir von außen in die inneren Zimmer zurufen, kennen nicht die dir schuldige Ehrerbietung; wenn sie mit Geduld warteten, bis du zu ihnen herauskommst, das wäre schicklicher für sie.«[36]

Gott durfte jederzeit zu strittigen Angelegenheiten befragt und um Entscheidung gebeten werden. Sein Gesandter auf Erden wurde von einer Schar Gläubiger umlagert, die vor seiner Tür lärmten, wütend über die Konflikte, der sie in einer im Aufruhr befindlichen Gesellschaft ausgesetzt waren.

»Oh Gläubige, erhebt auch nicht eure Stimme über die Stimme des Propheten; sprecht auch nicht so frei zu ihm, wie ihr untereinander zu tun pflegt! (…) «[37]

Der Prophet starb im Jahre 632, im Alter von etwa 60 Jahren. Die Suren, von denen hier die Rede ist, wurden ihm in den letzten acht Jahren seines Lebens offenbart. Er befand sich zu diesem Zeitpunkt häufig auf Feldzügen und war mit komplizierten militärischen Fragen konfrontiert. Kehrte er nach Hause zurück, fand er keine Zeit, sich zu erholen, sondern wurde von Scharen von Frauen und Männern umlagert, die ihre Konflikte lautstark vor seiner Tür austrugen. Er besaß nicht mehr die Energie und Kraft der Jugend. 'Umar, zwölf Jahre jünger als der Prophet (er starb 644, wie der Prophet im Alter von 63 Jahren),[38] befand sich hingegen in der Blüte seiner Jahre. Sein Einfluß auf den Propheten nahm beständig zu.

Während die Debatte über die Praktiken beim Geschlechtsverkehr Medina in Aufruhr versetzte und Frauen wie Männer gegeneinander aufbrachte – mit Gott und seinem Propheten als Schiedsrichter – sorgte bereits ein neues Thema für Gesprächsstoff in der Stadt: Ein Mann hatte seine Frau geschlagen.

Die Imams, die sich ihr Leben lang mit der Auslegung des göttlichen Willens befassen, hätten, ausgehend von den Versen, die umm Salma vom Himmel erhielt, und die das Prinzip der Gleichheit der Geschlechter befürworten, einen egalitären Islam entwerfen können, aber statt besagte Verse zu zitieren, verweisen alle auf den Vers 34 der Sure der Frauen, den 'Umar »erhalten« hatte. 'Umar bedrängte den Propheten, den Männern das Recht einzuräumen, ihre Frauen zu schlagen. Jener Vers steht in eindeutigem Widerspruch zu dem, den wir von nun an den Vers umm Salmas nennen werden, zumal er den

Besitz von Reichtum als ein Element der Rangordnung zuläßt, eine in der islamischen Gemeinschaft äußerst umstrittene Angelegenheit.

»Die Männer stehen über den Frauen, weil Gott sie [von Natur vor diesen] ausgezeichnet hat und wegen der Ausgaben, die sie von ihrem Vermögen [als Morgengabe für die Frauen] gemacht haben.«[39]

Wie ist diese zweifache Distanzierung gegenüber der ursprünglichen egalitären Botschaft zu verstehen: Es wird nicht nur die Ungleichheit der Geschlechter wiederhergestellt, sondern sie wird darüber hinaus durch die Reichtümer der Männer, von denen die Frauen ausgeschlossen sind, gerechtfertigt. Bevor wir die Hintergründe der Offenbarung dieses Verses näher untersuchen, ist daran zu erinnern, daß in der vorislamischen arabischen Gesellschaft eine unerhörte Gewalt gegenüber den Frauen herrschte, eine Gewalt, deren Ausmaß je nach gesellschaftlicher Schicht variierte: Der Sklave ließ seiner Frau eine andere Behandlung zukommen als der Adlige.[40] Bei der weiteren Lektüre des Verses wird deutlich, daß der muslimische Gott den Männern das Recht zugesteht, ihre Frauen im Falle des *Nushuz*, des Aufbegehrens gegenüber der männlichen Autorität, zu schlagen:

»Denjenigen Frauen aber, von denen ihr fürchtet, daß sie euch durch ihr »Nushuz« erzürnen, gebt Verweise, verbannt sie in ihr Bett! Züchtigt sie! Gehorchen sie euch aber, dann sucht keine Gelegenheit, gegen sie zu zürnen.«[41]

Im Verlauf eines heftigen Streits schlug ein Ansar seine Frau. Die Verletzte eilte zum Propheten und bat ihn, als *Hakam* (Schiedsrichter) das Gesetz der Vergeltung *(Taltamissu al-Qassas)* anzuwenden, was der Prophet ihr augenblicklich gewährte. Als der Prophet zur Tat schreiten wollte, wurde ihm der Vers offenbart. Nachdem Gott anders entschieden hatte, wurde sich Mohammed darüber bewußt, daß er als Mensch in Konflikt mit Allah geraten konnte: Der Prophet rief den Ehemann zu sich, trug ihm den Vers vor und sagte zu ihm: »Ich wollte eine Sache, und Gott wollte eine andere.«[42] Zur gleichen Zeit, da Gott und sein Prophet in Konflikt miteinander gerieten, mußte sich der Prophet aber auch mit 'Umar auseinandersetzen.

Offenbar gab es, was diese Problematik anbelangte, zwei grundsätzlich verschiedene Positionen im islamischen Medina: die des Propheten, der vom Gebrauch der Gewalt gegenüber den Frauen abriet, und die entgegengesetzte Position, deren Vertreter 'Umar war. Wie war es möglich, daß aus der Unstimmigkeit zwischen den beiden Männern Mohammeds Position nicht in die muslimischen Gesetze einging? Wie läßt es sich erklären, daß ein so bedeutsamer Konflikt zwischen dem Propheten und 'Umar, der die Gewalt gegenüber Frauen zum Thema hatte, keinen Anlaß für Untersuchungen und Auseinandersetzungen innerhalb der *Fiqh* bot, die dem Gläubigen schließlich Einblick in die Sunna (die Tradition des Propheten) hätten geben können? Fragen genug, aus denen hervorgeht, daß noch genügend streng methodische Forschungsarbeit an der religiösen Literatur vor uns liegt, was unser Verständnis der alten Texte, die man bisher allein den Theologen und Juristen überlassen hat, bereichern wird. Die einen wie die anderen denken ganz besonders heute in den Kategorien der Macht und kümmern sich nicht unbedingt um den Gesichtspunkt der Gleichheit, der uns interessiert. Eines ist jedoch nachweisbar, der Prophet verabscheute Gewalt gegenüber Frauen, und er wich Zeit seines Lebens nicht von dieser Haltung ab. »Der Prophet sagte: 'Schlagt eure Frauen nicht.' Und tatsächlich hörten die Männer damit auf. Dann kam 'Umar zum Propheten und sagte zu ihm: 'Gesandter

Gottes, die Frauen begehren gegen ihre Ehemänner auf.' Der Prophet gab ihnen das Recht, sie zu schlagen, aber er sagte: 'Eine Schar von Frauen kam heute nacht zur Familie Mohammeds. Es waren siebzig Frauen, die sich über ihre Ehemänner beklagten.'«[43]

Was hat es mit dem Begriff *Nushuz*, dem wir bereits in Vers 34 der Sure der Frauen begegnet sind, auf sich? *Nushuz* bedeutet ein so starkes Aufbegehren der Frauen, daß es den Männern erlaubt ist, Gewalt gegen sie anzuwenden, ungeachtet der Tatsache, daß jedwede Gewaltanwendung unter Gläubigen grundsätzlich untersagt ist.

Die französischen Übersetzer des Korans, die in der christlichen Tradition stehen, gestehen ihre Verlegenheit ein, wenn sie mit der Übersetzung eines Begriffs aus der Sexualität konfrontiert werden. Régis Blachère übersetzt *Nushuz* mit »indocilité«[44] (Ungehorsam) und läßt somit die sexuelle Komponente des Begriffes außer acht. Denise Masson hingegen assoziiert »infidélité«[45] (Untreue), wobei der Aspekt des Aufrührerischen verlorengeht. Nun bedeutet aber *Nushuz*, so erklären es jedenfalls die islamischen Gelehrten, Aufstand der Frauen, die Weigerung, dem Ehemann beim Geschlechtsakt zu gehorchen. Die Untreue ist dabei nur eine von vielen Variablen. Das ihrer Meinung nach schwerwiegendste Vergehen liegt in der Verweigerung gegenüber dem Ehemann. »*An-Nushuz*«, so bestätigt Tabari in seinem Versuch, diesen Vers auszulegen, »bedeutet, daß die Frau ihrem Mann die Stirn bietet, sich weigert, ihm ins Ehebett zu folgen, ein Ausdruck des Ungehorsams *(al-Ma'siya)* und offenbarer Wille, den dem Mann gebührenden Gehorsam *(Ta'a)* zu verweigern, ein Ausdruck des Hasses *(Boghdf)* und der Opposition *(I'rad)* dem Manne gegenüber.«[46]

Die sexuelle Gewalt gegenüber den muslimischen Frauen,

die von den heutigen Imams wörtlich genommen wird, stellte Tabari vor ein schwer lösbares Problem. Es mußte festgelegt werden, unter welchen Umständen und in welchem Ausmaß sie erlaubt war, um sicherzugehen, daß sie keinen Vorwand zur *Fitna*, der Gewalt unter Muslimen, lieferte. Tabari widmete dieser Frage siebenundzwanzig Seiten Kommentar. Er zitierte dazu nicht weniger als 102 widersprüchliche Zeugnisse. Tabari, der seinen Kommentar ein Jahrhundert nach ibn Saad schrieb und der sich oft auf dessen Werk bezog, wußte übrigens, daß das Schlagen einer Frau nicht zur Tradition des Propheten gehörte.

»Der Prophet hat niemals seine Hand gegen eine seiner Frauen, einen Sklaven oder sonst jemanden erhoben.«[47] Das einzige Mal, als der Prophet mit einem Aufstand im eigenen Haus, einem Aufbegehren seiner Ehefrauen konfrontiert war, verzichtete er darauf, sie zu schlagen. Er zog es hingegen vor, das Haus zu verlassen und, zur großen Überraschung der ganzen Stadt, sich fast einen ganzen Monat in einen Raum neben der Moschee zurückzuziehen: »Der Prophet verbrachte 29 Nächte getrennt von seinen Frauen. Er hatte erklärt, daß er sich einen Monat lang von seinen Frauen fernhalten würde, so groß war sein Zorn über sie, und Gott tadelte ihn deshalb.«[48] Ein solches Verhalten war offensichtlich nicht üblich. Schon zeichnete sich ein Dissens zwischen dem Propheten und seinen Anhängern bezüglich der Gewalt gegenüber den Frauen ab: »Der Prophet war stets gegen das Schlagen der Frauen, und man sagte zu ihm: 'Prophet Allahs, sie (die Frauen) sind im Begriff, Zwietracht zu säen.'« [49] Die Gläubigen verstanden noch immer nicht, weshalb der Prophet mit solcher Milde, um nicht zu sagen Schwäche, vorging, und so sagte er ihnen: »Nun gut, schlagt sie, aber nur die Schlechtesten unter euch werden zu solchen Methoden greifen.«[50]

'Umar hatte keine Skrupel, selbst Gewalt anzuwenden. Die Geschichte liefert uns mindestens zwei Beispiele: Er schlug seine eigene Schwester Fatema mit solcher Gewalt, daß Spuren zurückblieben, als er erfuhr, daß sie sich nicht nur zu der seltsamen Religion Mohammeds hatte bekehren lassen, sondern daß sie auch bei sich zu Hause Versammlungen abhielt, bei denen der Koran gelesen und ausgelegt wurde.[52] Das zweite Mal wandte 'Umar Gewalt gegen seine Frau Jamila bint Tabit an. Er vertraute dem Propheten an, daß er ihr einen Schlag versetzt hatte, »der sie zu Boden warf« *(Alsaqat Khaddaha minha bi-al-Ard)*.[53] Jamila war eine Ansarnfrau vom Stamme der Aus.[54] .

Ibn Saad, der vier Generationen vor Tabari lebte,[55] bestätigte, daß der Prophet sich weigerte, in der Gewaltfrage nachzugeben: »Der Prophet beharrte auf seiner Meinung, daß man die Frauen nicht schlagen dürfe. Die Männer kamen jedoch zu ihm, um sich über ihre Frauen zu beklagen. Da gestattete er es ihnen, indem er aber zugleich sagte: 'Ich ertrage es nicht, einen Mann zu sehen, der außer sich vor Wut seine Frau schlägt.'«[56] Weshalb fand Tabari es so problematisch, diesen Vers zu interpretieren, da er doch die unmißverständliche Haltung des Propheten zur körperlichen Gewalt kannte?

Wie gewöhnlich beginnt er mit der Aufzählung der Zeugenaussagen und der verschiedenen Meinungen: »Der Vers 'Männer sollen vor Frauen bevorzugt werden' bedeutet, daß sie sie zurechtweisen dürfen *(ta-adib)*, sofern es sich um ihre Pflichten gegenüber Gott und gegenüber ihren Ehemännern handelt, weil Allah die einen vor den anderen mit Vorzügen begabte.«[57] Dieser Vorzug ist, so sagt er, auf die Brautgabe *(Sadaq)* zurückzuführen, die die Männer bei der Heirat in die Ehe einbringen, sowie auf den Unterhalt der Frau während der Ehe *Nafaqa*. Weil sie ihr Vermögen einsetzen, können die

Männer ihre Rechte über die Frauen *(Qawwamun)* geltend machen. Wenn sich auch alle bereits zitierten Gelehrten hinsichtlich der Vorrangstellung der Männer einig sind, so herrscht dennoch keine Einstimmigkeit über das Ausmaß und die Grenzen der Macht, insbesondere, wenn es sich um *Nushuz* handelt, das Aufbegehren auf dem Gebiet der Sexualität.

Verweigert sich eine Frau ihrem Mann, soll er sie zum Geschlechtsverkehr zwingen? Soll er sie einfach ignorieren und zugleich das Bett mit ihr teilen? Soll er getrennt von ihr schlafen und die Aufständische aus seinem Bett jagen? Soll er mit ihr sprechen und weiter im selben Bett mit ihr schlafen? Soll er mit ihr sprechen, sie aber aus seinem Bett jagen? Oder soll er nicht mehr mit ihr sprechen und sie zur Liebe zwingen? Die armen Fuqaha waren völlig verwirrt und wußten nicht mehr aus noch ein.

Kehren wir zurück zu Tabari, der den Vers, wie es seiner Methode entspricht, Satz für Satz analysierte. »Fürchtet ihr, daß sie euch durch ihr *Nushuz* erzürnen, verbannt sie in ihr Bett.« Einige behaupten, daß »der Mann das Lager mit seiner Frau teilen soll, nachdem er sie mit Worten davon überzeugt hat, daß ihre Entscheidung (sich ihm zu verweigern) falsch war, daß er ihr aber den Rücken zudrehen soll, und daß, falls er sie 'besteigt' *(yata 'uha)*, er dies, ohne mit ihr zu sprechen, tun soll.«[58] Andere wiederum finden, daß diese Interpretation völlig unzutreffend sei, denn der Vers besage wörtlich, daß die Frau in ihr Bett verbannt werden solle *(al-Hajr)*. Mit der Aufständischen darf also nicht nur nicht mehr gesprochen werden, sondern sie muß zur Strafe von der Wärme des gemeinsamen Bettes ausgeschlossen werden: »Nähert euch nicht ihrem Lager, es sei denn, sie bereuen, widerrufen ihre ursprüngliche Haltung und handeln nach euren Wünschen.«[59]

Einer der zitierten Gelehrten, Qatada, ist jedoch anderer Meinung. Ihm zufolge muß schrittweise vorgegangen werden: »Du beginnst mit Worten der Überzeugung: 'Höre, Nachfahrin Adams (...)' usw.; wenn sie sich weiterhin weigert, verbannst du sie aus deinem Bette. (...) «[60]

Tabari behält sich das Recht vor, seine Meinung zum Schluß anzuführen. »Der Prophet hat uns gesagt: 'Es ist einem Muslim verboten, mit einem anderen länger als drei Tage zur Strafe nicht zu sprechen'«, folglich, so schlußfolgert er, kann die Verbannung, von der der Vers spricht, die verbale Kommunikation nicht betreffen. »Zudem«, so fügt er hinzu, »ist die Ehefrau ungehorsam und spricht sie ihrem Gatten die Autorität ab, würde die Weigerung, mit ihr zu sprechen und sie zu sehen, sie mit Freude erfüllen.«[61] Was soll man dem gefoppten Ehemann raten? Der so gewissenhafte, fromme, den Willen des Propheten achtende Tabari begeht das, was die Fuqaha und Imams als Fehler bezeichnen, er rät dem Gläubigen, die Rebellin einfach zu fesseln: »'Verbannt sie in ihr Bett' bedeutet, sie an ihr Bett zu fesseln.« Er begründet diese Interpretation mit sprachlichen Überlegungen: »*Al Hijar*«, so erklärt er, »ist der Strick, mit dem die Araber ihre Kamele festbanden.«[62]

Der kürzlich verstorbene Gelehrte Mahmoud Chakir, der die neue Ausgabe von Tabari herausgegeben, überprüft und mit einem Vorwort versehen hat, und der betont, daß er diese Aufgabe unternommen habe, um zu verhindern, daß bestimmte Zeitgenossen den Islam für ihre Zwecke mißbrauchen, ist sicher, daß Tabari in diesem Punkt geirrt hat: »Die Auslegung Tabaris hinsichtlich der Bedeutung des Begriffs *Hajr*, den er sprachwissenschaftlich auf die Wurzel »festbinden« (...) zurückführt, ist in der Tat eine seltsame Interpretation!« Und er zitiert eine Reihe von Fuqaha und Imams, die befanden, daß sich Tabari gründlich geirrt haben müsse: »Welch eine Fehlinterpretation von seiten eines großen Kenners des Korans und der Sunna«, so schließt Chakir. »Welch eine Fehlinterpretation von seiten eines Mannes, der in den Religionswissenschaften und der arabischen Sprache so bewandert ist.«[63]

An diesem Beispiel läßt sich die Schwierigkeit der Interpretation dieses Verses ablesen, und es wird deutlich, weshalb die modernen Politiker, die nicht in der Lage sind, sich das System der Demokratie zu eigen zu machen, diesen Vers zur Rechtfertigung ihrer Ziele benutzen, ohne auch nur einen Augenblick darüber nachzudenken, welch enorme Schwierigkeiten seine Auslegung damals wie heute jenen bereitet hat, die Anspruch darauf erheben, nach dem göttlichen Willen zu leben. Man beruft sich heute auf ihn, um die männliche Überlegenheit zu rechtfertigen, so als handele es sich um einen Vers, der eindeutig wäre, der niemals zu Meinungsverschiedenheiten und Konflikten geführt hätte.

Der Prophet hingegen – bestürmt von den widersprüchlichen Forderungen der Gläubigen beiderlei Geschlechts, verwirrt von den göttlichen Offenbarungen, die seinen Plänen entgegenliefen, und beeinflußt von 'Umar, dem Vertreter der Tradition, der tiefverwurzelten Sitten und Bräuche – wußte, wie er seine Machtposition auf die sicherste und demnach am wenigsten umstrittene Weise erhalten konnte: Er mußte militärische Siege erringen, die Energie der Gläubigen auf den Heiligen Krieg konzentrieren und seinen Platz als Oberhaupt der Gemeinschaft zurückgewinnen.

V. Der Prophet als militärisches Oberhaupt

Nach wie vor stellen sich viele Medina als Idylle vor, ein Bild wie es einst im Religionsunterricht der Grundschule *(Tarbiya Islamiya)* vermittelt wurde. Der Lebensweg des Propheten wurde vereinfacht dargestellt: Von den Seinen bekämpft, mußte er nach Medina emigrieren. In Medina wurde er von einer jubelnden Menge empfangen, die jungen Mädchen begrüßten ihn mit dem berühmten Lied »Der Mond ist über uns emporgestiegen« *(Tala'a al-Badru 'Alaina)*, der Mond als Verkörperung Mohammeds, der durch seine Güte und Weisheit alles verändern sollte. Die Lehrerin beendete das Jahr mit einem Fest. Wir hatten uns mit der Biographie des Propheten vertraut gemacht. Auf den wackligen Podesten, die anläßlich des Festes errichtet worden waren, sangen wir unseren gerührten Eltern das Lied »Der Mond ist über uns emporgestiegen« vor. Und ein Medina im Mondenschein prägte sich mit der Nationalhymne und all jenen Liedern, in denen Marokko, das Atlasgebirge, die Sonne, das Glück und die Zukunft auf wundersame Weise verflochten wurden, in unser Gedächtnis ein. Die Lieder waren Teil unserer Kindheit – eine Poesie, aus der unser politisches Bewußtsein erwuchs.

Machen wir jedoch nun als Erwachsene einen Spaziergang durch die Stadt, die Mohammed ein Jahrzehnt lang mit seinem Licht zu erhellen versuchte. Wir finden die Gassen einer Stadt, die sich kaum merklich von anderen unterscheidet. Wir finden eine Stadt, die gegen Fortschritt und Freiheit kämpfte und, wie uns die Geschichtsbücher der Erwachsenen berichten, eine Stadt, in der Mohammed gelitten hat. Er litt unter den Gerüchten, die über ihn in Umlauf gesetzt wurden und die besagten, daß seine so jungen, so schönen Frauen gleich nach seinem Ableben jüngere Männer heiraten würden. Man munkelte, daß er sexuell nachgelassen hätte. Man wisperte, daß seine Lieblingsfrau ihn betrog. Man rührte an dem wunden Punkt eines Mannes, der es sich in den Kopf gesetzt hatte, sowohl im privaten als auch im öffentlichen Leben Erfolg zu haben und der sich beharrlich weigerte, diese beiden Bereiche zu trennen.

Ich möchte behaupten, daß der Prophet während der Jahre, die in unserem Zusammenhang von Interesse sind – es handelt sich dabei um die Zeitspanne, die zwischen dem Jahre 3 (Niederlage von Uhud) und dem Beginn des Jahres 8 (Eroberung Mekkas) liegt – in seinem Bemühen um die Gleichheit der Geschlechter scheiterte, weil er es ablehnte, der Bedeutung der Sexualität weniger Wichtigkeit beizumessen, sie zu verschleiern und sie gar als zweitrangig zu betrachten. Der Prophet war angreifbar. Sein Plan scheiterte, weil er sich stets weigerte, die Trennung zwischen privatem und öffentlichen Leben zu ziehen. Sexualität und Politik waren für ihn eng miteinander verbunden. Er stand vom Lager Aischas auf und ging direkt zum Gebet durch die kleine Tür, die ihre Wohnung mit der Moschee verband. Trotz der Ratschläge 'Umars ließ er sich weiterhin bei seinen Expeditionen von einer oder zweien seiner Frauen begleiten, die, daran gewöhnt, unmittelbar in öffentliche Angelegenheiten einbezogen zu werden, frei umhergingen und sich darüber informierten, was um sie herum geschah. Tabari berichtet, daß 'Umar sich empörte, als Aischa an der Front, nahe der Schützengräben, umherschlenderte: »'Was um alles in der Welt führt euch hierher?' rief er aus. 'Bei meinem Leben, eure Kühnheit grenzt an Unverfrorenheit! Und wenn

Unglück über uns kommt? Und wenn wir Niederlage und Gefangenschaft erleiden?'«[1]

Die Frauen des Propheten schienen die militärischen oder politischen Probleme keineswegs als ihnen fremd zu betrachten. Die Befreiung der Kriegsgefangenen, eine hochpolitische Angelegenheit, ging sie ebenso an wie häusliche Fragen: Im selben Jahr, dem Jahre 5 d.H., noch bevor der Hijab herabkam, hatte umm Salma beim Feldzug gegen den jüdischen Stamm der Bani Quraiza Anteil an der Befreiung eines politischen Gefangenen, der im Hof der Moschee gefesselt war. Sie selbst konnte zwar nicht die Entscheidung treffen, ihn freizulassen, aber sie äußerte laut und deutlich ihre Meinung zu seinem Fall und ließ ihre Ansicht jenen zukommen, die über die Entscheidungsgewalt verfügten, und wartete auf deren Reaktion. In der Quelle, in der das Ereignis überliefert wurde, wird betont, daß dies »vor der Offenbarung des Hijab« geschah. Umm Salma nahm es selbst in die Hand, nachdem sie den Propheten um seine Meinung gefragt hatte, Abi Lababa seine Freilassung anzukündigen.[2] Sie verhielt sich so, als handele es sich um eine Angelegenheit, bei der die Frauen ein Mitspracherecht hätten. Heim und Hof waren für sie nicht die einzigen Orte, die ihnen rechtmäßig zustanden.

Dies änderte sich jedoch, als der Hijab-Vers die Welt der Frauen und Männer trennte, als die Frauen an den heimischen Herd verbannt und ihnen der Zugang zum öffentlichen Leben verwehrt wurde. Anders gesagt, die Einführung des Hijab wäre an einem Ort, an dem die Geschlechter bereits getrennt und die Frauen vom öffentlichen Leben bereits ausgeschlossen waren, gar nicht erfolgt. Allein durch sein Erscheinen enthüllt uns der Hijab eine soziale Wirklichkeit, die der bestehenden völlig widerspricht. Das Herabkommen des Hijab während der Hochzeit Zainabs wird nur verständlich, führt man sich vor Augen, mit welcher außerordentlichen Leichtigkeit sich die Frauen im öffentlichen Leben bewegten. Eine Frau, die von ihrem Ehemann dazu ermutigt wurde, die Moschee und das Schlachtfeld als eigene Betätigungsbereiche zu betrachten, verhielt sich anders als eine von der Welt abgeschieden, isoliert lebende Frau. Mohammed mußte seine Heerführer vor den Kopf stoßen, indem er sich den Gewohnheiten einer stark homosexuell geprägten Streitmacht widersetzte, in der die Männer von morgens bis abends unter sich waren. Er frustrierte sie, weil er sich schon früh am Abend in sein Wohnzelt zurückzog. Er betrachtete das Verhältnis zur Frau als wichtige und mit vielen Privilegien verbundene Erfahrung. Seine politischen Gegner machten aus der Beharrlichkeit seiner Haltung den Frauen gegenüber eine Waffe, mit der sie ihn angriffen, ihn verletzten, erniedrigten. Sie zwangen ihn schließlich zur Aufgabe seiner Pläne, die die Gleichheit der Geschlechter zum Ziel hatten. Seine politischen Widersacher machten sich sein Privatleben zunutze, um seine Machtposition zu schwächen, und dies zu einem Zeitpunkt, als er gleichzeitig auf zwei harte Proben gestellt wurde: die Ungewißheit seiner militärischen Karriere und das altersbedingte Nachlassen seiner körperlichen Kräfte.

Er war fast sechzig Jahre alt und von beachtenswerten und angesehenen Frauen wie umm Salma, Aischa und Zainab umgeben. Intelligente Frauen, die jünger waren als er und sowohl aktiv am politischen Leben teilnahmen als auch eine Veränderung des tradierten Rollenverständnisses anstrebten. Aischa, die Vielgeliebte, sollte das Opfer sein, das sich seine Feinde auserkoren hatten, um ihn die bittere Erfahrung des Mißtrauens gegenüber seinen eigenen Frauen spüren zu lassen. Sie wurde des Ehebruchs bezichtigt. Verletzt und erschüttert, verlor er die Kraft, 'Umar standzuhalten. Mit seinem Einvernehmen sollten die Frauen eingesperrt werden. Er stimmte dem Hijab und somit der Wiederherstellung der männlichen Machtposition zu.

Vor allem das Jahr 5 (627) sollte dabei eine wichtige Rolle spielen. Die Ereignisse dieses Jahres lassen sich aus zwei aufschlußreichen Suren herauslesen. In ihnen wird ein Zusammenhang zwischen den militärischen Schwierigkeiten des Propheten und den Angriffen gegen seine Frauen hergestellt. Es handelt sich dabei um die Sure 4 (»Die Frauen«) und die Sure 33 (»Die Verbündeten«). Beide schildern Debatten, die in Medina über die Gleichheit der Geschlechter geführt wurden. Sie beinhalten vor allen Dingen jene Verse, die das Erbe und die Nachfolgerechte der Frauen und unverheirateten Mädchen regeln. Die Anschuldigung gegen Aischa, Ehebruch begangen zu haben, das Zeugnis über das Herabkommen des Hijabs sowie das »Gebet der Angst« *(Salat al-Khauf)*, das der Prophet zum ersten Mal während der Schlacht von Dat ar-Riqa' (Beginn des Jahres 5) und der Belagerung Medinas (der berühmten Grabenschlacht 5 d.H.) verrichtete, werden überliefert.

In diesem Zusammenhang ist es nützlich zu wissen, daß die Gliederung der Suren keiner chronologischen Ordnung folgt. In ein und derselben Sure können sich sowohl Verse finden, die zur mekkanischen Periode (610–622), als auch andere, die zur medinensischen Periode gehören (622–632). Die Gliederung der Suren wurde weiter oben bereits angesprochen, und ich stimme hier voll und ganz Blachère, dem französischen Übersetzer des Korans, zu, der folgendes feststellte: »In gewisser Weise kann man sagen, daß wir heute den Koran verkehrtherum lesen, denn die ersten Texte, die längsten, bestehen größtenteils aus Offenbarungen, die Mohammed gegen Ende seines Lebens erhalten hat.«[3] Der Koran, wie wir ihn heute lesen, hat die Form, die offiziell unter dem dritten Kalifen, 'Uthman, festgelegt wurde. Wir wissen, daß die Transkription des Korans zu Lebzeiten des Propheten begonnen wurde[4] und daß die Gliederung der Suren im »uthmanschen« Text nicht der Chronologie der Offenbarungen folgt, sondern einer Ordnung, die die Gelehrten als pädagogisch sinnvoll betrachteten. Die mekkanischen Suren, so heißt es in As-Suyutis Buch *Das Geheimnis der Gliederung des Korans*, wurden vor dem Hintergrund einer polytheistischen Gesellschaft verkündet, während die medinensischen Suren in einer muslimischen Gesellschaft offenbart wurden, die wissensdurstig war und nach Ratschlägen in praktischen Lebensfragen suchte. Das erklärt seiner Meinung nach, weshalb viele medinensische Suren am Anfang in der Gliederung des Korans stehen, denn das Heilige Buch wendet sich an einen Muslimen und nicht an einen Polytheisten.[5] Ein Problem bleibt für die Gelehrten jedoch bestehen: Wie soll man sich zurechtfinden, wenn die Verse nicht den Ereignissen zugeordnet werden können, zu deren Klärung sie offenbart wurden, und es zudem keine chronologische Ordnung gibt? Die chronologische Reihenfolge der Offenbarungen ist außerdem von großer Bedeutung in den Fällen, in denen zwei widersprüchliche Verse zum selben Thema vorliegen. Sie weist darauf hin, welcher der aufhebende Vers *(Nassikh)*, und welcher der aufgehobene Vers *(Mansukh)* ist. Dies ist zum Beispiel bei der Klärung der Frage der Fall, welche Haltung Nicht-Muslimen gegenüber, insbesondere Juden und Christen, einzunehmen ist. Wir finden im Koran Verse, die zu Toleranz raten, und andere, die zum Heiligen Krieg und zum ewigen Kampf gegen die Nicht-Muslime aufrufen. Die Experten analysierten diese widersprüchlichen Verse in allen Einzelheiten und entschieden dann, daß die zuletzt offenbarten Gültigkeit besitzen. Allein deshalb ist eine zeitliche Einordnung notwendig.[6]

Die zwei Suren, die uns interessieren, die Suren 4 und 33, wurden in Medina um das schicksalhafte Jahr 5 offenbart. Dies verrät die zur Zeit 'Uthmans angebrachte Datierung, die von allen Experten bestätigt wurde. Ich beziehe mich hierbei insbesondere auf die Gliederung von as-Suyuti und von ibn Hazm.[7] Von den 114 Suren des Korans erscheint die »Sure der Verbündeten« an neunzigster Stelle und die der Frauen an zweiundneunzigster. Da wir wissen, daß die erste Sure, die in Medina nach der Hidschra im Jahre 622 offenbart wurde, »Die Kuh« ist, welche in der zeitlichen Reihenfolge an siebenundachtzigster Stelle steht (und im Text an zweiter), müssen die zwei Suren, mit denen wir uns hier befassen, wenige Jahre später offenbart worden sein, da in der Zwischenzeit sieben weitere Suren offenbart wurden. Folglich dürfen wir aufgrund der zeitlichen Reihenfolge der Offenbarungen wie auch aufgrund der historischen Ereignisse annehmen, daß die Sure 4 und die Sure 33 um das Jahr 5 der Hidschra anzusiedeln sind – dem Jahr der militärischen Krisen, dem Jahr des »Gebets der Angst«.

Nach den Erkenntnissen ibn Hishams erfolgte das erste »Gebet der Angst« *(Salat al-Khauf)* während der Schlacht von Dat Ar-Riqa', im fünften Monat des Jahres 4.[8] Der Prophet war zur Expedition nach Dat ar-Riqa' aufgebrochen in der Hoffnung, seiner militärischen Pechsträhne ein Ende zu setzen und die Niederlage von Uhud vergessen zu machen. Als er jedoch vor dem Feind stand, zog er es vor, einer Konfrontation aus dem Weg zu gehen: »Die Ghatafan-Stämme hatten eine ungeheure Menge an Kriegern zusammengezogen. Die beiden Klans näherten sich einander, aber es kam nicht zum Kampf, denn sowohl die Muslime als auch ihre

Feinde waren von Angst übermannt. Der Prophet leitete das 'Gebet der Angst' und zog sich zurück.«[9] Die Angst der Muslime begründete sich vor allem aus der Tatsache, daß sie sich keine Konfrontation leisten konnten, die zur Niederlage geführt hätte. Andererseits konnten sie es sich jedoch nicht erlauben, einem Krieg aus dem Weg zu gehen. Sie durften also nicht untätig bleiben, wußten aber zugleich, daß sie durch die Niederlage von Uhud zu sehr angeschlagen waren, um einen Sieg über ihren Gegner zu erringen. Der Prophet spielte ein gefährliches Spiel in einer Situation, in der seine Handlungsmöglichkeiten praktisch nur noch symbolischer Art waren. Das »Gebet der Angst« spiegelt diese Situation deutlich wider: Da man die eigenen Kräfte nicht einsetzen konnte, mußte symbolisch gekämpft werden, denn das oberste Prinzip der Strategie Mohammeds war es, niemals das Leben seiner Soldaten aufs Spiel zu setzen. Er wollte Krieg führen, ohne Menschenleben zu opfern.

Drei Tage lang stand der Prophet der feindlichen Armee gegenüber, unschlüssig, seine Männer in die Schlacht zu schicken, so sehr verfolgte ihn das Gespenst von der Niederlage von Uhud: »Die Menschen Medinas strömten aus der Stadt und suchten ihre Toten unter lautem Klagen und Weinen. Sie wollten die Leichen nach Medina bringen. Aber der Prophet befahl, die Männer dort zu begraben, wo sie gefallen waren.«[10] Seither hatten die Truppen ihr Selbstvertrauen nicht wiedererlangt. Die feindlichen Truppen, von Tabari als Araber (Nicht-Muslime) bezeichnet, waren ebenso mutlos: »Sie hatten ihr Lager unweit der Armee des Propheten aufgeschlagen. Da erfüllte Gott ihr Herz mit Furcht, und sie wagten es kaum, ihr Lager zu verlassen. Sie fürchteten den Kampf. Die zwei Armeen, von denen die eine Angst vor der anderen hatte, standen sich zwei Tage lang gegenüber. Dann flüchteten die Araber (Nicht-Muslime), ohne gekämpft zu haben. Während dieser drei Tage sprach der Prophet das 'Gebet der Angst'. Folgender Vers wurde unter diesen Umständen offenbart: 'Wenn du bei ihnen bist, usw.'«[11]

Das »Gebet der Angst« wird im Vers 102 der Sure der Frauen beschrieben. Es wird dem Propheten geraten, das Gebet abzukürzen, wenn die Situation es verlangt, d.h. wenn die Gefahr eines Überfalls durch den Feind besteht. Im »Gebet der Angst« wird den Truppen die Anweisung gegeben, sich nicht in Situationen zu begeben, die einen Angriff zulassen. So durften sie zum Beispiel nicht zur gleichen Zeit den Kopf senken, wie es der Ritus normalerweise verlangt. Allah gab hierzu eindeutige Befehle: »Ein Teil von ihnen soll sich mit dir zum Gebet erheben und die Waffen ergreifen. Haben sie das Gebet beendet, sollen sie sich hinter euch stellen, und der andere Teil, der noch nicht gebetet hat, vortreten und mit dir das Gebet verrichten; auch sie sollen auf der Hut sein und die Waffen bereithalten.«[12]

Das »Gebet der Angst« ist ein Beispiel für das pragmatische Denken des muslimischen Gottes. Der Gläubige soll die Rituale nicht automatisch vollziehen, ohne auf die Umstände, die Wirklichkeit, in der er lebt, zu achten. Er soll jederzeit seinen Verstand einsetzen und, hat er zwischen Gebet und Überleben zu wählen, darf er nicht zögern: Das Überleben geht vor. »Die Ungläubigen wünschen, daß ihr eure Waffen und euer Gepäck unbeaufsichtigt laßt, um euch auf einmal überfallen zu können,« es bleibt immer noch genügend Zeit, um an Gott zu denken, sobald die Gefahr vorüber ist.[13] Bei den Schlachten, die auf Uhud folgten, suchte Mohammed weniger die Offensive als vielmehr die genau berechnete Defensive, die es ihm noch erlaubte, in den Augen seiner Feinde glaubwürdig zu erscheinen und die dem Gegner zugleich keine Gelegenheit gab, sich mit seinen Truppen im Nahkampf zu messen. Den Mekkanern gelang es, bedeutende Bündnisse mit Stämmen aus ganz Arabien zu schließen. Mohammed mußte den Angriffen standhalten, sich auf dem Schlachtfeld behaupten, ohne jedoch das Risiko einer Kampfhandlung einzugehen, die fatale Folgen für ihn haben konnte.

Die Schlacht von Dat Ar-Riqa' endete so, wie der Prophet es wollte: Es kam zu keiner Konfrontation. Die zwei Armeen, die sich gegenüberstanden, warfen sich nicht Hals über Kopf in die Schlacht. Offenbar zählte zu dieser Zeit das Leben eines Soldaten viel, sowohl bei Mohammed als auch bei seinen Gegnern. Diese pragmatische Denkweise, wie wir sie im Vers des »Gebets der Angst« finden, wird in der Sure der Frauen deutlich sowie anhand der Taktik Mohammeds bei der Grabenschlacht, die in der Sure 33 *(al-Ahzab)* beschrieben wird.

Medina befindet sich im Belagerungszustand, die Feinde versammeln sich, und der örtliche Widerstand gegen Mohammed wächst. Die Lage beginnt unsicher zu werden, so unsicher, daß die Frauen es nicht mehr wagen, auf die Straße zu gehen. Sogar die freien Frauen, die zur Führungselite gehören, an ihrer Spitze die Frauen des Propheten, vermeiden das Ausgehen. Zum ersten Mal entscheidet nicht der Prophet über den Ort der Auseinandersetzung zwischen Mekkanern und Muslimen: Im Frühjahr des Jahres 627 belagert Abu Sufiyan, militärisches Oberhaupt des Stammes der Quraish, an der Spitze eines Bündnisses von 10000 Männern, Mohammed in Medina. Mohammed hingegen war es nach harten Verhandlungen nur gelungen, dreitausend Männer zusammenzuziehen, was jedoch schon ein beträchtlicher Erfolg war.[14] Es sah so aus, als würde es zu einer langen und unerbittlichen Belagerung kommen, denn im Lager der Gegner hatten sich Stämme aus der unmittelbaren Umgebung, wie die Banu Quraizah, medinensische Juden, zusammen mit den weit entfernt lebenden Stämmen von Najd unter der Führung der Mekkaner zusammengeschlossen.[15] Der Prophet beschloß, die Taktik anzuwenden, die ihm am sinnvollsten erschien, da die zahlenmäßige Überlegenheit des Gegners offenkundig war. Er versuchte jegliche Berührung zu vermeiden. Wie aber sollte er sich dieses Mal verhalten, da der Feind bereits vor den Toren der Stadt stand? Er wandte eine Technik an, die zu dieser Zeit völlig unbekannt bei den Arabern war. Er hob einen Graben rund um die Stadt aus, um sie dadurch zu schützen.

Dieser Einfall war ihm offenbar bei einem Gespräch mit Salman, einem persischen Sklaven, den er aus der Knechtschaft gelöst hatte, gekommen. Er hatte dem Propheten erklärt, daß »man in Persien, wenn man belagert wird, einen Graben um die Stadt herum aushebt.«[16] Als der Prophet den Befehl gab, den Graben anzulegen, waren viele über eine solche Anordnung erstaunt, und die Munafiqun, jene Heuchler unter den Bewohnern Medinas, die jeglicher Initiative des muslimischen Oberhauptes feindlich gegenüberstanden, machten sich über den Propheten lustig. Weder das Erstaunen seiner Umgebung noch die Ironie der Heuchler brachten ihn jedoch von seinem Vorhaben ab. Er befahl den Kriegern, den Säbel gegen die Schaufel auszutauschen und, anstatt dem Feind entgegenzugehen, einen Graben zwischen sich und ihm auszuheben: »Der Prophet gab den Befehl, um Medina herum einen Graben von zwanzig Ellen Tiefe und zwanzig Ellen Breite auszuheben. Diese Aufgabe wurde zehn Männern anvertraut. Die Heuchler machten sich über den Propheten lustig, weil er sich in der Stadt einschloß. Dieser aber überwachte von einem Zelt aus, das man für ihn aufgeschlagen hatte, jeden Tag selbst die Arbeit, damit die Männer in seiner Gegenwart größeren Eifer zeigten.«[17] Einen Monat später war der Graben fertig.

Die feindlichen Truppen waren beim Anblick des Schützengrabens äußerst überrascht: »Als die Ungläubigen den Graben um Medina erblickten, waren sie aufs höchste erstaunt, denn noch nie hatten sie einen solchen gesehen. Da sie ihn nicht überqueren konnten, zogen sie jeden Tag vor die Tore der Stadt. Der Prophet harrte am Rande des Grabens aus, und niemand kam aus der Stadt heraus, um zu kämpfen. Er verbrachte auch die Nächte dort, während die Heuchler in die Stadt zurückgingen, um zu schlafen, und sagten: 'Wenn Mohammed in der Nacht etwas zustößt, werden wir zumindest in unseren Häusern sicher sein.'«[18] Die Heuchler dachten, daß der Prophet sie habe irreführen wollen; er hatte Siege versprochen und stattdessen nur die Feinde vor die Tore der Stadt, die er in den Ruin führte, geholt. Vers 12 der Sure 33 beschreibt ihre Angst und ihre Enttäuschung: *»Gott und sein Gesandter haben uns nur trügerische Versprechungen gemacht.«*[19]

Aber sie waren nicht die einzigen, die in ständiger Angst lebten. Den Gläubigen erging es ebenso, wie die Verse 9 und 10 derselben Sure verraten: *»Ihr Gläubigen! Gedenket der Gnade, die Gott euch erwiesen hat! (...) [Damals] als sie [d.h. die feindlichen Truppen] von oben und von unten her zu euch kamen, und als [euch] der Blick unsicher wurde und das Herz [vor Angst] bis zur Kehle [hoch]kam und ihr über Gott Mutmaßungen anstelltet.«*[20] Nach siebenundzwanzig Tagen der Belagerung hielt die Stadt noch immer stand. Der Feind hatte drei Männer verloren, denn von Zeit zu Zeit »beschossen sich die beiden Armeen aus weiter Entfernung mit Pfeilen.«[21] Noch immer war kein Ende der Belagerung abzusehen, und das psychologische Gleichgewicht der Stadt war ernsthaft gefährdet. Es mußte schnell gehandelt werden. Für den zahlenmäßig Unterlegenen gab es nur die Kunst der psychologischen Kriegsführung. Es galt, falsche und richtige Informationen in geeigneter Menge in Umlauf zu bringen, die sowohl die gegnerischen Befehlshaber als auch die Basis oder die entferntesten Verbündeten erreichten. Zu diesem Zweck nutzte Mohammed die Dienste eines neu Bekehrten aus den Reihen der Feinde, der heimlich Kontakt zu ihm aufgenommen hatte. Mit Hilfe dieses Spions, der falsche Informationen ins gegnerische Lager einschleuste und dabei versuchte, die empfindlichen Stellen zu treffen, schürte er die Rivalitäten zwischen den Verbündeten sowie die Ängste des jüdischen Kommandanten, und es breitete sich Mutlosigkeit und Mißtrauen bei den Mekkanern aus. Das Ereignis, das schließlich zum Ende der Belagerung führte, war ein Unwetter, das Allah vom Himmel sandte: »Bei Einbruch der Dunkelheit entfesselte Gott über dem Lager der Ungläubigen einen Sturm, der ihre Zelte umwarf. Die Feinde wurden in Angst und Schrecken versetzt.«[23] Am nächsten Tag hob Abu Sufiyan die Belagerung auf und verschwand, eine Stadt hinter sich lassend, die nicht mehr dieselbe wie vor der Belagerung war. Der Prophet wußte, daß ein neuer Krieg bevorstand – der innere Krieg, die *Fitna* – ein Krieg, der für ihn weit schlimmer war.

Der Koran überliefert nicht nur ein getreues Spiegelbild der militärischen Schwierigkeiten des Propheten, z.B. während der Belagerung Medinas, sondern dokumentiert auch Angriffe, die gegen ihn selbst gerichtet wurden. Eine aggressive Opposition, die sich aus einer Gruppe von Medinensern zusammensetzte, nahm sein Privatleben unter die Lupe und kritisierte es. War es dem Propheten auch gelungen, ein

Massaker an den Muslimen zu verhindern, so stellte die Belagerung der Stadt doch die Bewohner auf die Probe, denn sie mußten für die Ernährung und Erhaltung einer Armee von dreitausend Männern kein geringes Opfer erbringen. Die feindselige Haltung eines Teils der Bevölkerung Medinas sollte die Stadt an den Rand des Bürgerkriegs führen und einen Zustand größter Unsicherheit schaffen. Für eine Frau war es unmöglich geworden, in der Stadt umherzugehen, ohne belästigt zu werden, selbst die Frauen des Propheten waren auf der Straße und manchmal auch zu Hause, unter den Augen des Propheten, Zudringlichkeiten ausgesetzt. Vor dem Hintergrund dieser Ereignisse ist es erforderlich, den Hijab-Vers und die Erläuterungen Tabaris erneut zu betrachten.

Seiner Ansicht nach wurde der zweite Teil des Hijab-Verses: »Es ziemt sich nicht, daß ihr den Gesandten Allahs belästigt und je seine Frauen nach ihm heiratet; denn dies wäre ein schweres Vergehen vor Allah« offenbart, nachdem ein Mann den Propheten aufgesucht hatte und anschließend die Nachricht verbreiten ließ, daß »er die Absicht habe, nach dem Tod Mohammeds eine seiner Frauen zu heiraten, die er sogar namentlich erwähnte.«[25] Nach dieser Version wurden besagte Äußerungen nicht vor dem Propheten getan, sondern sie wurden in der Stadt verbreitet. In einem anderen Korankommentar, dem von Nissaburi, wird der Name der begehrten Frau genannt. Der betreffende Mann soll sogar die Taktlosigkeit besessen haben, seinen Wunsch laut in Gegenwart des Propheten und der Frau auszusprechen. Bei diesem Mann handelte es sich angeblich um 'Uaina ibn Hasn, ein arabisches Stammesoberhaupt, der für seine ungeschliffenen Manieren bekannt war. Er soll nach seiner Konversion zum Islam Aischa bei einem Besuch im Hause des Propheten bemerkt haben. »Man erzählt, daß 'Uaina ibn Hasn dem Propheten einen Besuch abstattete, die Tür aufstieß und eintrat, ohne um Erlaubnis gebeten zu haben. Der Prophet sagte zu ihm: ''Uaina, wo bleiben die Regeln der Höflichkeit, die es erfordern, daß man um Erlaubnis bittet, bevor man in jemandes Haus eintritt?' 'Soweit ich mich entsinne', antwortete 'Uaina, 'habe ich mein Lebtag noch keinen Mann um Erlaubnis gebeten.' Dann sagte 'Uaina zum Propheten: 'Wer ist diese Schönheit zu eurer Seite?'«[26] Als der Prophet ihm erklärte, daß es sich um Aischa handele und sie den Titel Mutter der Gläubigen trage, durch den sie für andere Männer tabu war, schlug dieser einen Tausch vor: Er würde Aischa nehmen und ihm zum Ausgleich eine noch schönere Frau, seine eigene, geben. Der Prophet antwortete ihm kühl, daß Allah solche Methoden bei den Muslimen untersage.[27]

In einer anderen Version heißt es, daß Aischa, die vom Vorschlag 'Uainas, »die Mutter seiner Kinder« gegen sie selbst auszutauschen, schockiert war, erregt ausrief: »Was ist dies für ein Mensch?«[28] Der Prophet erklärte Aischa in aller Ruhe, daß der Mann ihr gegenüber von den Seinen zum Anführer auserwählt worden war: »Jener Mann, den du siehst, ist der Anführer seines Stammes!«, sagte er.[29]

Einige Historiker berichten, daß nur eine Frau des Propheten sich tatsächlich nach seinem Tode wiederverheiratete: 'Alia bint Dabiyan. Der Prophet hatte sie geheiratet, sie blieb einige Zeit bei ihm, dann verstieß er sie. Den Fuqaha zufolge hatte sie sich bereits wiederverheiratet, bevor der Vers, der dies untersagte, offenbart wurde. Im übrigen herrscht keine Einigkeit über den Namen der Frau des Propheten, die es wagte, nach ihm einen anderen Ehemann zu suchen. Einige sagen, sie heiße 'Alia, andere sprechen von ihr als Qila. Jedenfalls verschweigen die muslimischen Historiker ihren Fall nicht, obwohl sie diese Heirat in große Verlegenheit gebracht hat. Nach den Auslegungen Tabaris handelt es sich um Qila bint al-Ash'ath. Sie soll nach dem Tod des Propheten, unter der Herrschaft Abu Bakrs, 'Akrama ibn Abi Jahl geheiratet haben. Abu Bakr soll sehr bekümmert über ihre Wiedervermählung gewesen sein, die er natürlich als skandalös empfand. 'Umar beruhigte ihn, indem er ihm sagte, daß sie schließlich geschieden worden war, und nicht mehr »wirklich« die Frau des Propheten sei, da sie es vorgezogen hatte, ihn nach der Offenbarung des Verses zu verlassen, der den Frauen des Propheten das Recht einräumte fortzugehen, wenn sie es wünschten. Dieser Vers beendete einen langwierigen Streit zwischen dem Propheten und seinen Frauen.[30] Als Oberhaupt der muslimischen Gemeinschaft mußte der Prophet Delegationen mit den unterschiedlichsten Denkweisen, den seltsamsten Sitten und Bräuchen (wie z.B. dem Austausch der Ehefrauen) aus allen Teilen Arabiens empfangen.[31] Er empfing die Abordnungen zu Hause, manchmal in Gegenwart seiner Frauen. Tabari betont, daß sich der Zwischenfall mit 'Uaina vor der Offenbarung des Hijab-Verses ereignete.[32]

Die beharrliche Weigerung des Propheten, eine Grenze zwischen seinem privaten und seinem öffentlichen Leben zu ziehen, die es den Frauen ermöglichte, unmittelbar an den Angelegenheiten des muslimischen Staates teilzuhaben, wandte sich allmählich gegen ihn: Sie sollte zum Anlaß dienen, den Propheten systematisch anzugreifen. Man setzte ihm zu, man kam zu ihm, ohne ihn um Erlaubnis zu bitten. »Ein Besucher erschien an der Tür des Propheten und sagte: 'Kann ich hereinkommen?' Der Prophet sagte zu seinem Sklaven Rawda: 'Schicke ihn hinaus und bringe ihm Anstand bei, er weiß nicht einmal, wie man um Erlaubnis fragt. Sage ihm, daß es heißt: 'Friede mit Euch! Darf ich eintreten?'«[33] Manchmal folgten ihm die Männer, wenn er nach Hause ging, und sie drängten sich um seinen Tisch, bis er nicht einmal mehr die Hand ausstrecken konnte, um sich etwas zu essen zu nehmen.[34] Es ist anzunehmen, daß der Prophet die Trennung von Öffentlichem und Privatem, die der Hijab schließlich besiegelte, erst ins Auge faßte, als sich zwei neue Parteien unter den Heuchlern bildeten, und zwar die *al-Ladina fi qulubihim maradun* (»die Menschen mit dem kranken Herzen«) sowie die *al-Murjifuna fi-l-madina* (»jene, die Gerüchte in der Stadt ausstreuen«).

Nimmt man den Koran und die wichtigsten Schriften der Religionsgeschichte zur Grundlage, wird deutlich, daß bis zu diesem Zeitpunkt die Frauen keineswegs ins Haus verbannt wurden und sie auch nicht die Gewohnheit hatten, in Abgeschiedenheit zu leben. Sie gingen aus, um »sich um ihre Geschäfte zu kümmern« *(li-qada'i l-haja)*. Bevor die Angriffe gegen sie begannen, gingen sie vor allem bei Nacht aus, wahrscheinlich weil die Stadt, die während des Tages unter der drückenden Hitze litt, in der Nacht auflebte: »Die Frauen des Propheten gingen des Nachts aus, um ihren Geschäften nachzugehen *(li-hajatihinna)*, und einige Heuchler hefteten sich an ihre Fersen *(ya ta'arradun lahunna)* und belästigten sie.«[35] Der Vers 58 der Sure der Verbündeten läßt die Vermutung zu, daß die Angriffe ein solches Ausmaß erreicht hatten, daß Allah schließlich eingriff, indem er Flüche aussprach und den Heuchlern Strafexpeditionen androhte: *»Wenn die Heuchler und diejenigen, die in ihrem Herzen eine Krankheit haben, und diejenigen, die in der Stadt [durch falsche Gerüchte] Unruhe stiften, [mit ihren Machenschaften] nicht aufhören, werden wir dich bestimmt veranlassen, gegen sie vorzugehen, und sie werden dann nur [noch] kurze Zeit in ihr deine Nachbarn sein.«*[36]

Die erste Kategorie der Heuchler, »deren Herzen krank

sind«, waren, Tabari zufolge, jene Männer, die unter einer Störung ihres Sexualverhaltens litten. Anhand der Textstellen, die er dem Vers 60 der oben erwähnten Sure 33 widmet, präzisiert er, daß es sich um Männer handelte, »die ein gestörtes Verhältnis zu den Frauen hatten«, »diejenigen, die unter einem unkontrollierten Drang zur Unzucht und zu unstatthaften sexuellen Handlungen litten.«[37] Die zweite Kategorie, die der *Murjifun* (die Unruhestifter, die Gerüchte verbreiten), stellte ebenso eine ernsthafte Gefahr dar. Sie bezichtigten Aischa des Ehebruchs.

Die Angriffe spielten sich also auf zwei Ebenen ab: Die körperlichen Angriffe, die Belästigung der Frauen des Propheten auf ihren Spaziergängen einerseits sowie die verbalen Angriffe, die Verleumdungen gegen sie oder den Propheten andererseits. Laut Tabari bezieht sich der Vers 69: »Oh Gläubige, seid nicht wie die, welche den Moses durch Verleumdung beleidigten; aber Allah sprach ihn rein von dem Bösen, welches sie von ihm sagten« auf die Anklage, die das Volk Moses gegen ihn erhob – die Anklage, er sei *Adar*. Gemäß dem Wörterbuch *Lissan al Arab* bezeichnet *Adar* eine Person, die unter einem Hodenbruch leidet, einem »Anschwellen einer der beiden Hoden«. Tabari war davon überzeugt, daß der Vers eine Antwort auf die Anklage gab.[39]

Die Gerüchte über den Propheten lassen sich sicherlich auf einen Zwischenfall zurückführen, von dem weiter oben bereits im Zusammenhang eines Streits zwischen dem Propheten und seinen Frauen die Rede war. Dieser Streit brachte Mohammed dazu, während einiger Tage sein Haus zu verlassen und führte zu der Offenbarung eines Verses, den die Imams »den Wahlvers« *(Ayat at-Takhyir)* nennen. Die Kommentare, in denen versucht wird, die Gründe für den Streit zu analysieren, geben an, daß die Unzufriedenheit von mindestens der Hälfte der neun Frauen des Propheten entweder wirtschaftlicher oder sexueller Natur war. Das muslimische Gesetz der Polygamie schreibt vor, daß ein Mann seine Nächte gerecht unter allen seinen Frauen aufteilen muß, wobei er sich wohlgemerkt bei diesen nächtlichen Streifzügen nicht damit begnügen darf, friedlich zu schlafen. Der polygame Ehemann muß in der Lage sein, seine Frauen sexuell zu befriedigen, da eine frustrierte Muslime die *Fitna* heraufbeschwören kann, indem sie anderswo Befriedigung sucht. Tabari erklärt, daß Mohammed im Vers 51 auf Anordnung Allahs davon freigesprochen wurde, das Lager der Ehefrauen zu teilen, die er nicht mehr begehrte. Eine Entscheidung, die natürlich eine Ausnahme war. Im übrigen konnte selbst Allah eine sexuell unbefriedigte Frau nicht dazu zwingen, bei ihrem Ehemann zu bleiben. Der »Wahlvers« erlaubte es den Frauen des Propheten, die sich über seine Zurückhaltung beklagten, ihn zu verlassen, wenn sie es wünschten.

Glaubwürdige Kommentatoren wie Tabari und ibn Saad berichten, daß fünf seiner Frauen von diesem Vers betroffen waren und nur vier seiner insgesamt neun Ehefrauen weiterhin seine Gunst genossen, unter ihnen selbstverständlich Aischa und umm Salma.[41] Der Prophet, der auf die sechzig zuging, war keineswegs ein alter Mann. Trotz seiner Jahre waren seine Haare nicht ergraut. Er erfreute sich einer tadellosen Gesundheit und verfügte über unleugbare körperliche Reize: »Seine Nase war gerade, seine Zähne regelmäßig. Mal trug er die Haare offen, mal band er sie in drei oder vier Locken zusammen. Als er dreiundsechzig Jahre alt war, zeigten auf seinem ganzen Körper nur etwa fünfzehn Haare und zwanzig Haare seine Kinnbartes die Farbe des Alters.«[42] Die arabischen Historiker messen dem Aussehen der politischen Persönlichkeiten eine große Bedeutung bei, da dieses, wie sie meinen, gewisse Verhaltensweisen erklären kann.

Andere Beschreibungen verweisen auf »seinen so energischen Gang, daß man glauben könnte, seine Füße berührten die Erde nicht, und der zugleich so leicht war, daß es schien, als schwebe er auf und ab.« Aber, so fügt Tabari hinzu, »sein Gang hatte nicht die Eitelkeit der Prinzen.«[43] Es überrascht daher nicht, daß, als diejenigen seiner Frauen, die enttäuscht waren über die ungleiche Behandlung und den Mangel an Zärtlichkeit und Wärme, das Recht erhielten, ihn zu verlassen und sich bis auf eine Ausnahme alle dafür entschieden zu bleiben.[44] Was die Verleumdungen der Heuchler anbelangte, so endeten sie in einem wahren Plädoyer seiner Frauen für den Propheten. Als er sich entschloß, den Turm der Moschee zu verlassen, in den er sich zurückgezogen hatte, um nach Hause zurückzukehren, trug er jeder seiner Ehefrauen den »Wahlvers« vor und bat sie, sich getrennt zu äußern. Diejenigen, die bleiben wollten, sollten akzeptieren, daß der Prophet nicht verpflichtet war, sie sexuell und wirtschaftlich zufriedenzustellen. Aischa, der Jüngsten, riet er, ihre Eltern zu befragen, bevor sie sich äußerte. Sie war entrüstet und antwortete ihm, daß sie in diesen Dingen niemals nach der Meinung ihrer Eltern frage.[45]

Abgesehen von den Gerüchten über Mohammeds sexuelle Leistungskraft, kursierten andere, die entweder seine Ehen oder Aischa betrafen; letztere war die Zielscheibe für Neid und Mißgunst. Zwei seiner Ehen, die er im Jahre 5 bzw. im Jahre 7 einging, wurden von einem Teil der öffentlichen Meinung als skandalös betrachtet.

Zunächst empörte sich Medina über die Heirat des Propheten mit Zainab, seiner eigenen Kusine mütterlicherseits, nachdem er zunächst darauf bestanden hatte, daß sie seinen früheren Sklaven Zaid ibn Haritha zum Mann nehmen sollte. Zainab, die sich schon immer sehr zum Propheten hingezogen fühlte, weigerte sich, als er ihr die Heirat mit Zaid, seinem früheren Sklaven, vorschlug. Er hatte seinem früheren Sklaven, nachdem er ihn befreit hatte, militärische Kommandoposten anvertraut, hatte ihn adoptiert und behandelte ihn wie einen Sohn, so daß man ihn schließlich Zaid, den Sohn Mohammeds, nannte.

Nun schuf die Adoption nach den vorislamischen Bräuchen ein geradezu leibliches Verwandtschaftsverhältnis zwischen dem Adoptivsohn und seinem Vater. Als sich Zaid von Zainab scheiden ließ und diese den Propheten im Jahre 5 heiratete, betrachteten viele Medinenser diese Heirat als Blutschande und waren entrüstet; was erklärt, weshalb der Prophet darauf bestand, »die ganze Gemeinschaft« einzuladen, wie der Schüler Anas ibn Malik berichtete, der Zeuge der Offenbarung des Hijab werden sollte. Im übrigen verdanken wir es den Versen, die anläßlich der Scheidung Zainabs als Antwort auf die in Medina kursierenden Gerüchte verkündet wurden – sie besagen, daß mit der Adoption ein Verwandschaftsverhältnis entsteht –, daß im Familienrecht der meisten muslimischen Staaten die Adoption nicht institutionalisiert wurde.[46] Gemäß der meisten dieser Gesetzbücher schafft die Adoption in keinem Fall eine der leiblichen Verwandschaft ähnliche Bindung. Ein adoptiertes Kind kann im Prinzip niemals wie ein leiblicher Sohn erben. Tunesien, welches das Adoptionsrecht anerkennt, wird in diesem Fall als Außenseiter und als in höchstem Maße unter dem schädlichen Einfluß des Abendlandes stehend betrachtet.

Die zweite umstrittene Ehe des Propheten ist die Ehe, die er mit Safiya bint Huyay, einer jungen jüdischen Gefangenen, nach der Eroberung der Stadt Khaibar, im Jahr 7, schloß.[47]

»Khaibar befand sich in der Hand der Juden; sie war ihre stärkste Festung. Sie bestand aus sieben verschieden großen Forts, die mit Dattelpalmenpflanzungen umgeben waren.«[48] Safiya war die Frau Kinanas, eines der Anführer des jüdischen Stammes der Bani Nadir. Die Verwandten Safiyas hatten am Grabenkrieg auf seiten der Mekkaner teilgenommen.[49] Bezaubert von ihrer Schönheit schlug der Prophet Safiya, die ihm als Teil der Kriegsbeute zugefallen war, vor, sich zum Islam bekehren zu lassen. Er schenkte ihr die Freiheit und heiratete sie, als sie seine Bedingung akzeptierte.[50] Als der Prophet nach der Einnahme eines der Forts seinen Mantel über die neue Gefangene warf, erkannten seine Anhänger, laut Tabari und ibn Saad, daß er beabsichtigte, sie für sich zu behalten. Ibn Saad fügte jedoch hinzu, daß die Menschen sich fragten, ob er sie heiraten oder sie als *umm Walad* behalten wollte. *Umm Walad*, die »Mutter des Kindes«, ist eine Sklavin, die mit ihrem Herrn offiziell sexuelle Beziehungen unterhält und deren Kinder frei zur Welt kommen.[51] Offensichtlich war der Fall Safiyas, die ja Jüdin war, eine Ausnahme. Die beiden anderen Frauen, die keine Musliminnen waren und mit denen der Prophet ein sexuelles Verhältnis hatte, waren die Koptin Maria, die ihm vom Statthalter Alexandrias geschenkt worden war, und Rayhana vom jüdischen Stamm der Bani Quraizah. Trotz der Tatsache, daß Maria dem Propheten einen Sohn, Ibrahim, schenkte, der jung starb, wird sie zusammen mit Rayhana zu den *Saraya* des Propheten gezählt, jenen Ehefrauen, die den Status von Sklavinnen hatten.[52]

Überraschend im Falle Safiyas war, daß das Verhalten des Propheten ihr gegenüber nicht dem entsprach, was man in ähnlichen Fällen von ihm erwartete: »Die Leute sagten sich: Wenn sie den Hijab tragen muß, werden wir wissen, daß er sie zu seiner Frau machen wird, ansonsten wird sie nur seine *umm Walad* sein.«[52] *Umm Walad* gehörte zu den neuen rechtlichen Kategorien, die im Islam eingeführt wurden, um die Verbreitung der Sklaverei zu bekämpfen: Die Kinder, die aus der Ehe zwischen einem freien Mann und seiner Sklavin hervorgingen, waren automatisch frei und dies unabhängig vom Geschlecht. Vor der Zeit des Islams galten die Kinder einer Sklavin und eines freien Mannes ebenfalls als Sklaven. Einer der Gründe, der die Männer veranlaßte, ihre Sklavinnen zur Prostitution zu zwingen, war, wie wir noch sehen werden, Kinder zu bekommen, die unter Umständen verkauft werden konnten. Der Status der umm Walad verlieh der Sklavin das Recht, freie Kinder zu haben, die einen Anspruch auf das Erbe – Vermögen und Macht – hatten. Dank dieser Einrichtung wurde es manchen Frauen möglich, ehrgeizige Zukunftspläne für ihre Kinder zu schmieden. Einigen gelang es sogar, aus ihren Kindern Kalifen zu machen.[54] Doch zurück zu Safiya. Man darf nicht vergessen, daß in einer Zeit, da die Sitten starken Veränderungen unterlagen, bereits die geringste Geste des Propheten eine enorme symbolische Bedeutung hatte, war er es doch, der den Weg, die *Sunna*, zeigte, d.h. die neue Art und Weise, das Leben nach den Geboten des Islams zu leben, als Bruch mit der Vergangenheit und als Erneuerung. Als der Prophet Safiya auf sein Reittier half, bedeckte er sie sorgfältig mit dem Schleier. So wußte jeder, daß er fest dazu entschlossen war, sie zu heiraten. Eine jüdische Gefangene zu befreien und sie zu heiraten, anstatt sie als Sklavin zu behalten, mußte Medina überraschen, besonders die Munafiqun, die stets auf der Suche nach Kritikpunkten waren.

Aber zwischen der Heirat mit Zainab im Jahre 5 und der mit Safiya lag ein noch größeres Ärgernis, das den Munafiqun, die seit der Niederlage von Uhud und der Belagerung während der Grabenschlacht gegen den Propheten hetzten, die Gelegenheit gab, ihre Stimme zu erheben. Im Jahre 6 wurde Aischa von den Munafiqin des Ehebruchs bezichtigt. Die muslimischen Fuqaha und Imams nennen die Begebenheit, die dazu führte, *al-Ifq*, die Lügner und die sensationslüsternen Orientalisten »die Sache mit der Halskette«.

Während des Feldzugs gegen die Bani Al Mustaliq, bei der Aischa den Propheten begleitete, verlor sie eine aus dem Jemen stammende Halskette aus Muscheln, an der sie sehr hing. Als sie erfuhr, daß der Aufbruch in wenigen Stunden bevorstand, begann sie zu suchen. Die Karawane war bereits weitergezogen, als sie die Kette fand. Die Männer, die ihre Sänfte auf das Kamel laden sollten, glaubten, da Aischa sehr leicht war, daß sie sich bereits darin befände. Als man ihr Fehlen bemerkte, gab der Prophet den Befehl anzuhalten, um auf sie zu warten. Er begann, sich Sorgen zu machen, als er sie in weiter Entfernung in Begleitung von Safan ibn al-Moattel wahrnahm, einem jungen Gläubigen, der ihr, als er sie unterwegs getroffen hatte, seinen Begleitschutz angeboten hatte.

Dieser geringfügige Anlaß löste eine wahre Verleumdungskampagne gegen Aischa aus, die vom König der Heuchler, Abdallah ibn Ubayi, geleitet wurde, welcher, wie wir sehen werden, seinen Lebensunterhalt damit verdiente, daß er seine Sklavinnen zur Prostitution zwang. Er soll, als er Aischa in Begleitung Safans erblickte, ausgerufen haben: »Es sei Aischa verziehen, was sie getan hat; Safan ist schöner und jünger als Mohammed.«[55] Die Affäre nahm solche Ausmaße an, daß der Anführer des jungen muslimischen Staates beschloß, das Thema in aller Öffentlichkeit anzusprechen. Er wandte sich mit folgenden Worten an die in der Moschee versammelten Gläubigen: »Wie wagt ihr es, das Haus des Propheten Gottes zu verdächtigen! (…)«[56] Dies ist einer der seltenen Fälle unserer muslimischen Geschichte, in dem ein Politiker Partei für seine Frau ergreift, anstatt sich der Meinung ihrer Verleumder anzuschließen. Er zog die Stämme Medinas, die Aus und insbesondere die Chasradsch, zu denen Abdallah ibn Ubayi gehörte, zur Verantwortung. Durch seinen Auftritt in der Moschee hob er den Verdacht auf und übertrug die Verantwortung den Stämmen: »Der Stamm, zu dem der Verleumder gehört, sollte sich um dessen Bestrafung kümmern. Schließlich griff Allah selbst ein: Gott offenbarte siebzehn Verse über die Unschuld Aischas.«[57]

Diese Begebenheit, bei der aus einem harmlosen Zwischenfall eine Staatsaffäre wurde, die beinahe zu einer erneuten Fitna in Medina geführt hätte, ist ein gutes Beispiel für das Bestreben, Frauen zu erniedrigen und sie in ihre Schranken zu verweisen, wie es schon so oft der Fall gewesen war, nachdem Frauen gewisse Rechte errungen und Siege verzeichnet hatten. Aischa dürfte, wie alle intelligenten, schönen und von einem mächtigen Mann geliebten Frauen, über ein gutes Maß an Selbstbewußtsein und Narzißmus verfügt und aufgrunddessen Mißgunst und Haß hervorgerufen haben; auf diese Weise erleichterte sie denjenigen, die das Oberhaupt der Muslime angreifen wollten, die Aufgabe. Die Verleumdungen gegen Aischa mußten, zusammen mit der Unsicherheit, die in den Straßen herrschte, den Glauben des Propheten an die ihm so teure Vorstellung von der Einheit des öffentlichen und privaten Lebens, erschüttern. Seine Umgebung sollte ihm, in Anbetracht der Unsicherheit und der Verleumdungen, eine Lösung im Sinne der Sklaverei anbieten: die Frauen, und nur die freien Frauen, sollten durch den Schleier beschützt werden. Die Tatsache, daß die Sklavinnen unverschleiert blieben, implizierte, daß man das Recht besaß, ihnen nachzustellen und sie zu belästigen.

In einer Stadt am Rande des Bürgerkriegs, in der sich die Zahl der Heuchler seit der Belagerung auf bedrohliche Weise erhöht hatte, sollte die Politik gegen die Sklavenhaltung, die der Islam durchzusetzen versucht hatte, offiziell aufgegeben werden, zumindest was die Frauen betraf. Da man nicht mehr in der Lage war, die Sicherheit aller Frauen zu garantieren, Sklavinnen inbegriffen, beschränkte man sich darauf, diejenigen zu beschützen, die frei waren. Der Hijab verkörpert die offizielle Distanzierung vom Prinzip der Gleichheit. Die Abkehr von der sozialen Gleichheit implizierte zugleich die Abkehr von der sexuellen Gleichheit der Geschlechter. Jener Hijab sollte sich über beide Begriffe breiten und dadurch dazu beitragen, daß sie 1500 Jahre lang im Bewußtsein der Muslime durcheinandergerieten.

VI. Der *Hijab* senkt sich über Medina

Der militärisch auf harte Proben gestellte und von den Einwohnern Medinas abgelehnte Islam war dabei, die Sklavinnen zu opfern, um den Frauen der Aristokraten den Rücken zu stärken. Als die Frauen, welcher gesellschaftlichen Schicht sie auch angehören mochten, mehr und mehr auf der Straße belästigt und von Männern verfolgt wurden, sie der demütigenden Praxis des *Ta'arrud* (wörtlich: »sich einer Frau in den Weg stellen und sie zur Unzucht auffordern«) ausgesetzt waren und an ihnen das Verbrechen der *Zina* begangen wurde, war es nicht mehr die Aufgabe des Propheten, die Frauen von den Ketten der vorislamischen Gewalt zu befreien. Seine Aufgabe war es nunmehr, für die Sicherheit seiner und die der anderen Frauen in einer unruhigen und feindseligen Stadt zu sorgen.

Um zu einer Lösung zu gelangen, informierte er sich zunächst über die unmittelbaren Ursachen dieser Vorkommnisse und begann, wie man es von ihm gewohnt war, Erkundigungen einzuziehen: Er sandte Boten aus, die sich bei den Tätern umhören sollten. Sie sollten ihr Verhalten erklären: »Man praktiziert den *Ta'arrud* nur mit den Frauen, von denen man glaubte, daß sie Sklavinnen seien.«[1] Mit dieser Äußerung spielte er darauf an, daß jene Männer unterschiedslos allen Frauen auf dieselbe Weise nachstellten. Um die Frauen des Propheten zu schützen, offenbarte Allah den Vers 59 der Sure 33. Er rät ihnen, sich durch das Bedecken mit dem *Jalahib (Yudnina 'Alayhinna min Jalabiibihinna)* kenntlich zu machen. Bei dem *Jalahib* handelte es sich nicht um ein neues Kleidungsstück, sondern lediglich um eine neue Art, das alte zu tragen, um sich äußerlich zu unterscheiden.[2] Das Wörterbuch *Lissan al-Arab* liefert eine recht vage Definition vom *Jilbab* (Singular); der Begriff bezeichnet gleichzeitig mehrere Kleidungsstücke, vom einfachen Hemd *qamis* über eine Art Obergewand *milhafah* bis zum Leintuch. In einer Definition des Wörterbuchs ist der *Jilbab* ein sehr großes Tuch, das die Frauen tragen, in einer anderen handelt es sich um ein Tuch, mit dem die Frauen Kopf und Brust bedecken.

Daß die Sklavinnen zur Prostitution erniedrigt wurden, ist eine Tatsache, die der Koran als Spiegel des damaligen gesellschaftlichen Lebens und der vorislamischen Praktiken bestätigt. In Vers 33 der Sure 24 *aan-nur*, »Das Licht«, die die

Frage der Zina, der Ausschweifung, anspricht, wird das Vorhandensein einer organisierten Prostitution in Medina bezeugt. »*Und zwingt nicht eure Sklavinnen, wenn sie ein ehrbares Leben führen wollen, zur Prostitution (al-Baghaa), um [auf diese Weise] den Glücksgütern des diesseitigen Lebens nachzugehen!*«[3] Gott rät denen, die sich dieser Art des Handels hingeben: »*Und wenn welche von euren Sklaven einen Freibrief haben wollen, dann stellt ihnen einen solchen aus, falls ihr eine gute Meinung von ihnen habt.*«[4] In der *Isaba*, der Biographiensammlung der ersten Muslime, liefert ibn Hajjar Details über das Leben Umaimas und Musaikas, zweier Sklavinnen von 'Abdallah ibn Ubay, »die er zur Prostitution zwang und die sich beim Gesandten Gottes beklagten. Als Antwort auf ihre Klage offenbarte Allah den folgenden Vers: *Und zwingt nicht eure Sklavinnen zur Prostitution (...).*«[5]

'Abdallah ibn Ubay ist niemand anderes als jener ehrlose Mensch aus dem Stamme der Chasradsch, der Verleumdungen über Aischa und Safan verbreitete. Safan brachte Aischa damals, anläßlich der Begebenheit mit der Halskette, ins Lager zurück. 'Abdallah ibn Ubay war es gewohnt, Gewalt und Zwang auf seine Sklavinnen auszuüben: »'Abdallah ibn Ubay schlug Musaika, um sie zur Hingabe zu zwingen, in der Hoffnung, sie zu schwängern und um später über das Kind zu verfügen.« Ibn Hajjar betonte, daß »die irdischen Güter«, die 'Abdallah ibn Ubay über Musaika zu erlangen suchte, von der sexuellen Befriedigung einmal abgesehen, Sklavenkinder waren, die auf diese Weise gezeugt werden sollten.[6] Da Musaika muslimischen Glaubens war, sah sich der muslimische Gott gezwungen, durch Verse einzugreifen, um die Gewalt an den Sklavinnen und die Prostitution zu verurteilen. Musaika »verweigerte den Dienst, zu dem 'Abdallah sie zwingen wollte«. Es ist verständlich, daß dieser Mann so sehr gegen Mohammed aufbegehrte und zu einem der hartnäckigsten Anführer der medinensischen Opposition wurde. Die Bestrebungen Mohammeds, den Frauen dieselben Rechte einzuräumen wie den Männern, brachten die 'Abdallah ibn Ubays um beachtliche finanzielle Einnahmequellen, die sie aus der Versklavung der Frauen erlangten. Der Islam konnte nur in einem Kräftespiel den Bruch mit den Sitten und Bräuchen der polytheistischen Epoche vollziehen, indem es ihm gelang, sich erfolgreich gegen die Vorrechte der Stammesaristokratie durchzusetzen und Position gegen die Versklavung von Männern wie von Frauen zu beziehen.

Eine egalitäre Nation wie die muslimische *Umma* konnte sich ohne die Verurteilung der Sklaverei, ganz besonders der der Frauen, bei der die Mißbräuche offen zutage traten, nicht entwickeln. Es existierte jedoch noch ein anderer, wesentlich pragmatischerer Grund, der dafür sprach, den Status der Sklavin neu zu definieren. Die neue muslimische Familie setzte neue Maßstäbe, indem sie der großen sexuellen Freiheit, die vorher herrschte, Beschränkungen auferlegte. Es scheint schwer, dies nachzuvollziehen, erweckt doch die muslimische Familie heute den Anschein einer Stätte, in der der Mann als Polygamist über besonders große Freiräume verfügt. Besitzt etwa der Ehemann nicht das wunderbare Recht, seine Frau auf der Stelle zu verstoßen, indem er einfach die Worte »ich verstoße dich« ausspricht und der Richter den Wunsch des Mannes nur noch zur Kenntnis zu nehmen hat? Während der vorislamischen Zeit wurde dem Mann jedoch eine so große sexuelle Freizügigkeit zugestanden, daß die beiden muslimischen Regeln, die der *Idda* (Zeitraum, während dessen sich die geschiedene oder verwitwete Frau vor Ablauf mehrerer Monate nicht wiederverheiraten darf) und die der Vaterschaft, der Bindung des Kindes an seinen Erzeuger, enorme Einschränkungen darzustellen schienen. Obwohl unsere Kenntnis der vorislamischen Zeit bei weitem noch nicht ausreicht, läßt sich behaupten, daß eine Frau, die weder von Adel war, noch einem Stamm angehörte, der sie im Kriegsfall gegen Lösegeld zurückkaufen konnte, noch unter dem Schutz eines Ehemannes stand, eine Frau war, die ständig Gefahr lief, in Gefangenschaft zu geraten, das *Ta'arrud* zu erleiden, oder von ihrem Entführer versklavt zu werden. Der Islam konnte die patriarchalische muslimische Familie, in der es das mindeste ist, daß man weiß, wer der Vater des Kindes ist, nicht institutionalisieren, ohne sich um das Los der Sklavinnen zu kümmern. Ich insistiere deswegen auf diesem Zusammenhang, weil ich denke, daß dem Rückgriff auf den Hijab als Methode der Kontrolle des Geschlechtslebens – einer bestimmten Kategorie von Frauen zum Schaden, einer anderen zum Schutze – eine Denkweise innewohnt, die ungehindert weiterexistieren kann.

Wenn der Hijab die Antwort auf die sexuelle Aggression *Ta'arrud* ist, so ist er aber auch gleichzeitig ihr Spiegel. Er verdichtet und reflektiert diese Aggression, indem er zugibt, daß der weibliche Körper *'Aura* (wörtlich »Nacktheit«, verletzbarer, wehrloser Körper) ist. Der Hijab der Frauen war so, wie er im vom Bürgerkrieg geplagten Medina definiert wurde, das Eingeständnis, daß die Straße einen Ort darstellte, an dem *Zina* erlaubt war. Der Begriff *Ta'arrud* beinhaltete eine Vorstellung von Gewalt, Druck, Zwang: »Die Sklavinnen, so berichtet ibn Saad, die in Medina lebten, wurden von Unvernünftigen *Sufaha* bedrängt, die sich ihnen auf den öffentlichen Wegen näherten und sie angriffen. Damals konnte die freie Frau, die auf die Straße ging und die sich in ihrer Kleidung nicht von der Sklavin unterschied, mit dieser verwechselt werden, und sie erfuhr dieselbe Behandlung.«[7] Ibn Saad ist einer der wenigen Historiker der ersten Jahrhunderte, bei dem man eine gewisse Distanz gegenüber der Materie, die er behandelt, und der Analyse, die er macht, feststellen kann. Er unterscheidet außer dem Ereignis, bei dem der Hijab offenbart wurde – der Heirat Zainabs – tiefergehende Gründe, die den Gesetzesgeber, Allah selbst, zu einer solchen Lösung bewogen.

Die Hinwendung zum Hijab bleibt unverständlich, wenn man sich nicht klarmacht, was Zina, jene »unstatthafte« Sexualität, gegen die der Islam ankämpfte, bedeutete. Dazu ist es nötig, in die vorislamische Zeit und zu ihren Gesetzen zurückzukehren. Bukhari beschreibt vier Arten der Eheschließung aus der vorislamischen Zeit. »Die erste dieser Eheschließungen ist mit der heutigen vergleichbar: Der Mann hielt beim Vormund oder dem Vater um die Hand der Frau an, zahlte eine Mitgift und vollzog anschließend die Ehe. Die zweite Art der Heirat ging folgendermaßen vonstatten: Der Mann sagte zu seiner Frau: 'Wenn du von deiner Regel rein sein wirst, lasse X ausrichten, daß du mit ihm zusammen sein möchtest.' Daraufhin hielt sich der Mann von seiner Frau fern und berührte sie nicht mehr, bis sie die Anzeichen einer Schwangerschaft von jenem Mann zeigte (...) Die dritte Art der Eheschließung geschah so: Von einer Gruppe von Männern, höchstens zehn, unterhielt jeder Beziehungen zur selben Frau. Wenn diese Frau schwanger geworden war, sie entbunden hatte und einige Tage nach der Geburt vergangen waren, bat sie diese verschiedenen Männer zu sich, und keiner von ihnen durfte bei dieser Zusammenkunft fehlen. Wenn dann alle versammelt waren, sprach sie folgende Worte zu ihnen: 'Ihr wißt, was aus euren Beziehungen zu mir hervorgegangen ist. Ich habe ein Kind geboren. Dieses Kind ist dein

Sohn, X, gib ihm den Namen, den du wünschst (...)'. Die vierte Art der Ehe sah so aus: Eine große Anzahl von Männern hatte Beziehungen zu derselben Frau, die sich keinem, der bei ihr vorstellig wurde, verweigerte. Die Prostituierten stellten vor ihrer Tür eine Fahne auf, die ihnen als Erkennungszeichen diente. Wer wollte, konnte eintreten. Wenn eine solche Frau schwanger wurde und niederkam, versammelten sich alle ihre Kunden bei ihr. Man rief die Physiognomen herbei, die das Kind dem Manne zusprachen, von dem sie annahmen, er sei der Vater (...).«[8] Bukhari gebraucht den Terminus »Ehe«, ohne daß deutlich wird, ob er ihn dem Begriff »Verbindung« entgegensetzt. Er gibt keinerlei Hinweise auf die gesellschaftliche Bedeutung dieser Ehen oder die soziale Herkunft der Beteiligten, wobei die beiden letzten Formen der Ehe sicherlich in den Bereich der Prostitution gehören. Wurde das Verhältnis von 'Abdallah ibn Ubay mit Musaika etwa als »Ehe« betrachtet? Eine Menge Fragen bleiben noch offen. Es ist Aufgabe der künftigen Forschung, Licht in dieses Dunkel zu bringen, damit der Islam wieder zu dem wird, was er zu Beginn sein wollte: eine Erfahrung, die den Anspruch auf Wissenschaftlichkeit erhob, die mit einer Wirklichkeit verbunden war, in der das Wissen eine bedeutende Rolle spielte. Zweifellos würde die wissenschaftliche Forschung den traditionellen Islam empfindlich stören, denn wie bekannt ist, haben es gewisse muslimische Staatschefs zur Verblüffung der Fuqaha vorgezogen, die Prostitution der Steuer zu unterwerfen, anstatt sie zu verbieten und zu bekämpfen. Dies geschah z.B. während der Fatimidendynastie.[9]

Der Islam als zusammenhängendes System von Werten, das die Gesamtheit der Verhaltensweisen einer Person und einer Gesellschaft bestimmte und das den Entwurf einer egalitären Gesellschaft voraussetzte, beruhte letztendlich auf einem Detail, das viele seiner Schüler, an ihrer Spitze 'Umar, als zweitrangig betrachteten: auf dem Willen der Frau als Instanz, die bei der Gestaltung der Gesellschaft berücksichtigt werden mußte. Für 'Umar war die Lösung einfach. »'Umar wünschte inständig *(Mahibbatan Chadidah)*, daß der Hijab für alle Frauen zur Pflicht würde. Immer wieder sagte er zum Propheten: Gesandter Gottes, du empfängst unterschiedslos alle Leute, moralische Menschen wie verderbte. Weshalb befiehlst du nicht den Müttern der Gläubigen, den Hijab zu tragen?«[10] Der Prophet blieb trotz aller Angriffe standhaft und stimmte der Einführung des Hijab nicht zu, da er die Sorgen 'Umars nicht teilte. 'Umar war mutig, gerecht, aufrichtig, selbstlos, fromm, aber er teilte nicht Mohammeds Glauben an Tugenden wie Sanftmut und Gewaltlosigkeit, Schlüsselbegriffe der neuen Botschaft, der neuen Religion. In der Praxis waren es die Regeln des Anstands im Alltag, die Höflichkeit. In der Theorie war es das Erstarken des Individuums als Sitz eines geheiligten Willens, der der Gewalt die Legitimität entzieht und die Überwachung überflüssig macht. Mohammed bestand auf der Höflichkeit. Er selbst war sehr schüchtern *(Hayaa)*, einige Verse geben ein Bild von diesem Charakterzug, der ihn schließlich, ausgelöst durch die Taktlosigkeit zweier Mitmenschen, zur Einführung des Hijab bringen sollte. Ein Heim zu haben, das allen offenstand, so dachte er, mußte nicht notwendigerweise bedeuten, daß die Menschen unentwegt aus und ein gingen. Der Hijab war das genaue Gegenteil dessen, was er eigentlich hatte erreichen wollen: Der Hijab verkörperte die fehlende innere Kontrolle, er verschleierte den souveränen Willen, der die Gesellschaft ordnete und regelte. 'Umar konnte all dies nicht verstehen, da er niemals über den Begriff des Individuums nachgedacht hatte, auf dem die neue Religion fußte. Er fand, die einzige Art, die Ordnung wiederherzustellen, sei, Schranken zu errichten und die Frauen, Ursache von Neid und Mißgunst, zu verstecken. Unglücklicherweise entstanden die Konflikte und Debatten, die der Hijab innerhalb des auf Gleichheit ausgerichteten Islams auslöste, erst am Ende des Lebens von Mohammed, als er militärisch angeschlagen war und von den Bewohnern der Stadt, in der er alle seine Träume verwirklichen wollte, angefeindet wurde. 'Umar, für den die Errichtung von Schranken die einzige Möglichkeit zur Bekämpfung von Gewalt war, dachte in anderen Kategorien. Er hatte stets die unkontrollierbare Herde vor Augen, die das unwissende vorislamische Arabien, die *Jahiliya* verkörperte. Er war außerstande, trotz seiner Liebe zum Propheten und seinem Gott, dem er mit bewunderungswürdiger Integrität diente, sich den Traum des Propheten zu eigen zu machen. Als Kämpfer, Krieger, wie die meisten Männer der Tat, dachte er weder über die Auswirkungen einer Handlungsweise noch über die dadurch beim Feind möglicherweise ausgelösten Reaktionen lange nach. In vielen Fällen fragte der Prophet zunächst seine Vertrauten um Rat, bevor er eine Entscheidung traf. In der Regel war es 'Umar, der zuerst sprach. Seine Einschätzungen waren jedoch häufig unbrauchbar und strategisch gefährlich, so daß sich der Prophet schweigend zu den anderen Vertrauten wandte, um sie aufzufordern, weiter über die Angelegenheit nachzudenken und dabei alle Gesichtspunkte in Betracht zu ziehen. So riet 'Umar während der Schlacht von Honain zur Tötung aller Gefangenen, während der weitsichtigere Prophet entschied, sie als Druckmittel einzusetzen, um den Feind zum Glaubensübertritt zu zwingen.

Der Islam Mohammeds weist den Gedanken der Kontrolle, des polizeilichen Überwachungssystems, weit von sich, dies ist auch der Grund für das Fehlen des Klerus. Jeder Muslim ist aufgefordert, sich selbst mit dem Heiligen Buch auseinanderzusetzen, um es zu verstehen. In einer *Umma* von Gläubigen, deren Verhaltensweisen präzisen, verinnerlichten Regeln folgen, hebt die Eigenverantwortlichkeit die Kontrolle durch die Geistlichkeit auf, so daß diese schließlich überflüssig wird. Die Anerkennung des unveräußerlichen Willens der Frau ist daher ein Teil dieser Strategie umfassender Übertragung von Verantwortung. 'Abdallah ibn Ubay wußte sehr gut, daß er seinen Sklavinnen nicht länger Zwang antun konnte, nachdem Aischa und umm Salma weiter nach der Befreiung der Frauen riefen und frei umhergingen, um ihre Freiheit und Eigenständigkeit zu bekunden, die sie für alle forderten. 'Abdallah ibn Ubay hatte recht: Setzte sich der Wille der Frauen durch, so blieben sie nicht länger Gegenstand privater sexueller Vergnügungen, den man entführt, austauscht, stiehlt, kauft oder verkauft. Um dies zu verhindern, mußte man die Frauen des Propheten angreifen und beweisen, daß sie dem uralten Schicksal der Frau nicht entrinnen konnten, dem Schicksal, ein Wesen ohne Urteilsvermögen und Willen zu sein, ein Gegenstand, der dem Willen anderer unterworfen ist.

Was 'Umar mit dem Schleier bezwecken wollte, liegt auf der Hand: Als die Heuchler, die den Frauen nachstellten, aufgefordert wurden, ihr Tun zu rechtfertigen, gaben sie an, »sie hätten die Frauen für Sklavinnen gehalten«, und »Gott habe den Frauen befohlen, ihre Kleidung zu verändern *(Zayyahunna)*, um sich von den Sklavinnen abzuheben, indem sie sich mit ihrem *Jalbib* bedeckten.«[11] Es mußte eine Möglichkeit gefunden werden, die Sklavinnen – die einzigen, bei denen *Zina* in Frage kam – von den freien Frauen, den Gattinnen der Aristokraten und mächtigen Männer, bei denen solche Annäherungsversuche untersagt waren, zu unterscheiden. Die freien Frauen »machten sich kenntlich, um den Belästigungen zu entgehen. Es war besser für sie, sich kenntlich zu machen (...) Die Frau verschleierte ihr Gesicht und ließ nur ein Auge frei.«[12] Nicht mehr lange, und der Vers wurde offenbart, der die freien Frauen verschleiern sollte: »Sage Prophet, deinen Frauen und Töchtern und den Frauen der Gläubigen, daß sie ihr Übergewand über ihr Antlitz ziehen sollen, wenn sie ausgehen; so ist es schicklich, damit man sie als ehrbare Frauen erkenne und sie nicht belästige.«

Im Kampf zwischen Mohammeds Traum von einer Gesellschaft, in der die Frauen unbehelligt ausgehen konnten, weil allein der muslimische Glaube als soziale Kontrolle wirkte, die der Begierde Schranken auferlegte und der Moral der Heuchler, die in der Frau nichts anderes als einen Gegenstand von Gewalt und Mißgunst sahen, siegte schließlich letztere. Der Schleier war der Triumph der Heuchler: Den Sklavinnen wurde weiterhin auf der Straße nachgestellt und Gewalt angetan. Die weibliche muslimische Bevölkerung wurde künftig durch einen Hijab in zwei Kategorien gespalten: die freien Frauen, gegen die Gewaltanwendung untersagt war, und die Sklavinnen, bei denen das *Ta'arrud* erlaubt war. Mit der Logik des Hijab tritt die Gewalt des Stammes an die Stelle der Vernunft des Gläubigen, die der muslimische Gott als unabdingbar für die Unterscheidung von Gut und Böse betrachtet. Der Islam nennt sich Religion der *Ayat*, was gewöhnlich mit »Verse« übersetzt wird, was aber wörtlich »Zeichen«, im semiotischen Sinn, bedeutet. Der Koran ist eine Summe von Zeichen, die von der Vernunft *'Aql* entschlüsselt werden müssen, einer Vernunft, die den einzelnen zum Verantwortungsträger macht und ihn über sich selbst verfügen läßt. Damit Gott seine Existenzberechtigung als Herrscher, Gesetzesgeber und soziale Kontrollinstanz erlangen konnte, mußte die Instanz, die diese Funktion zuvor wahrgenommen hatte, die Stammesherrschaft, verschwinden. Mit dem Hijab erwacht die Vorstellung, daß die Straße in der Hand des *Safih*, des Unvernünftigen, ist, der seine Begierde nicht zähmen und der nur durch einen Stammesfürsten unschädlich gemacht werden kann, zu neuem Leben.

Der Prophet hatte, bedingt durch die militärische Krise Medinas der Jahre 5, 6 und 7, wenig Möglichkeiten, der Unsicherheit in der Stadt entgegenzuwirken: Er mußte sich entweder dieser Unsicherheit stellen, sie hinnehmen, akzeptieren und darauf warten, daß sich der Glaube an Gott und seine Religion als neue Quelle der Macht im Bewußtsein der Menschen verankert, oder aber den Stamm als polizeiliches Kontrollorgan wiedereinsetzen. Entschied er sich für die erste Alternative, so blieb ihm nichts anderes übrig, als darauf zu warten, daß Gott seine Macht durch den militärischen Erfolg bewiese. Im zweiten Fall würde der Stamm sofort für Sicherheit sorgen. Allah und seine Gemeinschaft würden jedoch auf immer und ewig aus dem Gedächtnis der Menschen verschwinden, und mit ihnen auch die Neuerungen, die sich von allem bisher Dagewesenen unterschieden. Der Erfolg der Botschaft Mohammeds, seines Traumes von einer Gemeinschaft, in der der Einzelne geachtet wird, Rechte hat, und dies nicht, weil er einem Stamm angehört, sondern einfach, weil er fähig ist zu glauben, daß ein Band zwischen ihm und einem Gott besteht, hingen von der Rolle ab, die dem Stamm während dieser Übergangsphase zugewiesen wurde. Die Macht des Stammes stellte eine Gefahr dar. Sie auf irgendeine Weise als Kontrollinstanz zu tolerieren, war eine Kompromißlösung, die schwer wog gegenüber dem muslimischen Ideal vom vernunftbegabten Menschen, der sich selbst kontrolliert.

'Umars Lösung, jene des Hijab-Vorhangs, die darin bestand, die Frauen zu verstecken, statt die Einstellungen zu ändern, sollte die Bedeutung des Islams als Zivilisation, als Möglichkeit der Reflexion über den Einzelnen und seine Rolle in der Gesellschaft verdunkeln – eine Reflexion, die aus den Anfängen von *Dar al-Islam* (die Erde des Islams) ein bahnbrechendes Experiment hinsichtlich der Freiheit des Individuums und der Demokratie gemacht hat. Dann aber kam der Hijab auf Medina herab und hat der Erinnerung den Antrieb der Freiheit genommen. Fünfzehn Jahrhunderte später sollte paradoxerweise die koloniale Gewaltherrschaft die muslimischen Staaten dazu zwingen, das Kapitel über die Rechte des Individuums und der Frau neu aufzuschlagen. Es ist keine Diskussion über die Demokratie denkbar, die sich nicht auf die Frau bezieht und jenes lächerliche Stückchen Stoff aus feinstem Musselin, das die Integristen heutzutage zum Wesen der muslimischen Identität machen wollen.

Schlußbetrachtung

Eine Reise nach Medina zu unternehmen und mitten im Bürgerkrieg nach Hause zurückzukehren, ist vielleicht nicht die beste Art, eine Pilgerfahrt zu den Ursprüngen zu beschließen. Wir hätten bis zum Jahre 630 (8 d.H.) warten und dem triumphalen Einzug Mohammeds in die Ka'ba nach der Eroberung Mekkas beiwohnen können. Wir hätten mit ihm zusammen den Erfolg eines Mannes feiern können, der nur zu gut wußte, daß man Prophet niemals nur im eigenen Lande sein kann. Wir hätten zusehen können, wie er die Götzenbilder zerschlug, die Symbole des heidnischen Arabiens: »Der Prophet zog, auf einem Kamel reitend und das Haupt von einem schwarzen Turban umschlungen, in die Stadt ein. Vor ihm ritt Ali, seine Standarte in Händen, umringt von Muhadschirun und Ansarn. Als der Prophet die Tore der Stadt erreichte, gab er Befehl, sein ledernes Zelt aus Taif auf der Anhöhe aufzuschlagen, auf der Zubair seine Fahne gehißt hatte (...) Am zwanzigsten des Monats Ramadan zog der Prophet feierlich in den Tempel ein. An der Pforte stieg er von seinem Kamel ab, trat auf den Vorplatz und umwanderte die Ka'ba, wie es Vorschrift war. Unterdessen hatten die Einwohner Mekkas vernommen, daß es kein Massaker geben würde; sie verließen ihre Häuser und strömten zum Tempel. Nachdem er seine Runden beendet hatte, befahl der Prophet, die Pforte des Tempels zu öffnen und alle Götzenbilder hinauszutragen und zu zerschlagen (...) Dann trat er ins Freie, hielt an der Pforte inne und richtete seinen Blick auf den Vorplatz, auf dem sich die Einwohner Mekkas drängten. Er streckte die Hand nach dem Türring aus, wandte sich zu der Menge, und von der Schwelle aus sprach er folgende Worte: 'Gelobt sei Gott, der seinen Diener zum Sieg geführt und der das Versprechen erfüllt hat, welches er ihm gab. Ja, er hat mir versprochen, mich nach Mekka zurückzuführen; und er hat meine Feinde in die Flucht geschlagen.'«[1]

Wir hätten bis zum nächsten Tag warten können, als er auf der Anhöhe von Safa die Männer Mekkas empfing, die mit ihren Anführern zu ihm kamen, um das Glaubensbekenntnis zu sprechen und den Treueschwur abzulegen.

Wir hätten bis zum vierten Tag nach dem Einzug in Mekka warten und dem Treueschwur der Frauen beiwohnen können, der mit einem symbolischen Ereignis begann. Die Frauen weigerten sich, angeführt von Hind bint 'Otba, der Frau Abu Sufiyans (dem früheren Oberhaupt und militärischen Befehlshaber Mekkas), 'Umar den Schwur zu leisten, wie der Prophet es vorgesehen hatte. Hind stieß ihn zur Seite und ging auf Mohammed zu: »Dir wollen wir den Schwur leisten, und mit dir wollen wir unseren Pakt schließen (...).« Als Mohammed an dem Teil des Treueschwurs angelangt war, der speziell die Frauen betraf, konnte sich Hind trotz der Feierlichkeit des Augenblicks nicht zurückhalten: »Du zwingst uns Pflichten auf, die du den Männern nicht abverlangt hast. Aber wir nehmen sie an, denn wir wollen nicht treulos sein.«[2] Der Prophet verlangte von den Frauen, daß sie schworen, »ihre Kinder nicht zu töten«. Hind fand, daß es ihm nicht zustand, ihm, dem Heerführer, bei dessen Schlachten Blut vergossen wurde, den Frauen gegenüber, die Leben schenkten, einen solchen Schwur abzuverlangen: »Wir haben Kinder zur Welt gebracht und haben sie aufgezogen, aber du hast sie am Tag von Badr getötet.« Weshalb enthielt der Treueschwur der Frauen eine solche Klausel? Die Quellen sind sich hierüber nicht einig. Wurde damit auf die Abtreibung oder die Tötung der Mädchen angespielt? Viele muslimische Autoren messen dem Kindesmord, den sie im übrigen mit der Frage der Ehre in Verbindung bringen, übertriebene Bedeutung bei. Der Kindesmord stellt die letzte Verbindung zu den Menschenopfern der heidnischen Kulte dar und war anderen Quellen zufolge äußerst selten.[3]

Das Vorgehen Hinds zeigt, daß die adligen Frauen von Quraish als gesellschaftliche Gruppe nicht nur genügend Wertschätzung genossen, um wie die Männer zum Treueschwur aufgerufen zu werden und an den Verhandlungen mit dem neuen militärischen Oberhaupt der Stadt teilzunehmen, sondern daß sie auch offen ihre Kritik am Islam äußern durften. Sie wollten die neue Religion nicht annehmen, ohne genau zu wissen, inwieweit sie ihre Lage verbessern würde. Die kritische Einstellung der Frauen ihrem politischen Oberhaupt gegenüber sollte während der ersten Jahrzehnte des Islams lebendig bleiben. Sie verschwand erst mit dem aufkommenden Absolutismus – mit Mu'awiya und der offiziellen »Dynastisierung« der Macht – dem Untergang des aristokratischen Stammesbewußtseins bei der Entstehung des muslimischen Staates und dem Untergang des Islams als prophetische Erfahrung mit dem die Gleichheit, so sehr sie auch nur als Möglichkeit vorhanden war, die Tür zum Traum eines demokratischen Handelns öffnete.

Wir hätten in Medina bis zur Rückkehr Mohammeds, nachdem er Mekka erobert hatte, verweilen und an den Siegesfeiern teilnehmen können. Aufgrund des militärischen Erfolges war die Ruhe in den Straßen wieder eingekehrt, und die »Menschen, deren Herzen krank waren«, die *Sufahas*, oder die Unvernünftigen, wurden vorsichtig und krochen wieder in ihre Schlupfwinkel.

Leider bestimmt man meist nicht selbst das Ende einer Reise, besonders der Reisen, die durch ihre Bedeutung das Leben verändern. Für die Frauen sollte die Sicherheit nie wieder in die Stadt einkehren. Ähnlich wie bei den Träumen, folgt die Reise in die Zeit eigenen Gesetzen. Das Medina der Frauen wird für immer der Vergangenheit angehören. Die Frauen werden sich künftig in den Straßen gnadenloser, unsicherer Städte bewegen müssen, stets auf der Hut, versteckt unter ihrem *Jalbib*. Der Schleier, der sie vor der Gewalt der Straße schützen sollte, wird sie durch die Jahrhunderte begleiten, wie auch immer die militärische Lage der Stadt sein wird. Für sie wird der Frieden nie wieder einziehen. Die muslimischen Frauen werden ihren Hijab mit sich führen, jenes Überbleibsel aus einem Bürgerkrieg, der niemals enden wird.

Einige jedoch werden versuchen, Widerstand zu leisten, den Hijab ablehnen und das Recht fordern, *baraza*, unverschleiert, auszugehen (ein Begriff, der von nun an im Wörterbuch *Lissan al-Arab* zu finden ist). »Eine *Barza*-Frau ist eine Frau, die ihr Gesicht nicht versteckt und ihr Haupt nicht zu Boden senkt«, und das Wörterbuch fügt hinzu, daß sie eine Frau ist, »die zu den Leuten geht und sie bei sich empfängt«, Männer natürlich auch *(Yajlissu ilayha al-Qawm)*. Eine *Barza*-Frau ist auch eine Frau, deren »Urteilsvermögen geschätzt wird«. Ein *Barza*-Mann oder eine *Barza*-Frau sind Menschen, die für ihre Vernunft *'Aql* bekannt sind. Wer sind diese Musliminnen, die dem Hijab widerstanden haben? Die berühmteste ist Sakina (oder Sukaina mit Kosenamen), eine der Urenkelinnen des Propheten aus der Abstammungslinie seiner Tochter Fatema, der Gattin Alis, des berühmten Alis, dem unglücklichen vierten »rechtgeleiteten« Kalifen, der Mu'awiya die Macht überließ und von dem ersten muslimischen Terroristen ermordet wurde. Seine Söhne sollte dasselbe tragische Schicksal ereilen wie ihn selbst. Sukaina war im übrigen beim Massaker an ihrem Vater in Karbala zugegen. Dieses schreckliche Ereignis erklärt teilweise ihr Aufbegehren gegen den politischen, den unterdrückerischen und despotischen Islam und gegen alles, was die Freiheit des Einzelnen behinderte, den Hijab eingeschlossen.

Sukaina wurde im Jahre 49 (ungefähr 671) geboren. Ihre Schönheit wurde in den Liedern gerühmt – das, was die Araber Schönheit nennen – eine explosive Mischung aus körperlicher Anmut, scharfem Verstand und spitzer Zunge. Die mächtigsten Männer wetteiferten um sie, Kalifen und Prinzen boten ihr die Heirat an, aber sie lehnte alle aus politischen Erwägungen ab. Letztendlich wurde sie dennoch die Frau von fünf (manche sagen auch sechs) Ehemännern. Einige dieser Ehen löste sie wieder, einigen ihrer Männer machte sie flammende und leidenschaftliche Liebeserklärungen, einen brachte sie wegen Untreue vor Gericht, und keinem verpflichtete sie sich zur *Ta'a*, dem Prinzip des Gehorsams, Schlüssel der muslimischen Ehe. In ihren Eheverträgen sprach sie ihren Männern das Recht auf Polygamie ab und legte fest, daß sie nicht gehorchen, sondern nach ihrem eigenen Kopf leben wolle, um sich ungehindert der Politik und der Poesie widmen zu können. Sie empfing Dichter in ihrem Haus und wohnte ihren Ehemännern zum Trotz den Ratsversammlungen von Quraish bei, die den heutigen Stadtverordnetenversammlungen einer demokratisch verwalteten Stadt entsprechen.[4] Ihre Persönlichkeit, die die Historiker fasziniert und veranlaßt hat, ihr Seite um Seite, sogar ganze Biographien zu widmen, wurde von der harten Wirklichkeit der Geschichte gezeichnet: dem Massaker an ihrem Vater Hussein ibn Ali in Karbala, einem der empörendsten Morde der islamischen Geschichte. Es war derselbe friedfertige Hussein, der Mu'awiya schriftlich seine Entscheidung mitteilte, daß er auf das Kalifat verzichte, ließe man ihn und seine Familie in Frieden leben. Er war Dichter und feierte die Frauen, die er über alles liebte: Rabab, seine Gattin, und Sakina, seine Tochter. Als er sich nach dem Tod Mu'awiyas weigerte, dessen Sohn den Treueschwur zu leisten, wurde er in Karbala, inmitten seiner Angehörigen, im Beisein Sakinas, getötet.[5] Dies geschah am Ashura-Tag, dem 10. Oktober 680. Sakina empfand ihr Leben lang Verachtung für die Dynastie der Omaiyaden und ihre blutrünstigen Praktiken und scheute sich nicht, diese Verachtung in Worte zu fassen. In den Moscheen schleuderte sie heftige Angriffe gegen die Omaiyaden, beleidigte ihre Statthalter und Vertreter bei jeder sich bietenden Gelegenheit, ja sie bemühte sich darum, viele solcher Gelegenheiten herbeizuführen.

Sie ließ einen ihrer Ehemänner einen Ehevertrag unterzeichnen, der ihr das Recht zum *Nushuz*, »dem Aufbegehren gegen die Autorität des Mannes« einräumte und das die Fuqaha so sehr quälte. Sie forderte das Recht, *Nachiz* zu sein, und sie schmückte sich damit wie mit ihrer Schönheit und ihrer Begabung, um so die Bedeutung und die Vitalität der Frau in der arabischen Tradition unter Beweis zu stellen. Voller Bewunderung und Achtung erinnern die Historiker an die Auseinandersetzungen in ihren Ehen, an den Prozeß, den sie gegen einen ihrer Gatten führte, der das Gesetz der Monogamie verletzt hatte, zu dem sie ihn im Ehevertrag verpflichtet hatte. Der Richter, der über die Vertragsbedingungen völlig erstaunt war, mußte wohl oder übel ein Urteil fällen, zumal seine eigene Frau dem Prozeß des Jahrhunderts beiwohnte, und der Kalif einen Emissär gesandt hatte, der ihn über den Stand des Verfahrens auf dem laufenden halten sollte.

Wie überrascht war ich, als ich bei einem Vortrag, den ich

in Penang, Malaysia, 1984 hielt, der Lüge bezichtigt wurde, weil ich Sakina als einen Typ der traditionellen muslimischen Frau darstellte, über den es sich nachzudenken lohne. Mein Ankläger, ein Pakistani, Herausgeber einer islamischen Zeitschrift in London, schnitt mir das Wort ab, indem er vor den Anwesenden aufgeregt rief: »Sakina ist im Alter von sechs Jahren gestorben!« Indem er versuchte, mir das Mikrofon zu entreißen, wiederholte er, wutentbrannt und auf Rache sinnend: »Sie ist in Karbala mit ihrem Vater gestorben! Sie ist in Karbala gestorben!« Dann, sich selbst die bequeme Rolle des Kadi zusprechend, forderte er mich auf, ihm die Quellen zu nennen, aus denen ich meine Version der Geschichte Sakinas schöpfe. Ich konnte ihm augenblicklich eine Liste von Namen vorlegen, auf arabisch natürlich. Er betrachtete sie mit Verachtung und behauptete, das alles sei sehr mager. Auf der Liste standen die Namen von ibn Qutaiba, ibn 'Abd Rabbih, ibn 'Asakir, Zamakhchari, ibn Saad, ibn al-Ma'ad, al-Abahani, ad-Dahbi, as-Safdi, al-Wachaa, al-Bukhari, kurzum die großen Namen der muslimischen Geschichte. Später habe ich erfahren, daß dieser bedeutende Journalist, dessen Zeitschrift vorgab, zu einer besseren Kenntnis der Arabischen Welt beizutragen, weder arabisch sprechen noch lesen konnte. Sakina starb im Alter von 68 Jahren (im Jahre 117 d.H.) in Medina. Nach anderen Quellen starb sie mit 77 Jahren in Kufa, was eher unwahrscheinlich ist, denn sie liebte weder den Irak noch die Iraker: »Ihr habt meinen Großvater ('Ali) getötet, meinen Vater (Hussein), meinen Onkel (Hassan, einen anderen Sohn 'Alis) und meinen Ehemann«, sagte sie im Hinblick auf ihre Witwenschaft. Mos'ab ibn Az-Zubair, einer ihrer Ehemänner, den sie am meisten geliebt hatte, wurde von dem Omaiyaden Abd al-Malik ibn Marwan, dem fünften Kalifen der Omaiyaden-Dynastie (685-705) ermordet.[8]

Der verbale Angriff, dem ich mich ausgesetzt sah, und der Versuch eines modernen Muslimen – der seine Frau nur verschleiert, verschüchtert und mäuschenstill sieht – die Erinnerung an Sakina auszulöschen, bleiben für mich in jedem Fall ein Erlebnis, das die gesamte Problematik des Verhältnisses der Muslime zur Zeit ausdrückt, der Amnesie als Gedächtnis, der Vergangenheit als Verzerrung der Möglichkeiten der Gegenwart. Jean Genet, der sich in »Un Captif amoureux« (»Ein verliebter Gefangener«) tiefgehende Gedanken über die Erinnerung gemacht hat, findet die richtigen Worte, um jene seltsame Kraft des Vergangenen zu beschreiben, das in der Gegenwart weiterwirkt und sie verwandelt: »Jede dieser Erinnerungen ist wahr. Ein Hauch frischer Luft erweckte noch einmal den Augenblick zum Leben, der für immer vorüberging. Eine Erinnerung ist weniger als ein Tröpfchen Parfum, aber sie ruft den zerronnenen Augenblick noch einmal wach, sicher nicht in seiner damaligen Frische, doch anders, als durchlebte man ihn in einem anderen Leben.« Welch seltsames Schicksal hat die muslimische Vergangenheit ereilt, auf die sich so viele berufen, um Zensur auszuüben und zu strafen. Eine seltsame Erinnerung, in der sogar die Toten nicht vor Mordanschlägen verschont bleiben, wenn sie zufällig versuchen sollten, den Schleier über dem Mittelmaß und der Unterwürfigkeit zu lüften, die man uns als Tradition präsentiert.

Wie konnte es nur dazu kommen, daß wir mit der Muslimin jenes unterdrückte, unscheinbare Wesen verbinden, das im Dunkeln lebt und sich der Welt nur voll Angst und unter ihre Schleier gekauert zeigt? Weshalb braucht der muslimische Mann, um sein Gleichgewicht zu finden, eine derart verstümmelte Gefährtin? Georgi Zaydane zufolge glitt die Frau unter der Abbasiden-Dynastie in jene Abgründe. Jene

Zeit, die man uns gewöhnlich als das goldende Zeitalter (*al-'acr ad-Dahabi*, 8. und 9. Jahrhundert) präsentiert, war die Zeit der großen Eroberungen, aber auch die des Zustroms von fremdländischen Sklavinnen *Jariyas* aus den eroberten Gebieten: »Die Männer schenkten einander Jariyas, persische, römische, türkische usw.«[10] Mit der Expansion der Städte und dem wirtschaftlichen Aufschwung »wurde die arabische Frau völlig ins Abseits gedrängt, verlor sie all ihre Freiheit und ihren Stolz (...) und so begann die Verachtung der Frauen. Man sperrte sie ein und verriegelte Türen und Fenster um sie herum.«[11] Die Jariyas eigneten sich Wissen an, beschäftigten sich mit Poesie und Wissenschaft, um ihre Lage zu verbessern und mächtige Männer auf sich aufmerksam zu machen, die sich die Gesellschaft schöner und kluger Frauen zu ihrer Erquickung etwas kosten ließen. Sie gebaren Söhne, denen sie den Weg zur Macht freikämpften. Sie bedienten sich dazu der Intrige. Viele Kalifen waren Söhne von *umm Walad*, Sklavinnen, die in den Rang von Königinnen erhoben wurden. Harun Ar-Rachid (786-809) ist ein Beispiel für diese »goldene« Epoche, die die Märchen von »Tausendundeiner Nacht« unsterblich gemacht hat. Es war die Zeit, in der in den Straßen Bagdads jene faszinierenden betörenden Erzählungen ersonnen wurden, in denen sich Frauen und Männer vor dem Hintergrund von Intrigen und politischer Willkürherrschaft in inniger Umarmung ihren Träumen hingaben.

Es bleibt die Frage, weshalb heute das Frauenbild des »goldenen Zeitalters«, das der »Sklavin«, die in den Vorzimmern der Machthaber ihre Intrigen spinnt, wenn sie nicht zu verführen weiß, das ewig Weibliche des Islams symbolisiert, während die Erinnerung an umm Salma, an Aischa und Sakina verblaßt ist und seltsam weit und unwirklich erscheint.

Die Antwort müssen wir sicherlich in dem Spiegel der Zeit

suchen, in dem der Muslim sich betrachtet, um in die Zukunft zu sehen. Das Bild »seiner« Frau wird sich ändern, wenn er die dringende Notwendigkeit empfindet, seine Zukunft in einer frei zugänglichen Erinnerung zu verwurzeln, die Freiheit bedeutet. Vielleicht ist es die Pflicht der Frau, ihm dabei zu helfen, indem sie ihn durch ihre alltäglichen Forderungen an eine vielversprechende Gegenwart bindet. Und das ist die Gegenwart stets, denn alles ist in ihr möglich. Auch sich nicht zu erinnern und sich einfach vertrauensvoll dem Augenblick hinzugeben.

Anmerkungen

Einführung:

1. »Les femmes marocaines dans le développement économique et social, décennie 1975-1985«, Königreich Marokko, Handwerks- und Sozialministerium, Rabat 1984

2. Bukhari, *Sahih*, Sammlung authentischer Hadithe, mit einem Kommentar von Sindi, Dar al-Ma'rifa, Beirut 1978. Der zitierte Hadith findet sich auf S. 226, Bd. IV.

3. Ibn Hajar al'Asqalani, *Huda as-Sari, Muqaddimat Fath al-Bari*, kurz *Fath al-Bari*. Es handelt sich hierbei um den von ibn Hajar kommentierten Text Bukharis. Da ich, je nachdem, in welcher Bibliothek ich gearbeitet habe, zwei verschiedene Ausgaben zugrunde legte, wird im folgenden die jeweilige Ausgabe genauer bezeichnet. Der Hadith, auf den hier Bezug genommen wurde – über die Notwendigkeit, die Frauen von der Macht auszuschließen – befindet sich in der Ausgabe von al-Matba'a al-Bahiya al-Misriya (1928) auf S. 46, Bd. XIII bzw. in der Ausgabe von Maktabat Mustapha al-Bani al-Halabi bi Misr (1909) auf S. 166, Bd. XVI.

4. Die muslimische Welt ist in zwei Lager gespalten: in Sunniten und Schiiten (wörtlich Spalter). Beide Strömungen berufen sich in der *Fiqh* (auf dem Gebiet der Religionswissenschaft), vor allem, wenn es um die Shari'a, das islamische Recht, geht, auf eigene Schriften. Bei den Sunniten existieren vier Rechtsschulen *Madahib*. Die Malekiten folgen Malik ibn Anas (717-795 n. Chr.), die Hanafiten Abu Hanifa (gestorben 767 n. Chr.). Vorbild der Safi'iten ist as-Safi'i, Begründer der hanbalitischen Rechtsschule ist ibn Hanbal (gestorben 855). Die Unterschiede zwischen den Schulen liegen oftmals nur in juristischen Detailfragen.

5. *Muassassat at-Taqaia al-Jami'ia*, Alexandria.

6. Muhammad ibn 'Abd Allah ibn Suleiman 'Arafa, *Huquq al-Mar-a fi-l-Islam* (»Die Rechte der Frau im Islam«), al-Maktab al-Islami, 3. Aufl. 1980, ohne Ortsangabe, S. 149

7. Ibid, S. 150

8. Said al-Afghani, *Aicha et la politique*, Dar al-Fikr, Beirut, 2. Aufl 1971

9. Imam Zarkachi, *al-Ijaba li-Iradi Ma Istadrakathu 'Aıcha 'Ala as-Sahaba*, al-Maktab al-Islami, Beirut, 2. Aufl. 1980
10. *Ad-Dehbi*, »Siyar An Nubalaa«, Dal al-Fikr, Beirut, 2. Aufl. 1969
11. Said al-Afghani, op.cit., S. 341
12. Ibid., S. 142
13. Ibid., S. 348
14. Idem
15. Ibid., S. 342
16. Ibid., S. 246
17. Idem
18. Ibid., S. 8
19. Vgl. Anhang: Verwendete Quellen
20. Ibn Qayyim al-Jawziya, *al-Manar al-Munif fi as-Sahih wa ad-Da'if*, Maktabat al-Matbu' at aal-Islamiya, Alep 1982, S. 213 ff. (Der Autor starb im 14. Jahrhundert, 751 d.H.)
21. Jean Genet, *Le Captif amoureux*, Gallimard, Paris 1986, S. 495

Erster Teil, Kapitel I: Der Muslim und die Zeit

1. A. Khatibi, »Die Araber zwischen Postmoderne und Moderne«, Vortrag bei der Middle East Studies Association, Boston, November 1986
2. Mohammed 'Abed al-Jaberi, *Nahnu wa-t-Thurat*, al-Markaz at-Taqafi al-Arabi, ad-Dar al-Beida und Dar at-Tali'a, Beirut 1980, S. 22
3. Jaberi *Taqwin al-Aql al-Arabi*, Dar at-Tali'a, Beirut, Bd. 1, 1984, Bd. 2, 1986. Das Wort *'aql* zu übersetzen, ist ein schwieriges Unterfangen. Jaberi widmete der Definition dieses Begriffes Seiten seines Werkes, wobei er besonders darauf hinweist, daß es auf keinen Fall mit *fikr* (das Denken) verwechselt werden darf.
4. Jaberi, *Taqwin al-Aql*, Bd. 1, S. 63
5. Serge Moscovici, »Le temps et l'espace social«, Interview, in: *L'Espace et le temps aujourd'hui*, Editions du Seuil, Paris 1983, S. 262
6. Ibid., S. 264
7. Jean-Pierre Roux, »A la recherche de la mémoire«, Zeitschrift *Pénélope*, Nr. 12, Frühjahr 1985
8. M. McLuhan und Quentin Fiore, *The Medium is the message*, New York 1967

»'Wer sind Sie?' 'Ich, ich weiß nicht so recht, wer ich jetzt bin, zumindest wußte ich, wer ich war, als ich heute morgen aufgewacht bin, aber ich glaube, ich habe seither einige Wandlungen durchgemacht.'«

9. Jaberi, *Nahnu wa-t-Thurat*, op.cit., S. 22

10. Idem

11. Ali Umlil, »al-Fitra et l'état de nature, ou une tentative de reconsidérer le système social«, *al-Islahia Wa-d-Dawla l-Wataniya*, (»Reformismus und Nationalstaat«), al-Markaz at-Taqafi al-Arafi, Casablanca 1985, S. 31 ff.

12. Ibid., Kap. 5, »Le mouvement intégriste de l'Etat national«, S. 151

Kapitel II: Der Prophet und die Hadithe

1. Tabari, *Mohammed, Sceau des Prophètes*, Übers. v. Zotenberg, Sindbad 1980, S. 251

2. Ibid., S. 61

3. Ibid., S. 65

4. Ibid., S. 65

5. Abi al-Hassan, *Ali Ahmed Aan-Nissaburi Asbab Aan-Nuzul*, Dar al-Kutub al-Ilmiya, Beirut, 1. Aufl. 1978, S. 7. (Der Autor lebte im 5. Jahrhundert d.H.)

6. Qatada-ibn Sa'ama ad-Dawsi, Kitab Aan-Nasikh wa al-Mansukh, Muassassat al-Rissala, Beirut, 1. Aufl. 1984, S. 52. (Der Autor starb im Jahre 117 d.H.)

7. Ibid., S. 9

8. Vgl. die Einführung von 'Abd Al Kader Ahmed 'ata zu as-Suyutis Buch *Asrar-Tartib al-Qor'an*, Dar al-I'tissam, Kairo, 2. Aufl. 1978, S. 25 ff.; vgl. außerdem as-Suyuti, S. 69 ff. As-Suyuti starb im 15. Jahrhundert, 849 d.H. Vgl. auch Abi al-Hassan, *Ali Ahmed aan-Nissaburi, Asbab Aan-Nuzul*, op.cit., S. 2

9. Eine Äquivalenz zwischen dem muslimischen und dem christlichen Kalender läßt sich nicht einfach herstellen, indem man die Differenz, d.h. 622, hinzuzählt, denn der muslimische Kalender ist ein Mondkalender und folglich kürzer als der christliche Kalender. Das Jahr 1986 entspricht den Jahren 1406-1407 der Hidschra. Die muslimische Zeitrechnung gewinnt gegenüber der christlichen Zeitrechnung jedes Jahr einige Tage und jedes Jahrhundert drei Jahre Vorsprung hinzu. Vgl. Marshall G.S. Hodgson, »The Islamic Calendar«, *The Venture of Islam*, University of Chicago Press, Bd. 1, S. 52

10. Es handelt sich hierbei um die Verse 19 und 20 der Sure 53. Zum Kommentar über die als Teufelswerk verurteilten und aufgehobenen Verse vgl. Tabari, *Tarikh*, Bd. II, S. 226. Vgl. außerdem die hervorragende

Zusammenfassung von Montgomery Watt, »Satanic Verses«, *Mohammed at Mecca*, Oxford University Press, 1953, S. 103 ff.

11. Tabari, op.cit.; Übers. v. Zotenberg, *Tarikh*, Bd. II, S. 231; ibn Hisham, *as-Sira*, Bd. II, S. 63

12. *Sira*, op.cit., Bd. II, S. 60; Tabari, *Tarikh*, op.cit., Bd. II, S. 229

13. *Sira*, op.cit., Bd. II, S. 70

14. Tabari, *Mohammed...*, op.cit., S. 104

15. *Sira*, op.cit., Bd. II, S. 71

16. Ibid., Bd. II, S. 83; Tabari, Bd. II, S. 237

17. As-Suyuti, *Asrar Aan-Nuzul*, op.cit., S. 69

18. *Sira*, op.cit., Bd. I, S. 262

19. Vgl. die ausgezeichnete Studie von Saad Ed-Din Ibrahim, von der ein Teil auf Englisch veröffentlicht wurde: »Anatomy of Egypt's Militant Islamic Groups: Note and preliminary findings«, in: *International Journal of Middle East*, Bd. 12, 1980, S. 423-453

20. Vgl. die Protokolle zahlreicher Konferenzen, die jedes Jahr in der muslimischen Welt zur Frage nach dem Recht des Einzelnen auf Zweifel, Kritik, Eigeninitiative, abgehalten werden. Insbesondere »Tahdith al-Fikr al-Arabi«, Sondernummer der Zeitschrift *al-Wahda*, Nr. 1, Oktober 1984; »At-Turath wa al-Amal as-Siyasi« (Erbe und politisches Handeln), *al-Majlis al-Qawmi li-Taqasa al-Arabia, 1984*

21. Abu Zahra, Malik, Dar al-Fikr al-Arabia, Kairo, S. 146 ff.

22. Idem

23. Tabari, *Mohammed, Sceau des Prophètes*, op.cit., S. 352. Vgl. auch *Sira*, op.cit., Bd. IV, S. 314

24. Tabari, *Mohammed, Sceau des Prophètes*, op.cit., S. 234

25. *Sira*, op.cit., Bd. IV, S. 303 ff.; ibn Saad, *at-Tabaqat*, Bd. III, S. 171 ff.

26. Tabari, *Mohammed...*, op.cit., S. 349

27. Ibid., S. 350

28. Ibid., S. 351; *Tarikh*, op.cit., Bd. III, S. 199; ibn Saad, *at-Tabaqat*, Bd. III, S. 186

29. *Tarikh*, op.cit., Bd. III, S. 51

30. Ibid., S. 192

31. Ibid., S. 51

32. *At-Tabaqat*, op.cit., S. 192

33. Mas'udi, *Murudj ad-Dahab* (»Die Goldenen Prärien«), in der französischen Übersetzung von Ch. Pellat, Centre National de la Recherche Scientifique, Paris 1971, S. 607. Vgl. auch *Tarikh*, op.cit., Bd. V, S. 16

34. *Tarikh*, op.cit., Bd. III, S. 33

35. Ibid., Bd. V, S. 113 ff.

36. Ibid., S. 203

37. *Muruj ad-Dahab*, op.cit., Bd. 3, S. 649 und 667

38. Ibid., S. 683; *Tarikh*, op.cit., Bd. VI, S. 83

39. *Sahih*, op.cit., Bd. I, Einführung, S. 1; ibn Hajar al-Asqalani, *Fath al-Bari*, Bd. I, S. 261, Matha'at Mustapha al-Halahi, Kairo, 1. Aufl. 1963

40. Ibid.

41. Ibid., S. 3. Wie weiter unten zu sehen sein wird, streicht ibn Hajar in seinem Kommentar zu Bukhari, *Fath al-Bari*, noch zahlreiche weitere Wiederholungen und verringert die Sahih von Bukhari auf weniger als 2000.

42. Joseph Schacht, *Introduction au droit musulman*, übers. v. P. Kempf und A. Turki, Maisoan-Neuve et Larose, Paris 1983, S. 39

43. *Fath al-Bari*, Bd. I, S. 265

44. Ibid.

45. *Malik*, op.cit.

46. Ibid., S. 148

47. Idem

48. Taha Hussein, *Fi al-Adab al-Jahili*, Dar al-Maarif, 10. Aufl., Kairo 1969, S. 149 und 150

49. Al-Asbahani, *Kitab al-Aghani* (»Das Buch der Lieder«), Maktabat Dar al-Kutub, Bd. I, S. 23. Al-Asbahani wurde im 10. Jahrhundert (284 d.H.) in Ispahan geboren.

50. Idem

51. Ibn al-Kalbi, *Kitab al-Asnam*, Maktabat Dar al-Kitab, Kairo, 2. Aufl. 1924, S. 18

52. *Fi al-Adab al-Jahili*, op.cit., S. 152

Kapitel III: Ermittlung gegen einen frauenfeindlichen Hadith und seinen Verfasser, Abu Bakr

1. *Sahih*, op.cit., Bd. IV, S. 226; vgl. auch die Ausgabe von al-Matba'a al-Bahiya al-Misriya, 1928, Bd. XIII, S. 46 und Maktabat Mustapha al-Babi al-Halabi bi Misr, 1909, Bd. XVI, S. 166

2. Ibn Hajar al-Asqalani Ac-Chafi'i, *Fath al-Baarii bi Charh Sahib Imam al-Bukhari*, al-Matba'a al-Bahiya, Kairo, Bd. XIII, S. 46

3. Vgl. Marshall G.S. Hodgson, *The Venture of Islam*, University of Chicago Press, 1974, Bd. I, S. 199

4. *Fath al-Baarii bi Charh Sahih Imam al-Bukhari*, op.cit., Ibid.

5. Zu diesem Dilemma und der Spaltung, zu der es geführt hat: Ibid., Bd.

XIII, S. 49. Zu den politischen Hintergründen und den philosophischen Debatten, die, ausgelöst durch die Kamelschlacht, entstanden, vgl. die beeindruckende Beschreibung Tabaris »La Bei'a d'Ali« in *Tarikh*, op.cit., Bd. V, S. 156-225

6. *At-Tabaqat*, Bd. III, S. 159

7. Idem

8. *Fath al-Baarii*, op.cit., Bd. XIII, S. 622

9. Ibn al-Athir, *Usd al-Ghaba*, Bibliographie Nr. 5731, Bd. V, S. 38

10. Ibid., Bd. IV, S. 578

11. Vgl. das Kapitel »Die Sexualität im vorislamischen Arabien« in meinem Buch *Geschlecht, Ideologie, Islam*, in der Übers. v. Marie Luise Knott u. Brunhilde Wehinger, München 1987. Darin gebe ich einige Quellenhinweise; insbesondere werden die Werke von Gertrude Stern und Robertson Smith über die Schriften der Religionsgeschichte erwähnt. Zur Situation der Mutter und Ehefrau im vorislamischen Arabien vgl. auch die Analyse von Ahmed al Haufi, *al-Mara fi achchi'r al-Jahilii* (»Die Frau in der vorislamischen Dichtkunst«), Dar Nahdat Misr, Kairo, Ausg. von 1970, Kap. 1 (Die Mutter), 2 (Die Ehefrau) und 3 (Die Tochter), S. 74-314. Vgl. schließlich Saleh Ahmed al-'Aliy, *Muhadarat fi Tarikh Al Arab*, Bd. 10, »Die Gesellschaftsstrukturen bei den Badwe«, Maktabat al-Muthanna, Bagdad, 6. Aufl. 1960, S. 134 ff.

12. *Usd al-Ghaba*, op.cit., Bd. V, S. 38

13. *Muruj ad-Dahab*, op.cit., Bd. II, S. 380; vgl. auch die französische Übersetzung v. Meynand und Courtelle, Bd. III, S. 646

14. *Tarikh*, op.cit., Bd. V, S. 182

15. *Fath al-Baarii bi Charch Sahih Imam al-Bukhari*, op.cit., Bd. XIII, S. 46

16. Ibid., Bd. XIII, S. 50 u. 51 für die erste Version und S. 44 für die zweite.

17. Vgl. die Analyse von Hamid N. Ansari, »The Islamic Militants in Egyptian Politics«, *Journal of Middle East Studies*, 1984, Nr. 116, S. 123-124

18. *Tarikh*, op.cit., Bd. V, S. 179

19. *Fath al-Baarii bi Charch Sahih Imam al-Bukhari*, op.cit., Bd. XIII, s. 46

20. *Muruj ad-Dahab*, op.cit., in d. Übers. v. Meynand und Courtelle, Bd. II, S. 378

21. Ibid., S. 644

22. *Tarikh*, op.cit., Bd. V, S. 221

23. Ibid., Bd. V, S. 188

24. Bukhari, *Kitab al-Fitna, Sahih*, Verlag Dar al-Maarif, Bd. IV, S. 221 ff.

25. *Muruj ad-Dahab*, op.cit., franz. Übers., Bd. II, S. 379

26. *Tarikh*, op.cit., Bd. V, S. 190

27. *Fath al-Baarii*, op.cit., Bd. XIII, S. 51 ff., *Muruj ad-Dahab*, op.cit., Bd. III, S. 4 ff.; *Mohammed, Sceau des Prophètes*, op.cit., Bd. VI, S. 95

28. *Fath al-Baarii*, op.cit., Bd. XIII, S. 56

29. Ich danke Herrn Professor Ahmed al-Khamlichi für seine Unterstützung bei meinen Nachforschungen zu diesem Kapitel (siehe auch Danksagungen am Ende des Buches).

30. Imam ibn Abd al-Barr, *al-Intiqaa fi fadl at-Talat al-Aimma al-Fuqaha*, Dar al-Kutub al-Ilmiya, Beirut, ohne Datum, S. 16 und 10. Der Autor, ibn Abd al-Barr, starb im 11. Jahrhundert (463 d.H.). Einer der Vorzüge seines Buches ist seine Knappheit: Die Biographien der drei Imams Malik, Safi'i und Abu Hanifa umfassen nur 200 Seiten.

31. *Al-Intiqaa fi fadl at-Talat al-Aimma al-Fuqaha*, op.cit., S. 16

32. Idem

33. Ibid., S. 15

34. *Usd al-Ghaba*, Bd. V, Bibl. 5731, S. 38

35. 'Umar ibn al-Khattab führte die Todesstrafe für Unzucht ein; seine Zeitgenossen waren mit dieser Entscheidung nicht alle einverstanden. Vgl. Bukhari, Bd. IV, S. 146 ff. Näheres über 'Umar erfahren wir im Kapitel über den Islam im Aufruhr: 'Umar war ein unerbittlicher Verfechter des Schleiers, und er mißbilligte die Art und Weise, wie der Prophet seine Frauen behandelte.

36. *Fath al-Baarii*, op.cit., Bd. XIII, S. 47

Kapitel IV: Ermittlung gegen andere frauenfeindliche Hadithe

1. *Sahih*, op.cit., Bd. I, S. 99

2. Imam Zarkachi, *al-Ijaba li-Iradi Ma-Astadrakathu Aicha 'ala as-Sahaba*, Hrsg. Said Afghani, al-Maktab al-Islami, 2. Aufl. 1980, S. 52

3. Idem

4. Imam Nisa-i, *as-Sunan*, op.cit., Bd. I, S. 242

5. Zu der ersten Hidschra (Emigration), bei der eine Reihe von Anhängern des Propheten beschlossen, sich in Äthiopien niederzulassen, vgl. *Sira*, op.cit., Bd. I, S. 344 ff.

6. *Mohammed, Sceau des Prophètes*, op.cit., S. 135. Außerdem *Tarikh*,

op.cit., Bd. II, S. 264, in der frz. Übersetzung aus dem Persischen. Vgl. auch *as-Sunan*, op.cit., Bd. I, S. 242

7. Zur Kritik der Orientalisten an Mohammed vgl. Montgomery Watt in seinen »Criticisms of the claim to prophethoud«, *Introduction to the Qoran*, Bell and Watt, Edinburgh University Press 1977, S. 17 ff. Vgl. auch sein Resumee der Studien der Orientalisten über den Koran und insbesondere die Probleme, denen sie als Nicht-Muslime ausgesetzt sind, *The Qoran and Occidental Scholarship*, Kap. 11 desselben Buches, S. 173 ff.

Bezüglich der Art und Weise, mit der einige Orientalisten die Haltung Mohammeds zur jüdischen Gemeinschaft Medinas analysiert haben, vgl. die Studien, die die politischen und ideologischen Optionen der jeweiligen Autoren deutlich machen: wie die Untersuchung Montgomery Watts im Anhang B, »Arabian Monotheism and Judeo-Christian Influences«, *Mohammed at Mecca*, Oxford University Press, 1953, S. 158 ff.; die Untersuchung Maxime Rodinsons in seinem Kapitel III, »Naissance d'un prophète«, *Mahomet*, Paris 1961, S. 61 ff.; oder auch H.A.R. Gibb in seinem Kapitel II, »Mohammed«, *Islam*, Oxford University Pess Paperback, 1969.

8. Tabari, *Tafsir*, Dar al-Fikr, Bd. XXIV, S. 90

9. *As-Sunan*, op.cit., Bd. I, S. 211

10. Ibid., Bd. II, S. 62

11. *Sahih*, op.cit., Bd. I, S. 199

12. Ibn Hajar, *al-Isaba*, Bibl. 11407, Bd. VIII, S. 18

13. Ibid., Bd. VII, S. 427

14. Koran, Sure 27, »Die Ameise«, Verse 23 und 24. (Es gibt mehrere Übertragungen des Korans; hier wird zum Teil auf die von Ludwig Ullmann, bearbeitet und erläutert von L.W. Winter, 2. Aufl. München 1987 und zum Teil auf die von Rudi Paret, Stuttgart 1979, Bezug genommen.)

15. Abd al-Mon'im Salah, *Défense d'Abu Huraira*, S. 13

16. *Al-Isaba*, op.cit., Bd. VII, S. 426

17. Ibid., Bd. VII, S. 434

18. Ibid., S. 441

19. *al-Ijaba*, op.cit., S. 118

20. *Al-Isaba*, op.cit., Bd. VII, S. 440

21. *Al-Ijaba*, op.cit., S. 112

22. Idem

23. Ibid., S. 112-113

24. Ibid., S. 111

25. Ibid., S. 115

26. *Sunan Aan-Nisa-i*, op.cit., Bd. I, S. 155

27. Ibid., S. 152

28. Ibid., S. 147
29. *Sahih*, op.cit., Bd. III, S. 243
30. *Al-Ijaba*, op.cit., S. 113
31. *Sahih*, op.cit., Bd. III, S. 234
32. Vgl. dazu die Biographie von Abdallah ibn 'Umar in *al-Isaba*, op.cit., Bd. IV, S. 182 ff.
33. *Sahih*, op.cit., Bd. IV, S. 137
34. *Al-Ijaba*, op.cit., S. 37-38
35. Ibid., S. 32
36. Ibid., S. 31
37. Zahiya Kaddura, *Aicha, umm al-Muminin*, Dar al-Kitab al-Lubnani, Beirut 1976
38. *Al-Ijaba*, op.cit., S. 116
39. *Al-Isaba*, op.cit., Bd. VIII, S. 17
40. *Al-Ijaba*, op.cit., S. 120
41. 'Abd al-Mun'im Saleh al-'Aliy al-'Uzziy, *Difaa' 'Aan-Abi Huraira*, Dar al-Qalam, Beirut, und Maktabat Aan-Nahda, Bagdad, 2. Aufl. 1981
42. Ibid., S. 7
43. *Sahih*, op.cit., Bd. I, S. 34
44. *Difaa' 'Aan-Abi Huraira*, op.cit., 2. Aufl., S. 122
45. Idem
46. Abu Zahza, »Ar-Raiy wa al-Hadith«, *Malik*, Dar al-Fikr al-Arabi, Kairo, ohne Datum, S. 146
47. *Al-Isaba*, Bd. VII, op.cit., S. 440
48. *Malik*, op.cit., S. 145
49. *Al-Isaba*, op.cit., Bd. VII, S. 432
50. *Sahih*, op.cit., Bd. I, S. 34
51. Idem
52. Idem
53. *Al-Isaba*, Bd. VII, S. 517
54. Idem

Zweiter Teil, Kapitel I: Der *Hijab*, der Schleier

1. Bezüglich des Jahres stimmen alle Autoren überein, dagegen existieren Abweichungen hinsichtlich des Monats: ibn Saad, *at-Tabaqat*, Bd. VIII, S. 174 und Tabari *Tarikh*, Bd. III, S. 42 (frz. Übersetzung aus dem Persischen von Zotenberg) geben zwar dasselbe Jahr, aber einen anderen Monat für

den Hijab-Vers an. Vgl. auch ibn Hisham, *Sira*, Bd. III, S. 237.

2. Koran, Sure 33, Vers 53

3. Tabari, *Tafsir*, Ausg. Dar al-Ma'zisa, Bd. XXII, S. 26

4. *Tarikh*, Übers. v. Zotenberg, S. 337

5. *Sira*, op.cit., Bd. XI, S. 364

6. *Mohammed, Sceau des Prophètes*, op.cit., S. 150

7. Ibid., S. 156

8. *Sira*, op.cit., Bd. II, S. 285

9. *Mohammed, Sceau des Prophètes*, op.cit., S. 154

10. *Sira*, op.cit., Bd. II, S. 372

11. Mohammed, Sceau des Prophètes, op.cit., S. 191

12. Ibid., S. 201

13. *Sira*, op.cit., Bd. III, S. 64-112

14. *Mohammed, Sceau des Prophètes*, op.cit., S. 209

15. As-Suyuti, *Lubab al-Uqul fi Asbab Aan-Nuzul*, Dar Alhya' al-'Uhm, Beirut, 4. Aufl. 1983, S. 13

16. Ibid., S. 15

17. *Encyclopédie de l'Islam*, Artikel *Hijab*

18. Es gibt eigentlich nur vier »rechtgeleitete« Kalifen: Abu Bakr, 'Umar, 'Uthman und Ali. Mit Mu'awiya, der durch Wahlbetrug an die Macht kam, wurde die Reihe unterbrochen. Die Zahl fünf wird hier folglich nur aus didaktischen Erwägungen gebraucht, um dem Leser das Zurechtfinden zu vereinfachen.

19. *Encyclopédie de l'Islam*, art.cit.

20. Titus Burckhardt, *Introduction aux doctrines ésotériques de l'Islam*, Paris 1969

21. Al-Hallaj, *Diwan*, Paris 1981

22. Ad-Darqaui, *Lettres d'un maitre sufi*, Mailand 1978

23. *Encyclopédie de l'Islam*, art.cit.

24. *Koran*, Sure 41, Vers 5

25. *Tafsir*, op.cit., Bd. XXIV, S. 91

26. Ibid., S. 92

27. Idem

28. Aan-Nissaburi, *Tafsir Gharaib al-Qoran Wa Raghaib Al-Furqan*, Anhang zu *Tafsir al-Qoran* von Tabari, Ausg. Dar al-Ma'rifa, Bd. XXII, S. 18, Beirut 1972

29. *Kitab Ahkam Aan-Nissa*, al-Maktaba A-'Asriya, Beirut 1980

30. Ibid., S. 200

31. Ibid., S. 251

32. Ibid., S. 144

33. Ibid., S. 330

34. Ibn Taymiyya, *Fatawi Aan-Nissa*, Maktabat al-'Irfan, Kairo, 1. Aufl. 1983, S. 5. Der Autor starb im Jahre 728 d.H.

35. Mohammed Ciddiq Hassan Khan, *Husn al-Uswa Bima Tabata Mina al-Lahi fi Aan-Nisswa*, Muassassat Ar-Rissala, Beirut 1981. Der Autor starb Ende des 19. bzw. Anfang des 20. Jahrhunderts, 1307 d.H.

36. *Sahih*, op.cit., Bd. III, S. 254. Der zitierte Vers ist Vers 53, Sure 33.

37. *Sahih*, op.cit., Bd. III, S. 254; ibn Saad, Bd. VIII, S. 173

Kapitel II: Der Prophet und der Raum

1. Tabari, *Mohammed, Sceau des Prophètes*, op.cit., S. 67; *Tarikh*, op.cit., Bd. II, S. 209 ff; ibn Hisham, *Sira*, op.cit., Bd. I, S. 249 ff.

2. *Tarikh*, op.cit., Bd. II, S. 207

3. *Mohammed, Sceau des Prophètes*, op.cit., S. 68

4. Montgomery Watt vertritt die gegenteilige Ansicht in seinem Buch »Mohammed«. Seine These scheint mir jedoch um so unwahrscheinlicher, als alle muslimischen Quellen von »Liebe auf den ersten Blick« beim Propheten sprechen.

5. *Mohammed, Sceau des Prophètes*, op.cit., S. 222

6. Idem

7. *Tarikh*, op.cit., Bd. III, S. 80; *Mohammed, Sceau des Prophètes*, op.cit., S. 248

8. *Mohammed...*, op.cit., S. 325; *Les Prairies d'Or*, op.cit., Bd. III, S. 527

9. *Sira*, op.cit., Bd. II, S. 137

10. Idem

11. Ibid., Bd. II, S. 140

12. Idem

13. Idem. Bei Tabari heißt es in einer Version, auf dem Gelände habe sich ein Dattelfeld und ein Friedhof befunden. Vgl. *Mohammed...*, op.cit., S. 112

14. *Sira*, op.cit., Bd. II, S. 141

15. Idem

16. *At-Tabaqat*, op.cit., Bd. VIII, S. 167; *Sira*, op.cit., Bd. II, S. 143

17. *At-Tabaqat*, op.cit., Bd. VIII, S. 166. *Minbar* ist die Kanzel des Imams in der Mitte der Moschee, von der aus er den besten Überblick beim Gebet hat.

18. Ibid.

19. Ibid.
20. Ibid.
21. Ibid.
22. Ibid.
23. *Mohammed, Sceau des Prophètes*, op.cit., S. 6
24. *Mohammed at Mecca*, op.cit., S. 141
25. *Mohammed, Sceau des Prophètes*, op.cit., S. 103
26. *At-Tabaqat*, op.cit., Bd. VIII, S. 166
27. Ibid., S. 167
28. *Sira*, op.cit., Bd. II, S. 143
29. Ibid., Bd. II, S. 150, Anm. 4
30. Zwar sind sich alle über den Tag und den Monat des Todes Mohammeds einig, nicht jedoch über das Jahr: Bei manchen heißt es, er starb im Jahre 632 (10 d.H.), bei anderen 633 (11 d.H.): ibn Hisham, *Sira*, Bd. 4, S. 291; Tabari, *Tarikh*, Bd. II, S. 188 ff. Ibn Mas'ud führt jedoch in *Les Prairies d'Or*, Bd. II, S. 287, die verschiedenen Versionen auf und zieht sie alle in Zweifel. Was die Übereinstimmungen zwischen der muslimischen und der christlichen Zeitrechnung betrifft, so beziehe ich mich entweder auf die Encyclopédie de l'Islam oder auf Montgomery Watt.
31. *Mohammed, Sceau des Prophètes*, op.cit., S. 341. Die Version Tabaris weicht ein wenig ab: Hierin heißt es, daß der Prophet sein Zimmer verließ und sich zum Minbar »schleppte« (*Tarikh)*, op.cit., S. 196). Vgl. auch *Sira*, op.cit., Bd. VI, S. 302
32. *Sira*, Ibid.
33, Ibid., Bd. IV, S. 297
34. Ibid., Bd. IV, S. 302
35. Idem
36. »Innakunna Sawahibu Yusuf«, vgl. *Tarikh*, op.cit., Bd. III, S. 195; *Sira*, op.cit., Bd. IV, S. 303

Kapitel III: Der Prophet und die Frauen

1. *Koran*, Sure 87, Vers 9
2. *Al-Isaba*, op.cit., Bd. VIII, S. 224
3. Idem
4. Ibid., Bd. VIII, S. 223
5. Idem

6. Idem
7. Idem
8. *Mohammed, Sceau des Prophètes*, op.cit., S. 198
9. *Sira*, Bd. III, S. 96
10. *Fath al-Bari*, op.cit., Bd. VIII, S. 141
11. *Mohammed, Sceau des Prophètes*, op.cit., S. 286
12. *Sira*, op.cit., Bd. IV, S. 47; *Tarikh*, op.cit., Bd. III, S. 121; vgl. auch ibn 'Asakir, *Tarikh Dimasq* (»Geschichte der Stadt Damaskus«), ein den Frauen gewidmetes Werk, hrsg. v. Sakina Chihabi, Damaskus 1981, S. 437
13. *Fath al-Bari*, op.cit., Bd. VIII, S. 141
14. *Tafsir*, op.cit., Bd. XXII, S. 10
15. Idem
16. *Koran*, Sure 33, Vers 36
17. *Tafsir*, op.cit., Bd. XXII, S. 10
18. *Koran*, Sure 4, Vers 7
19. *Tafsir*, op.cit., Bd. VIII, S. 107
20. Idem
21. Zur Sklavenhaltung und den Kriegsgefangenen, vgl.:
– Tabari, *Muhçan*, Ausg. Dar al-Maarif, Hrsg. v. Chakir, Bd. VIII, S. 151 ff.
– Ahmed Mohammed al-Haufi, »As-Sabaya Wa al-Imaa« (Kriegsgefangene und Sklavinnen), *Al Mar-a fi Ach-chi'r Al Jahili* (»Die Frau in der vorislamischen Literatur«), Dar Aan-Nahda, Kairo, 2. Aufl. 1970, S. 464-524
– Die Kapitel von Saleh Ahmed Al 'Ali zur Analyse der »Strukturen der vorislamischen Beduinengesellschaft« (Kap. 9, 10, 11, 12), *Muhadarat fi Tarikh al-'Arab* (»Konferenzen zur islamischen Geschichte«), Maktabat al-Muthanna, Bagdad, 6. Aufl. 1960, Bd. I
– Das Buch von Georgi Zaydan *Tarikh at-Tamaddun al-Islami* (»Geschichte der islamischen Zivilisation«), Verlag und Datum der Veröffentlichung unbekannt
– 'Fuad 'Abd al-Min'im Ahmed, »Das Problem der Sklaverei und das Prinzip der Gleichheit im Islam«, *Mabda-a al-Musawat fi-l-Islam*, Muassassat at-Taqala al-Jamiiya, Alexandria 1972
22. *Al-Isaba*, op.cit., Bd.VIII, S. 258
23. *Tafsir*, op.cit., Bd. IX, S. 255
24. Ibid., Bd. VIII, S. 105
25. *Koran*, Sure 4, Vers 19
26. *Tafsir*, op.cit., Bd. VIII, S. 107
27. Ibid., Bd. VIII, S. 113. Heutzutage erinnert das muslimische Familienrecht noch ein wenig an diese Praxis, und zwar durch das *Khul*: Eine

die sich scheiden lassen will, kann mit ihrem Mann die Zahlung einer bestimmten Summe vereinbaren, damit dieser ihr die Freiheit wiedergibt.

28. *Koran*, Sure 4, Vers 2
29. *Tafsir*, op.cit., Bd. IX, S. 255
30. Ibid., Bd. VIII, S. 235
31. Idem
32. Ibid., Bd. IX, S. 255
33. *Koran*, Sure 4, Vers 13
34. Ibid., Sure 4, Vers 5
35. *Tafsir*, op.cit., Bd. VII, S. 561
36. Ibid., Bd. VII, S. 562-563
37. Ibid., Bd. I, S. 293-295; Bd. III, S. 90 u. 129; Bd. VI, S. 57-60
38. Ibid., Bd. III, S. 90 und 129
39. Ibid., Bd. VI, S. 57
40. Ibid., Bd. VII, S. 560 ff.
41. Ibid., Bd. VII, S. 565
42. Ibid., Bd. VII, S. 567
43. Vgl. die Biographie 'Umars in *al-Isaba*, op.cit., Bd. IV, S. 588
44. *Tafsir*, op.cit., Bd. VIII, S. 266
45. *Koran*, Sure 4, Vers 33
46. *Tafsir*, op.cit., Bd. IX, S. 256
47. Ibid., Bd. VIII, S. 261
48. Vgl. Anm. 21 dieses Kapitels
49. Maurice Lombard, *L'Islam dans sa première grandeur*, Flammarion 1971, S. 212 ff.
50. *Les Prairies d'Or*, op.cit., S. 612
51. Idem
52. Ibid., S. 614
53. Ibid.
54. Tabari *Mohammed, Sceau des Prophètes*, op.cit., S. 309
55. Idem
56. *Tafsir*, S. 261
57. *Koran*, Sure 48, Vers 20
58. *Mohammed, Sceau des Prophètes*, op.cit., S. 97
59. Ibid., S. 290
60. Idem; vgl. auch die sehr detaillierte Beschreibung dieser Schlacht und der Eroberung Taifs in *Sira*, op.cit., Bd. IV, S. 80-141; *Tarikh*, op.cit., Bd. III, S. 165 ff.
61. *Mohammed, Sceau des Prophètes*, op.cit., S. 296
62. Idem

63. Idem
64. Idem
65. Ibid., S. 296
66. Ibid., S. 299
67. Ibid., S. 300
68. Idem
69. Idem
70. Ibid, S. 301; vgl. auch den arabischen Text des *Tarikh*, op.cit., Bd. II, S. 136 ff.
71. *Sira*, op.cit., Bd. IV, S. 130 ff.
72. Montgomery Watt, *Mohammed at Medina*, Oxford University Press, 1956
73. *Koran*, Sure 49, Vers 13
74. *Mohammed, Sceau des Prophètes*, op.cit., S. 320
75. Idem; für weitere Einzelheiten vgl. *Tarikh*, op.cit., Bd. III, S. 245
76. *Mohammed, Sceau des Prophètes*, op.cit., S. 321
77. *Les Prairies d'Or*, op.cit., Bd. III, S. 321
78 Ibid., Bd. III, S. 594
79. *Mohammed, Sceau des Prophètes*, op.cit., S. 321. Zur Person Mussailimas vgl. *Sira*, op.cit., S. 223 ff., S. 247 ff.; *Tarikh*, op.cit., Bd. III, S. 243 ff.; *Muruj*, op.cit., Bd. II, S. 310

Kapitel IV: 'Umar und die Männer Medinas

1. *Al-Isaba*, op.cit., Bd. IV, S. 588; *Sira*, op.cit., Bd. I, S. 366
2. *Sira*, op.cit., Bd. I, S. 367
3. Ibid., S. 366
4. *Muruj ad-Dahab*, op.cit., Bd. II, S. 313; *Les Prairies d'Or*, op.cit., Bd. III, S. 595
5. *Tarikh*, op.cit., Bd. V, S. 27
6. *Muruj ad-Dahab*, op.cit., Bd. II, S. 313; *Les Prairies d'Or*, op.cit., Bd. III, S. 596
7. *Tarikh*, op.cit., Bd. V, S. 27
8. *Sahih*, op.cit., Bd. III, S. 258
9. Idem
10. Idem; vgl. auch *at-Tabaqat*, op.cit., Bd. VIII, S. 186
11. *At-Tabaqat*, op.cit., Bd. VIII, S. 180
12. *Tarikh*, op.cit., Bd. IV, S. 51

13. *At-Tabaqat*, Ibid.
14. *Sahih*, op.cit., Bd. III, S. 258
15. Tabari widmet in seiner arabischen Version des *Tarikh* traditionsgemäß mehrere Absätze der Beschreibung des Propheten, er spricht von der Fülle seiner Haarpracht, seinem langen Hals, seinem energischen Gang, vergißt jedoch das Lächeln, das er in der persischen Version wiederum recht ausführlich beschreibt: *Mohammed, Sceau des Prophètes*, op.cit., S. 337. In der arabischen Version: *Tarikh*, op.cit., Bd. III, S. 185 ff.
16. Tabari *Tafsir*, hrsg. v. Chakir, Bd. IV, S. 409
17. *Koran*, Sure 2, Vers 223
18. Tabari *Tafsir*, op.cit., Bd. IV, s. 405
19. Ibid., Bd. IV, S. 400
20. Ibid., S. 402
21. Ibid., S. 413 ff.
22. *Encyclopédie de l'Islam*, Artikel *'Abd*, (Sklave)
23. Idem
24. *Koran*, Sure 2, Vers 177
25. *Mohammed, Sceau des Prophètes*, op.cit., S. 333
26. Ibid., S. 328
27. Ibid., S. 338
28. *Encyclopédie de l'Islam*, art.cit.
29. Idem
30. Tabari widmet sich ausführlich der Frage der Sklavinnen bei der Erläuterung des Begriffes *Muhçan*, der den Status des Ehemannes definiert. Vgl. *Tafsir*, Bd. VII, s. 151 ff. Entscheidungen in Einzelfällen findet man bei den Verfassern von Biographien wie ibn Saad in *Tabaqat*, ibn Hajar in *Isaba*, ibn al-Athir in *Usd al-Ghaba*. Leider erscheinen diese Angaben selten im Zusammenhang. Es gibt hervorragende Analysen, wie die von Ahmed al-Haufi, die die Frage der Sklavinnen und Kriegsgefangenen anhand der vorislamischen Literatur erläutert sowie die Poesie, die eine mit unseren heutigen Medien vergleichbare Rolle spielte: *al-Mar'a fi Ach-chi'r al-Jahiliy*, Dar Aan-Nahda, Kairo, 2. Aufl. 1970, S. 464-524. Vgl. auch die Kapitel von Saleh Ahmed al-'Ali zur Analyse der »Strukturen der vorislamischen Beduinengesellschaft« in seinen *Muhadharat fi-Tarikh al-'Arabi*, op.cit., Kap. 9.12. Schließlich liefert Georgi Zaydan nicht nur eine Fülle von Informationen, sondern ist auch sehr angenehm zu lesen: *Tarikh at-Tamaddun al-Islami* (»Geschichte der muslimischen Zivilisation«), ohne Angabe von Verlag und Erscheinungsdatum. Er liefert darin eine überzeugende Abhandlung zur Frage der Sklaverei während des sogenannten »goldenen Zeitalters« des Islams, dem 8./9. Jahrhundert, der Abbasidendynastie.

31. Abu l-Hassan al-Maliqi, *al-Hadaiq al-Ghanna' fi akhbari Aan-Nissa*, Tunis 1987, S. 73. Der Autor starb im 12. Jahrhundert.

32. Idem

33. Idem

34. *Sahih*, op.cit., Bd. IV, S. 271

35. *At-Tabaqat*, op.cit., Bd. VIII, S. 174

36. *Koran*, Sure 49, Verse 3 u. 4

37. *Koran*, Sure 49, Vers 2

38. *Les Prairies d'Or*, op.cit., S. 595

39. *Koran*, Sure 4, Vers 34. (Frei übersetzt, denn im Widerspruch zu der von Mernissi zitierten Übertragung heißt es bei Ullmann: »(...) weil Allah auch die einen vor den anderen mit Vorzügen begabte und auch weil jene diese erhalten.«; Anm. d. Übers.)

40. Vgl. Tabari, der dem Gläubigen erklärt, daß die Regeln, die sein Verhältnis zu einer freien Frau bestimmen, andere sind als jene, die seine Beziehung zu einer Sklavin bestimmen: »Jene haben nicht dieselben Rechte bei euch wie die freien Frauen.« Diese Erläuterung gibt er in seinem Kommentar zum Vers 3 der Sure der Frauen über die Polygamie: *Tafsir*, op.cit., Bd. VII, S. 540

41. *Koran*, Sure 4, Vers 34

42. Tabari, *Tafsir*, op.cit., Bd. VIII

43. *Al-Tabaqat*, op.cit., Bd. VIII, S. 205

44. *Koran*, frz. Übertragung von Régis Blachère, Paris 1980, S. 111

45. *Koran*, frz. Übertragung von Denise Masson, S. 106, Beirut 1967

46. Tabari *Tafsir*, op.cit., Bd. VIII, S. 299

47. *At-Tabaqat*, op.cit., Bd. VIII, S. 204

48. *Sahih*, op.cit., Bd. III, S. 259

49. *Tabaqat*, op.cit., Bd. III, S. 204. Benutzt wird der Ausdruck *fasadna*, der auf eine Störung der Sexualität anspielt, genauer eine Störung der ethischen Werte, die der Sexualität zugrundeliegen.

50. *At-Tabaqat*, op.cit., Bd. VIII, S. 204

51. *Sira*, op.cit., Bd. I, S. 369

52. Idem

53. *At-Tabaqat*, op.cit., Bd. VIII, S. 179

54. *Tarikh*, op.cit., Bd. V, S. 16

55. Ibn Saad, der Verfasser des *Tabaqat*, starb ca. 845 n.Chr. (230 d.H.), Tabari starb ca. 922 (310 d.H.).

56. *Tabaqat*, op.cit., Bd. VIII, S. 204

57. *Tafsir*, op.cit., Bd. VIII, S. 290

58. Ibid., Bd. VIII, S. 302

59. Ibid., Bd. VIII, S. 304
60. Idem
61. Ibid., S. 308
62. Ibid., S. 309
63. Ibid., S. 313

Kapitel V: Der Prophet als militärisches Oberhaupt

1. *Tarikh*, op.cit., Bd. III, S. 49
2. Ibid., S. 54
3. Blachère, *Introduction à la traduction du Qoran*, op.cit., S. 180
4. *At-Tabaqat*, Bd. II. S. 355
5. As-Suyuti, *Asrar Tartib Al Qor'an*, Dar al-I'tiçam, Kairo, 2. Aufl. 1978
6. Ibn Hazm, *Nassikh et Mansukh*, Dar al-Kitab al-'Ilmiya, Beirut, 1. Aufl. 1986; As-Suyuti, op.cit.
7. *Nassikh et Mansukh*, op.cit., S. 69. Vgl. auch den Kommentar von Suleyman al-Bindari zu dieser Neuauflage sowie insbesondere die von der klassischen Gliederung ausgehende chronologische Gliederung.
8. Fünfter Monat, wenn man mit Muharram, dem ersten Monat des islamischen Jahres, beginnt. Das islamische Jahr zählt zwölf Monate, der erste ist Muharram und der letzte Dhul-l-Hijja, Ramadan ist der neunte Monat. Da der islamische Monat vom Stand des Mondes abhängt, kann, je nach Jahr, ein und derselbe Monat verschieden lang sein. Innerhalb eines selben Jahres kann die Länge des Monats von der geographischen Lage des Ortes abhängen, an dem man sich aufhält. Was, wie man sich leicht vorstellen kann, zu mancherlei Verwirrung bei den Angabe von Daten führen kann.
9. *Sira*, op.cit., Bd. III, S. 220
10. *Mohammed, Sceau des Prophètes*, op.cit., S. 205
11. Ibid., S. 219
12. *Koran*, Sure 4, Vers 102
13. Ibid.
14. *Sira*, op.cit., Bd. III, S. 231; *Tarikh*, op.cit., Bd. III, S. 46
15. *Sira*, op.cit., Bd. III, S. 225; *Tarikh*, op.cit., Bd. III, S. 44 ff.
16. *Sira*, op.cit., Bd. III, S. 226 u. 235; *Tarikh*, op.cit., Bd. III, S. 44
17. *Mohammed, Sceau des Prophètes*, op.cit., S. 224
18. Ibid., S. 225
19. *Koran*, Sure 33, Vers 12

20. Idem

21. *Mohammed, Sceau des Prophètes*, op.cit., S. 225

22. *Sira*, op.cit., Bd. III, S. 243; *Tarikh*, op.cit., Bd. III, S. 51

23. *Mohammed, Sceau des Prophètes*, op.cit., S. 228

24. *Sira*, op.cit., Bd. III, S. 233 *Tarikh*, op.cit., Bd. III, S. 47

25. *Tafsir*, op.cit., Bd. XXII, S. 40. Bei dem Koranvers handelt es sich um Sure 33, Vers 53. »Belästigen« gibt im übrigen nicht die ganze Bedeutung von *adaa* wieder. Dieses ist vielmehr im Sinne von »angreifen«, »Schmerz zufügen« zu verstehen.

26. Vgl. den Kommentar zum Koran von Nissaburi, *Tafsir Gharaib al-Qoran* im Anhang zum *Tafsir* Tabaris, Dar A-Maarifa, Beirut, 2. Aufl. 1972, Bd. XXII, S. 27

27. Idem

28. *Al-Isaba*, op.cit., Bd. IV, S. 768

29. Nissaburi, S. 27; *al-Isaba*,m op.cit., Bd. IV, S. 768. Die Ängste des Propheten waren also nicht unbegründet.

30. Tabari, *Tafsir*, Bd. XXII, S. 41

31. *Al-Isaba*, op.cit.

32. *Tafsir*, op.cit., Bd. XXII, S. 27

33. *Al-Isaba*, op.cit., Bd. VII, s. 258, Biographie von Rawda, Nr. 11.197. Wenn der Prophet den Sklaven die Freiheit schenkte, so kann man sich fragen, wie es dann kommt, daß er selbst eine Sklavin hatte. Offensichtlich erfolgte die Freilassung der Sklaven weder automatisch noch besonders schnell. Vielmehr erforderte sie eine Reihe von Maßnahmen und Verhandlungen, mit denen ein gewisser Interessenausgleich zwischen den alten und neuen Herren und all jenen, die von einer solchen grundlegenden Veränderung im Zusammenleben der Menschen betroffen waren, hergestellt werden konnte.

34. *At-Tabaqat*, op.cit., Bd. VIII, S. 174

35. Ibid., S. 176

36. *Koran*, Sure 33, Vers 60

37. *Tafsir*, op.cit., Bd. XXII, S. 47

38. *Koran*, Sure 33, Vers 39

39. *Tafsir*, op.cit., Bd. XXII, S. 50

40. Vers 28 der Sure 33 spielt auf die wirtschaftliche Unzufriedenheit an, Vers 51 dagegen besagt eindeutig, daß es sich um sexuelle Unzufriedenheit handelt.

41. Vgl. die Kommentare in ibn Saad, *at-Tabaqat*, Bd. VIII, S. 196 sowie Tabari *Tafsir*, op.cit., Bd. XXI, S. 155 ff.; Bd. XXII, S. 26

42. *Mohammed, Sceau des Prophètes*, op.cit., S. 337

44. *Tafsir*, op.cit., Bd. XXI, S. 157

45. Idem

46. Zu Zaid und Zainab vgl. *Koran*, Sure 33, Vers 37 sowie die Kommentare Tabaris zu diesem Vers, *Tafsir*, Bd. XXII, S. 16 ff.

47. *Tafsir*, Bd. XXII, S. 45

48. *Mohammed, Sceau des Prophètes*, op.cit., S. 253

49. Ibid., S. 255

50. *Tarikh*, op.cit., Bd. III, S. 92 ff., und S. 178

51. *Umm Walad* ist eine Sklavin, mit der offiziell ein intimes Verhältnis existiert, die jedoch nicht verkauft werden kann; die Kinder, die aus einer solchen Verbindung hervorgehen, werden frei geboren und genießen dieselben Rechte wie eheliche Kinder, insbesondere das Namens- und Erbrecht. Vgl. *Encyclopédie de l'Islam*, Artikel »umm Walad«; vgl. auch ibn Saad, *at-Tabaqat*, Bd. II, S. 117

52. *Tarikh*, op.cit., Bd. III, S. 180

53. *At-Tabaqat*, op.cit., Bd. II, S. 116

54. Zur rechtlichen Lage der umm Walad vgl. Sakanya Ahmed al-Berri, *Akham umm-Walad fi Ar-Islam*, ad-Dar al-Qawmiya li-Tiba'a, Kairo 1964

55. *Mohammed, Sceau des Prophètes*, op.cit., S. 238. Vgl. die detaillierten Ausführungen von ibn Hisham, *Siran*, Bd. III, S. 309; Bukhari, *Sahih*, Bd. IV, S. 172; und schließlich Abi al-Faraj al-Isbahani, *Kitab al-Afghani* (»Das Buch der Lieder«), Bd. IV, s. 157

56. *Mohammed, Sceau des Prophètes*, op.cit., S. 239

57. Ibid., S. 240. Es handelt sich um die Verse 2 ff. der Sure 24; ihre Verleumder wurden, wie die neuen göttlichen Gesetze es befahlen, gegeißelt.

Kapitel VI: Der *Hijab* senkt sich über Medina

1. Ibn Saad, *Tabaqat*, op.cit., Bd. VIII, S. 176. Im folgenden Kapitel werde ich genaue Quellenangaben nur für ibn Saad machen, obwohl Tabari, Bukhari und die anderen Autoren zur Frage des Hijab und der ihn betreffenden Verse mehr oder weniger dieselben Verweise geben. Ich beschränke mich auf ibn Saad aus einem einfachen Grund: Er gefällt mir. Ich mag seine Geisteshaltung, seinen Stil, seine Sorgfalt, seine Sensibilität, seine unglaubliche Liebe zum Detail. Neben dem Wissenschaftler spürt man bei ihm die Gegenwart eines Mannes, der seine Feminität nicht verachtete, was

man von den anderen nicht behaupten kann. Dennoch werde ich, um mein Gewissen zu beruhigen, zu Beginn alle verwendeten Quellen zum Hijab aufführen: Tabari *Tafsir*, Bd. XXII, S. 45 ff.; Bukhari, *Sahih*, Bd. III, S. 254 ff.

2. *At-Tabaqat*, op.cit., Bd. VIII, S. 176

3. Sure 24, Vers 33, der, wie ich erinnern möchte, in Medina offenbart wurde.

4. Idem

5. Ibn Hajar, *al-Isaba fi Tamyiiz as-Sahaba*, Bd. VII, S. 517, für die Biographie Unaimas (Nr. 10.869); Bd. VIII, S. 119, für die Biographie Musaibas (Nr. 11.756), mit richtigem Namen Mu'ada.

6. *Al-Isaba*, op.cit., Bd. VIII, S. 120-121; Biographie Nr. 11.756

7. *At-Tabaqat*, op.cit., Bd. VIII, S. 176-177

8. Bukhari, *Sahih*, Bd. III, S. 248. Ich habe bereits versucht, diesen Text in *Beyond The Veil* zu kommentieren, einem Essay über Sexualität und soziale Kontrolle während der ersten Jahrzehnte des Islams. Diese Arbeit wurde unter dem Titel *Sexe, Idéologie, Islam*, Paris 1983 (dt.: *Geschlecht, Ideologie, Islam*, München 1987), veröffentlicht. Damals hatte ich jedoch nicht die Schlüsselfrage zu diesem Text gestellt: Aus welchen gesellschaftlichen Schichten kamen die Frauen, die diese Art der Ehe führten? Man müßte systematisch die Biographien der ersten Muslime durcharbeiten können, zu denen es umfangreiche Literatur gibt, die bis heute jedoch nur in wenigen Analysen untersucht wurde.

9. Vgl. die Untersuchung von Adam Metz, sein Kapitel über »Ethische Werte und Bräuche«, das den sexuellen Sitten im 4. islamischen Jahrhundert (12. christliches Jahrhundert) und insbesondere der Päderastie, den Eunuchen und der Institutionalisierung der Prostitution gewidmet ist, in: *al-Hadar al-Islamiya fi al-Qarn Arabi' al-Hijriy* (»Die islamische Zivilisation im 4. Jahrhundert d.H.«), Kairo, ohne Angabe des Erscheinungsjahres, Bd. II, S. 157-208

10. Nissaburi, *Tafsir Gharaib al-Qoran*, im Anhang zum *Tafsir* Tabaris, Bd. XXII, S. 9

11. *At-Tabaqat*, op.cit., Bd. VIII, S. 117

12. Idem

13. *Koran*, Sure 33, Vers 59

14. Vgl. die hervorragende Veröffentlichung von Ignace Goldziher, »The Arab Tribes and Islam«, *Muslim Studies*, Chicago 1966, S. 40 ff.

Schlußbetrachtung:

1. *Mohammed, Sceau des Prophètes*, op.cit., S. 282. Vgl. die brillante Beschreibung von ibn Saad, *at-Tabaqat*, op.cit., Bd. II, S. 137

2. *Mohammed, Sceau des Prophètes*, op.cit., S. 286

3. Saled Ahmed al-'Ali, »at-Tanzimat, al-Ijtim'ia'inda l-badw«, *Muhadharat fi Tarikh al-'Arab*, Bagdad 1960. Auf S. 139 verweist der Autor auf Koranverse, um zu belegen, daß der Ursprung des *Wa'd* (Kindesmord) religiöser Natur ist (vgl. die Verse 139 und 140 der Sure 6). Er erklärt ebenfalls, daß es lächerlich ist, daraus einen Hinweis auf die entwürdigende und erbärmliche Situation der Frau ablesen zu wollen, »Weil einige Gottheiten Frauen waren!«. Womit er recht hat.

4. Al-Isbahani, *Kitab al-Afghani*, op.cit., Bd. XVI, S. 168-169

5. Zur Ermordung Husseins vgl. Tabari, *Tarikh*, op.cit., Bd. VI, S. 215 ff.; Mas'udi, *Les Prairies d'Or*, op.cit., Bd. III, S. 749. Zu Sakina vgl. die Biographie Aischas von 'Abd Ar-Rahman, *Sakina bint al-Hussein*, Dar al-Kitab al-'Arabi, Beirut, ohne Angabe des Erscheinungsjahres, S. 58 ff.

6. *Kitab al-Afghani*, op.cit., Bd. XVI, S. 143

7. Zur Biographie Sakinas vgl.:

– ibn Saad, *at-Tabaqat*, Bd. VIII, der den Biographien der Frauen gewidmet ist, S. 475

– Abi l-Faraj al-Isbahani, *Kitab al-Afghani* (»Das Buch der Lieder«), Bd. III, S. 361 ff.; Bd. XVI, S. 138 ff.; Bd. XVII, S. 43 ff.; Bd. XIX, S. 155 ff.

– ibn 'Asakir Tarikh, *Madinat Dimashq*, ein Werk, das den Biogaphien der Frauen gewidmet ist, 1. Aufl. Damaskus 1982, S. 155 ff. Der Autor starb im 11. Jahrhundert.

– ibn Hassan al-Maliqi, *al-Hadaiq al-Ghanna' fi Akhbar an-Nissaa* (Biographie der berühmten Frauen während des goldenen Zeitalters des Islams), Tunis, ohne Angabe des Erscheinungsjahres. Der Autor ist im 12. Jahrhundert gestorben.

– ibn Habib al-Baghdadi, *Kitab al-Muhabbar*, al-Maktaba at-Tijariya, Beirut, ohne Angabe des Erscheinungsjahres, S. 439 ff. Der Autor ist im 9. Jahrhundert (245 d.H.) gestorben.

(Diese Liste ist bei weitem nicht erschöpfend.)

8. Vgl. die o.g. Quellen

9. Jean Genet, *Le Captif amoureux*, op.cit., S. 404

10. G. Zaidane, *Tarikh at-Tamadum al-Islami*, ohne Angabe von Erscheinungsort und -jahr, Bd. 5, S. 76

11. Ibid., S. 77

Verwendete Quellen

Zu dieser Studie benötigte ich nicht nur den Koran, die zentrale Schrift der religiösen Literatur, sondern ebenso alle verfügbaren historischen Quellen, die die Entstehung des Heiligen Buches als geschriebenem Text zum Thema haben, insbesondere die zehn Jahre des Propheten in Medina, als Zeitraum, in dem die Offenbarung der meisten Verse über die Frauen erfolgte. Im vorliegenden Anhang werden nur die Werke zitiert, die ich am häufigsten benutzt haben; die übrigen werden in den Anmerkungen erwähnt.

Der Koran

Die herangezogene Koranausgabe

DER KORAN, Übersetzung von Rudi Paret,
Dritte Auflage, Kohlhammer, Stuttgart 1983

Der Tafsir (Kommentar zum Koran) von Tabari

Im *Tafsir*, einem Kommentar zum Koran, wird jeder Vers einzeln untersucht und erhellt. Der Vers wird zunächst im historischen Zusammenhang betrachtet. Anschließend wird jedes noch so geringfügige Wort einer systematischen sprachlichen und grammatikalischen Analyse unterzogen. Da die Mehrzahl der dem Propheten durch Allah eingegebenen Offenbarungen, göttliche Worte, Antworten auf real existierende Probleme waren, mit denen sich der Prophet konfrontiert sah, oder auf Fragen, die ihm die neu bekehrten Anhänger stellten, besteht die Auslegung eines Verses darin, ihn verständlich zu machen, indem die Hintergründe seiner Offenbarung sowie seine grammatikalischen Nuancen und sprachlichen Zusammenhänge untersucht werden.

Tabari, der im Jahre 922 (310 d.H.) starb, nimmt eine herausragende Stellung als *Muffassir* (Kommentator des Korans; wörtlich: jemand, der erklärt) und auch als Historiker ein, denn sein Werk gilt als Denkmal der religiösen Literatur. Tabari, ein Techniker ohnegleichen, zeichnete sich durch seinen einzigartigen Scharfsinn und seine unerbittliche Strenge aus.

Ich bediente mich verschiedener Ausgaben seines Kommentars, weil ich als Laie in Sachen *Fiqh* eine Ausgabe von Tabari benötige, die alle Einzelheiten *Muhaqqaqa* untersucht und von einem zeitgenössischen Autor kommentiert wurde. Leider ist die für meine Zwecke geeignetste Ausgabe, die des hervorragenden Mahmoud Chakir, unvollständig. Er starb, bevor er die gigantische Arbeit, die er sich vorgenommen hatte, vollenden konnte – die Kommentierung, Ergänzung, Auslegung und Einordnung der dreißig Titel des Korankommentars von Tabari.

Für jeden, der häufiger alte arabische Bücher kauft, ist die Qualität des *Muhaqqiq*, des »Textprüfers«, entscheidend; diese läßt den Preis der Ausgabe auf das Doppelte, manchmal auch mehr, klettern. Da diese Bücher vor Jahrhunderten geschrieben wurden, kann nur der *Muhaqqiq* die grammatikalischen und geschichtlichen Informationen liefern, die zum

Verständnis des Textes unterläßlich sind. Für die Bände, die von Chakir nicht kommentiert wurden, mußte ich auf zwei andere Versionen zurückgreifen, deren Kommentare weniger komplex sind. Folgende drei Ausgaben fanden Berücksichtigung:

– TABARI, *Tafsir, Jami'al-Bayan 'an-Ta'-wiil Ayi al-Qoraan*, die von Mahmoud Mohammed Chakir überprüfte Ausgabe, Dar al-Maarif, Ägypten (undatierte Ausgabe), Sammlung »at-Turath al-Islami«, eine 15bändige Ausgabe, von der mir allerdings nur 9 zur Verfügung standen.

– TABARI, *Tafsir, Jami'al-Bayan 'an-Ta'wiil Ayi al-Qoraan*, Verlag Dar al Fikr, Beirut, 1984.

– TABARI, *Jami'al-Bayan fi Tafsir al-Qor-aan*, mit dem *Tafsir Gharaib al-Qor-aan Wa Raghaib al Forq-aan* von Nissaburi, Verlag Dar al-Ma'rifa, Beirut, Ausgabe von 1972.

Abhandlungen zu den Anlässen der Offenbarungen: Asbab an-Nuzul

Neben den Kommentaren zum Koran gibt es Abhandlungen, in denen die *Fuqaha* (Plural von *Fqih*: Religionswissenschaftler) versuchen, Sure für Sure die Anlässe für die Offenbarungen herauszufinden. Die Fachleute dieser Technik betonen, daß bei jeder Sure Auslegungen und Anlässe unterschieden werden müssen. Es muß jedoch festgestellt werden, daß sich immer wieder auf dieselben historischen Gegebenheiten bezogen wird. Der Nutzen dieser Werke liegt in der bis auf das Wesentlichste gekürzten Zusammenfassung der mehrere Dutzend Bände umfassenden Kommentare. Sie haben oftmals nur den Umfang eines einzigen Buches, was sie für den Laien höchst wertvoll macht. Ich habe folgende berücksichtigt:

– AS-SUYUTI, *Lubab an-Nuqul fi Asbab an-Nuzul*, Dar Ihya'al-'ilm, Beirut, 4. Auflage, 1984.

– AN-NISSABURI, *Asbab an-Nuzul*, Dar al-Kutub al-'ilmiyya, Beirut, 1. Auflage, 1986.

Abhandlungen über die Koranverse, die, einigen Experten zufolge, durch spätere, widersprechende Offenbarungen aufgehoben wurden: die *Nasikh* und *Mansukh*

Diese Abhandlungen, von den Fuqaha keineswegs unumstritten, sind von Bedeutung, weil sie zu jeder Sure Auflistungen der Koranverse enthalten, die, den Experten der *Nasikh* und *Mansukh* (aufhebende und aufgehobene Verse) zufolge, durch spätere Offenbarungen ersetzt wurden. So werden beispielsweise sämtliche Verse aufgezählt, in denen die Toleranz gegenüber den Nicht-Muslimen, vorwiegend gegenüber Juden und Christen, durch einen späteren Vers widerrufen wurden, in dem allen »Treulosen« der totale Krieg erklärt wurde. Diese Dokumente dienen, zumindest im Falle der vorliegenden Arbeit, einem besseren Überblick über die Chronologie der Offenbarungen, die zu einem umfangreichen Gutachten Anlaß gab, dem des *tartib al-Qor'an* (Gliederung des Korans). Um aufzuzeigen, welcher spätere Vers durch welchen anderen aufgehoben wurde, ist es nötig, Kenntnis von der Chronologie der Offenbarungen zu haben, was keineswegs einfach ist, da die heute vorliegende chronologische Gliederung des Korans keineswegs der zeitlichen Reihenfolge der Offenbarungen entspricht.

Die meisten Neuauflagen der alten Schriften über die *Nasikh* und *Mansukh* wurden von ausgezeichneten zeitgenössischen Autoren überprüft. Sie verwenden in ihren Kommentaren und Verweisen äußerst nützliche Informationen über die zeitliche Reihenfolge der Suren, da manchmal in derselben Sure Verse aus verschiedenen Perioden enthalten sind. Vorteilhaft ist ihre Kürze, denn sie fassen auf ein paar Dutzend Seiten Informationen aus umfangreichen Werken zusammen, die Dutzende von Bände füllen, die wiederum zum Teil nach wie vor nur in Manuskriptform vorliegen:

– QATAADA, *Kitab an-Nassikh wa-l-Mansukh*, Muassassat Ar-Rissala, Beirut, 1. Auflage 1984. Der Autor starb im 8. Jahrhundert (117 d.H.). Der Muhaqqiq (Überprüfer) ist Salih ad-Dhamin.

– IBN HAZM, *an-Nassikh wa-l-Mansukh*, Dar-al-Kutub al-'Ilmiya, Beirut, 1. Auflage 1986. Ibn Hazm ist ein Autor des 10. Jahrhunderts (geboren im Jahre 384 d.H.). Der Muhaqqiq ist Suleiman al-Bindari.

– IBN AL-JAWZI, *Min 'Ilm an-Nassikh wa-l-Mansukh*, Muassassat Ar-Rissala, Beirut, 1984. Der Autor ist im 8. Jahrhundert (597 d.H.) gestorben. Der Muhaqqiq ist Salih ad-Dhamin.

– IBN AL-BAARIZIY, *Nassikh al-Qor'an wa-Mansukhuh*, Muassassat Ar-Rissala, Beirut, 1983. Der Autor ist im 15 Jahrhundert (738 d.H.) gestorben. Der Muhaqqiq ist Salih ad-Dhamin.

Die Hadithe

Für die Hadithe verwendete ich die Werke Bukharis und Nissais:

– Bukhari, *as-Sahih*, mit zusätzlichem Kommentar von as-Sindi, Dar al-Ma'rifa, Beirut. Da mich die Übersetzung nicht zufriedenstellte, verwendete ich die von O. Koudas, al-Bukhari, Traditions islamiques, Imprimerie nationale, Paris, 1908. Am meisten benutzte ich den dritten Band, der das »Buch der Ehe« enthält.

– Abgesehen von den *Sahih* Bukharis verwendete ich eine vom meisterhaften IBN HAJJAR AL-ASQALANI kommentierte Ausgabe: *Huda as-Sari, Muqaddimat Fath al-Bari*, kurz *Fath*, Maktabat Mustapha al-Halabi, Ägypten, Auflage von 1963.

Der Verfasser wurde im Jahre 773 d.H. geboren und starb 852 d.H. (15. christliches Jahrhundert). 'Asqalani arbeitete mit den Hadithen wie Tabari mit dem Koran, d.h. er nahm sich jeden einzelnen Hadith vor, beleuchtete ihn von allen Seiten, erstellte die Liste der Überlieferer, ermittelte die Umstände, unter denen der Hadith ausgesprochen wurde, und beschrieb die Debatten, die der Hadith auslöste. Die vier Bände Bukharis werden auf diese Weise in den 17 kommentierten Bänden, in denen ibn Hajjar jeden Hadith richtiggehend »inszenierte«, untersucht, in ihre Bestandteile zerlegt und unter die Lupe genommen. Er rekonstruiert das historische Ereignis, weist jedem Überlieferer seine Stelle zu, erklärt uns dessen Beweggründe, läßt ihn wieder hinter die Kulissen treten und holt einen anderen auf die Bühne. Das Werk ist äußerst lebendig geschrieben, es erinnert an eine Kriminalgeschichte oder ein Heldenepos. Sein Vorteil besteht wie bei den meisten alten Schriften der muslimischen Literatur in den sehr detaillierten und vielfältigen Stichwortverzeichnissen, die Verzeichnisse der Orte, Personen, Stämme, Schlachten usw. beinhalten, die einen verhältnismäßig leichten Zugang zum gesuchten Hadith ermöglichen.

– AN-NISSAI, *as-Sunan*m mit einem zusätzlichen Kommentar von as-Suyuti und den Anmerkungen des Imams as-Sindi, al-Matb'a al-Misriya, al-Azhar, undatierte Ausgabe.

Bücher zur Religionsgeschichte

Demjenigen, der sich für Religionsgeschichte interessiert, kann es geradezu schwindlig werden, befaßt er sich mit der Geschichte des Islams. Nicht nur wegen der großen Zahl der vorhandenen Quellen, sondern auch wegen ihrer Vielfalt und der Qualität des Erzählten. Die Persönlichkeit des Historikers bestimmt den Ton. Häufig handelt es sich um dieselben Ereignisse, die sie zu beschreiben versuchen.

Da ist zunächst die *Sira*, die Biographie des Propheten, die sein öffentliches und privates Leben sowie seine Expeditionen beschreibt.

Eine andere Form der Geschichtsschreibung, die sich als sehr nützlich erwiesen hat, sind die Biographien der *Sahaba* (Schüler). Sie liefern ein detailliertes Bild von der Abstammung der Schüler beiderlei Geschlechts und beschreiben die für ihr privates und öffentliches Leben einschneidenden Ereignisse. Dies ist z.B. der Fall bei ibn al-Athir und 'Asqalani.

Schließlich sind da noch die allgemeinen Geschichtsbücher, die dieselben Ereignisse aufnehmen, jedoch oft in chronologischer Reihenfolge, so z.B. die Werke Tabaris. Bei Tabari ist von besonderem Nutzen, daß er die Ereignisse nach Jahren gliedert. Die sehr detaillierten Stichwortverzeichnisse, die oft einen ganzen Band umfassen, gestatten es dem Laien, sich in den drei Hauptthemenbereichen der religiösen Literatur zurechtzufinden: dem Leben des Propheten, dem Leben der Schüler sowie den historischen Ereignissen.

Die Sira, Biographie des Propheten

– BNU HISHAM, *as-Sira an-Nabawiya* (»Die Biographie des Propheten«), Dar Ihya at-Turat al-Arabi, Beirut, undatiert. Bnu Hisham starb im Jahre 833 (218 d.H.).

– BNU SAAD, *at-Tabaqat al-Kubra*, Dar Sadir, Beirut, undatiert. Bnu Saad starb im Jahre 845 (230 d.H.). Der achte Band des *Tabaqat* ist den Lebensläufen der weiblichen Schüler gewidmet.

– Die Geschichte Tabaris, *Tarikh al-Umam Wa l-Muluk*, Dar al-Fikr, Ausgabe von 1979. Bezog ich mich auf dieses Werk, gab ich lediglich *Tarikh* an, gefolgt von der entsprechenden Bandnummer, denn der *Tarikh* (Geschichte) Tabaris ist nicht zu verwechseln mit seinem *Tafsir*, dem Kommentar. Abgesehen von der Biographie des Propheten, übersetzte ich vom Arabischen ins Französische. Für den biographischen Teil verwendete ich die Übersetzung Zotenbergs aus dem Persischen: Tabari, *Mohammed, Sceau des prophètes*, übersetzt von Hermann Zotenberg, Sindbad, 1980.

– AL MAS'UDI, *Muruj ad-Dahab*, Dar al-Ma'rifa, Beirut, Ausgabe von 1982. Mas'udi ist im Jahre 956 (346 d.H.) gestorben.

Die Biographien der Schüler

– IBN HAJJAR AL 'Asqalani, *as-Isaba fi Tamyiiz as-Sahaba*, Maktabat ad-Dirasat al-Islamiya, Dar an-Nahda, Kairo. Ibn Hajjar starb im 15. Jahrhundert (852 d.H.).

Die anderen Quellen werden im laufenden Text genannt.

– IBN AL ATHIR, *Usd al-Ghaiba fi-tamyiiz as-Sahaba*, Dar al-Fikr li -t-tiba'a wa -t-tawzi', undatiert. Der Autor starb im 13. Jahrhundert (630 d.H.).

Chronologie

In der folgenden Übersicht erhält der Leser die wichtigsten Daten, die er benötigt, um die Ereignisse einzuordnen. Ich gebe das Datum oft in beiden Zeitrechnungen an, der muslimischen und der christlichen. Die entsprechenden Daten der beiden Zeitrechnungen finden sich in der *Shorter Encyclopedia of Islam* (Gibb and Kramers Editors, Cornell University, Ithaca, New York) oder der »Chronology of Muhammad's Career«, *Introduction to the Qoran* (Edinburg University Press, 1970, S.15), von Richard Bell und Montgomery Watt; besonders empfehlenswert ist auch der Kalender von Marshall G.S. Hodgson, *The Venture of Islam* (University of Chicago Press, Auflage von 1974, vor allem Band 1).

Merken muß man sich, daß 1987 dem Jahr 1407-1408 unseres muslimischen Kalenders entspricht, da die muslimische Zeitrechnung mit der Hidschra, der Emigration des Propheten von Mekka, seiner Geburtsstadt, nach Medina im Jahre 622 beginnt. Da der arabische Kalender ein Mondkalender ist und die Monate dementsprechend kürzer sind, kann man nicht einfach von einem Kalender zum anderen springen, indem man 622 hinzuzählt oder abzieht, denn der arabische Kalender holt in jedem Jahrhundert um mehrere Monate auf.

– Um das Jahr 570 n.Chr.: Geburt des Propheten.

– 579: Tod des großen persischen Kaisers Chusro Nushirvan. Zu diesem Zeitpunkt befindet er sich im Krieg mit der anderen Großmacht des Gebietes, dem Römischen Reich. Im

Schatten dieser zwei Mächte erblickt der Islam das Licht der Welt.

– 595: Mohammed heiratet Chadidscha.

– 610: Mohammed erhält die erste Offenbarung.

– 610 – 641: Herrschaft von Heraklius, der das Römische Reich neu gliedert.

– 613: Mohammed beginnt, öffentlich in Mekka zu predigen.

– 613: Erste Auswanderungswelle von in Mekka verfolgten Muslimen nach Abessinien. Mohammed befindet sich jedoch noch in seiner Geburtsstadt. Er predigt weiter zu den polytheistischen Mekkanern und stößt zunehmend auf Widerstand.

– 619: Tod Chadidschas, der Frau des Propheten, und seines Onkels und Verbündeten, Abu Talib, Oberhaupt des Klans der Banu Hashim – der Sippe des Propheten. Der Prophet befindet sich mittlerweile in Gefahr und versucht, Mekka zu verlassen.

– 619: Die Perser besetzen Ägypten.

– 621: Erste Kontaktaufnahme Mohammeds mit den Medinensern.

– 622: Hidschra (Immigration). Mohammed verläßt Mekka und geht nach Medina. Er ist nach manchen Quellen 40 Jahre alt, nach anderen 43. Das erste Jahr der Hidschra ist das erste Jahr des Arabischen Kalenders.

– 622: Heraklius fällt in Persien ein.

– 624: Schlacht von Badr. Den Muslimen gelingt, es, ihre Angreifer, die Mekkaner und deren Verbündeten, in die Flucht zu schlagen, trotz deren zahlenmäßiger Überlegenheit.

– 625: Schlacht von Uhud. Die Mekkaner greifen Mohammed erneut an, fest entschlossen, ihn zur Aufgabe zu zwingen. Sie greifen in Uhud an, einer Berggegend nahe Medina,

Mohammed und seine Männer unterliegen. Katastrophe von Uhud.

– 627 (5 d.H.): Grabenschlacht. Die Mekkaner belagern Mohammed direkt in Medina.

– 628: Vertrag von Hudaibiya: Mohammed unterzeichnet einen Waffenstillstand mit Mekka.

– 630 (8 d.H.): Mohammed besetzt Mekka und sendet eine erste Expedition nach Mu'tah aus, an die syrische Grenze.

– 632: Tod des Propheten. Er stirbt am 8. Juni 632, dem 13. des Monats Rabi' al-awwal im Jahre 9 d.H. Zehn Jahre lang hat er in Medina gelebt; dies ist der Zeitraum, auf den sich die vorliegende Arbeit bezieht.

– *Abu Bakr: erster »rechtgeleiteter« Kalif.* Nach dem Tod des Propheten versammelten sich die mächtigsten Männer Medinas, um seinen Nachfolger zu bestimmen. Erster Kalif des Islams wurde Abu Bakr. Er stand dem Propheten, der seine Tochter Aischa geheiratet hatte, sehr nahe. Er starb im August 634 (22. des Monats Dschumada l-ahira im Jahre 13 d.H.).

– *'Umar, zweiter »rechtgeleiteter« Kalif.* Wie Abu Bakr hatte 'Umar ibn al-Khattab dem Propheten seine Tochter, Hafsa, zur Frau gegeben. Im Gegensatz zu Aischa war diese jedoch eine eher unscheinbare Persönlichkeit. 'Umar wurde nach dem Tod Abu Bakrs zum Kalifen ernannt; er blieb es bis November 644 (Dhu-l-Hidscha des Jahres 23 d.H.). Er wurde inmitten der Moschee ermordet.

– *'Uthman, dritter »rechtgeleiteter« Kalif.* 'Uthman ibn Affan wurde 644 (23 d.H.), nach der Ermordung 'Umars, zum Kalifen ernannt. Er war Kalif bis zum Jahre 655 (Ende 35 d.H.), als er selbst in seinem eigenen Hause von einer Gruppe Aufständischer ermordet wurde.

– *'Ali, vierter »rechtgeleiteter« Kalif*. Die Ernennung Ali ibn Talibs zum vierten »rechtgeleiteten« Kalifen im Juni 656 (Dhu-l-Hidscha des Jahres 35 d.H.) wurde angefochten. Der Beginn seiner Herrschaft war von Unruhen überschattet, die einen Bürgerkrieg zur Folge hatten sowie einen seltsamen Schiedsspruch, der seinem Kalifat und der »Rechtsgläubigkeit« der politischen Macht im Februar 658 (Ramadan des Jahres 37 d.H.) ein Ende bereitete.

Die muslimische Welt wird für immer zweigeteilt, in Schiiten (Spalter), bedingungslose Anhänger Alis, und Sunniten, die das Ergebnis des manipulierten Schiedspruches und die Ernennung Mu'awiyas zum Kalifen annehmen. Während Ali der Vetter des Propheten war und wie er Mitglied des Klans der Bani Hashim – einer der Sippen des Stammes von Quraish – gehörte Mu'awiya einem rivalisierenden Zweig dieses Stammes an, dem Klan der Banu Omaiya. Daher der Name Omaiyaden, einer Dynastie, die Mu'awiya einleitete. Es gab keinen fünften »rechtgeleiteten« Kalifen; Mu'awiya hatte die Kette der von den Muslimen als »orthodox« ernannten Kalifen unterbrochen – eine Art Ernennung durch Kooptation innerhalb einer kleinen Gruppe der Führungselite. Mit Mu'awiya wird der politische Islam zur Dynastie.

– Ali wurde im Januar 661 (Ramadan des Jahres 40 d.H.) ermordet.

GENEALOGIE MOHAMMEDS

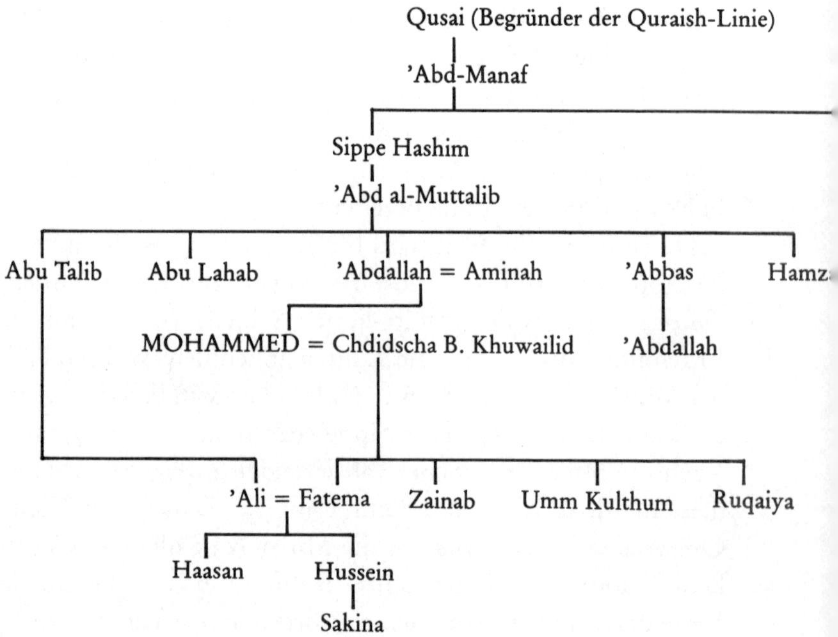

Der Prophet hatte vier Töchter von Chadidscha bint Khuwailid (die Söhne waren früh gestorben). Fatima heiratete seinen Cousin Ali, der später vierter »rechtgeleiteter« Kalif werden sollte.

Ruqaiya heiratete 'Uthman ibn 'Affan, der nach ihrem Tod ihre Schwester umm Kulthum ehelichte. 'Uthman wurde dritter »rechtgeleiteter« Kalif.

Die Rivalität zwischen der Sippe Hashim und der Sippe Abd Shams, besser bekannt unter dem Namen Omaiyaden, konzentrierte sich während der ersten muslimischen Genera-

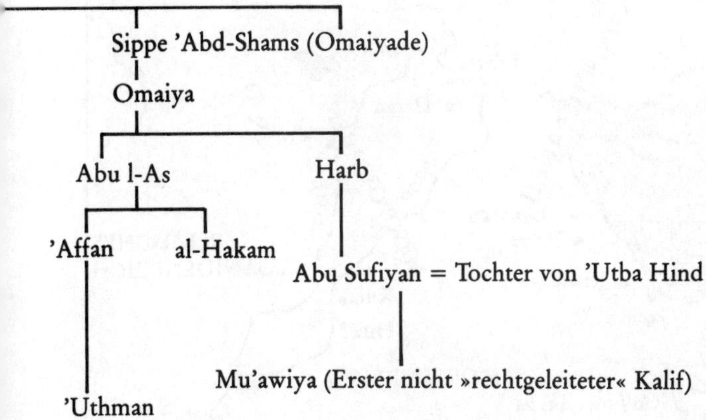

tion auf das gegnerische Paar Mohammed (Anführer der Muslime) und Abu Sufiyan (Anführer des antimuslimischen Mekka). In der darauffolgenden Generation wurde diese Rivalität zwischen Ali (Haschemit) und 'Uthman, später Mu'awiya, beide Omaiyaden, fortgesetzt. Der erste Bürgerkrieg war unter anderem ein Kampf zwischen den Anhängern Alis und denen, die Rache für 'Uthman forderten. Mit Mu'awiya gelangten die Omaiyaden nicht nur an die Macht, sondern machten aus ihr eine Familienangelegenheit und begründeten somit die Omaiyaden-Dynastie.

Karte Arabiens zu Beginn der Hidschra

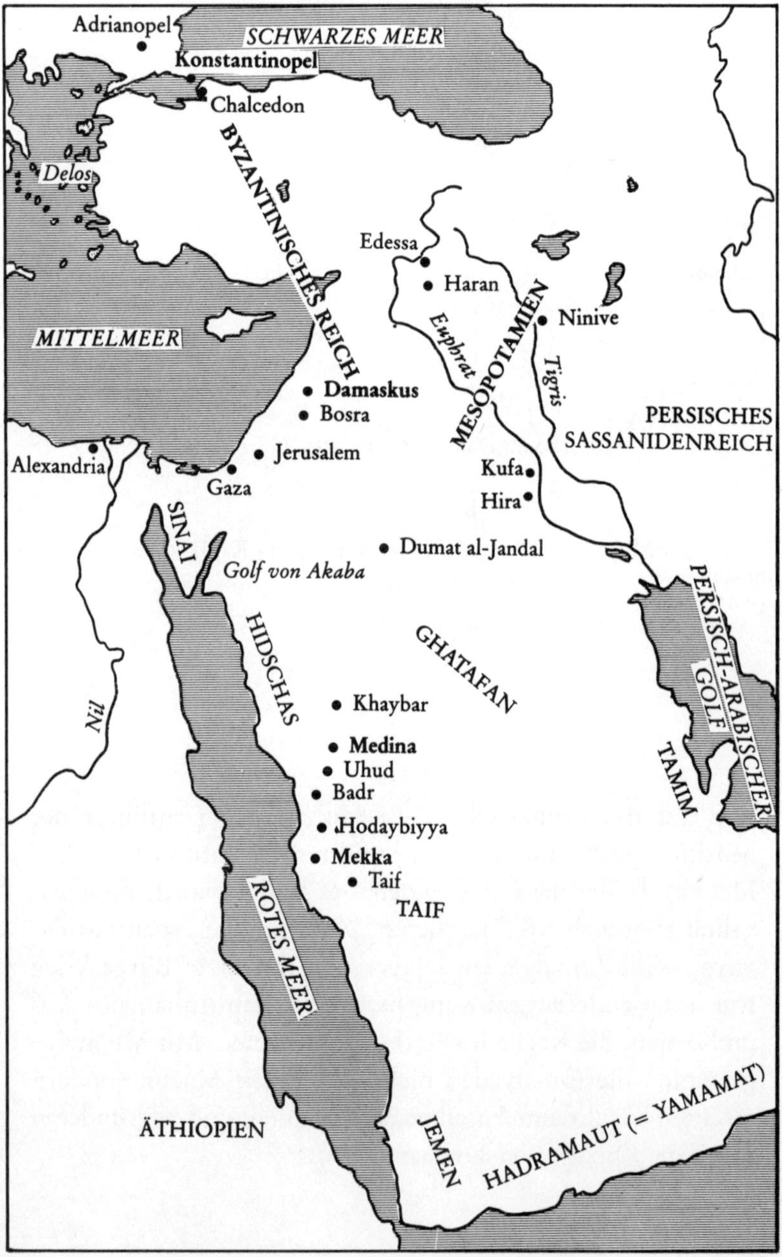

Danksagungen

Besonderen Dank für ihre Unterstützung bei meinen Nachforschungen schulde ich den Kollegen von der Universität Mohammed V., Alem Moulay Ahmed al-Khamlichi und dem Philosophen 'Ali Oumlil, der mir den wichtigen Hinweis gab, die Gliederung des Korans und die Datierung der Suren sowie einige Quellen zur traditionellen Methodologie beim Umgang mit den Heiligen Schriften zu berücksichtigen. Moulay Ahmed Khamlichi hat mir mit Rat und Tat zur Seite gestanden und mich mit einer unter Kollegen seltenen Geduld unterstützt, besonders bei der Ausarbeitung der Kapitel II, III und IV über die Hadithe, wobei er mir seine eigenen Bücher zur Verfügung gestellt und die entsprechenden Seiten gekennzeichnet hat. Ich muß gestehen, daß ich selbst vielleicht weniger großzügig gewesen wäre, da seit dem Krieg im Libanon, der die Preise für arabische Bücher in schwindelerregende Höhen getrieben hat, die Wahrscheinlichkeit, ausgeliehene Bücher jemals wieder zu Gesicht zu bekommen, rasant abgenommen hat. Professor Khamlichi lehrt an der juristischen Fakultät der Universität Mohammed V. Er ist auch als *Alem* (Religionswissenschaftlicher) Mitglied des Rates der Ulemas der Stadt Rabat und Spezialist für Fragen, die die Rolle der Frau im Islam betreffen. Ihm verdanke ich die Idee zu dieser Arbeit, denn aufgrund einer vom Fernsehen übertragenen Konferenz aus der Moschee von Rabat, bei der er anläßlich der Fastenversammlungen des Monats Ramadan vor Seiner Majestät König Hassan II. seine Ansichten über den Umgang des Gläubigen mit dem Heiligen Buch darlegte, hielt ich es für notwendig, mich erneut mit den Schriften auseinanderzusetzen.

Ich danke auch Herrn Bou'nani, dem Leiter des Instituts Ibn-Rushd an der philosophischen Fakultät von Rabat für seine ausdauernde und geduldige Unterstützung. Er hat mir lange Wartezeiten beim Suchen und Einsehen von Dokumenten in der Seminarbibliothek der philosophischen Fakultät und der Städtischen Bücherei von Rabat erspart. Weiterhin bin ich Herrn Mustapha Naji, meinem Buchhändler, zu Dank verpflichtet, mit dem ich einen lebhaften intellektuellen Austausch und eine, für meinen Geschmack allerdings manchmal zu leidenschaftliche Debatte über die Zukunft des muslimischen Erbes führte, die nichtsdestotrotz sicherlich sehr fruchtbar war. Außerdem danke ich Frau Dalili, die sich während der langen Monate der Nachforschungen und des Schreibens des vorliegenden Buches um die täglich anfallenden Arbeiten gekümmert hat, sowie Frau Claire Delannoy, der ersten nicht-muslimischen Lektorin dieses Buches, durch die sich das so problematische Verhältnis zwischen Autor und Verleger zu einem regen kulturellen Austausch entwikkelte.

Mewlana Dschelaleddin Rumi

Das Meer des Herzens geht in tausend Wogen

Ghaselen

96 Seiten, Fran. Br., DM 19.80

Neuerdings besitzen wir eine sehr schöne Ausgabe von jenen einundsiebzig durch Rückert übertragenen Ghaselen des Dschelaleddin, mit einem Nachwort aus dem man alles Wissenswerte über Leben und Werk des Dichters und Mystikers erfahren mag.

Frankfurter Allgemeine Zeitung vom 2. Juli 1988

Rumi, der polyglotte Weise aus Konya, verfaßte sein Werk, das einige tausend Verse mehr enthält als die beiden Homerischen Epen, in persischer Sprache, der vorherrschenden in der islamischen Literatur jener Epoche. Das charakteristische Formmerkmal der Ghaselen, die Ekstatisches und Ornamentales gleichermaßen vermitteln, ist der Reim, der in der persischen Poetik eine andere Rolle spielt als in der abendländischen. In den Übersetzungen wurde der einheitliche Reim beibehalten. Mit dem vorliegenden Versband Rumis weist der Dağyeli Verlag im Rückert-Jahr '88 auf den großen Orientalisten aus Coburg hin, der wesentlich dazu beigetragen hat, das Interesse an fremden Kulturen zu wecken.

Kieler Nachrichten vom 26. Juli 1988

Yunus Emre

Das Kummerrad / Dertli Dolap

Gedichte in zwei Sprachen

96 Seiten, Fran. Br., DM 17.80

Die mystische Dichtung des Yunus Emre, der um die Wende vom 13. zum 14. Jahrhundert lebte, zählt zu den Grundpfeilern der türkischen Literatur. Er war einer der ersten Dichter, die die türkische Volkssprache überhaupt benützten und so eine Symbiose von türkischer und islamischer Tradition zustande brachten. Nicht ganz ein François Villon, aber dennoch universell und in seinen mystischen Paradoxien kritisch und distanziert seiner Zeit gegenüber, ist er in erster Linie Volksdichter geblieben.

Süddeutsche Zeitung vom 21./22. März 1987

İsmail Raji al Faruqi (Hrsg.)

Judentum, Christentum, Islam
Trialog der Abrahamitischen Religionen
Aus dem Amerikanischen von Anton Josef Dierl
144 Seiten, Br., DM 18.80

Dieses Buch nennt in seinem Untertitel eine erste Gemeinsamkeit: »Abrahamitische Religionen«. Bei allen dreien spielt der Glaube Abrahams eine große Rolle. Alle drei sind außerdem »Buchreligionen«. Alle drei bekennen sich zu dem einen Gott. Die unmittelbare Nachbarschaft mit Moslems verschiedener Nationalität sollte uns reizen, ihren Glauben endlich etwas genauer kennenzulernen. Dieses Buch ist eine Möglichkeit dazu.

Amtsblatt der Evangelischen Kirche in Hessen und Nassau, Nr. 4/1987

Judentum, Christentum und Islam haben die Geschichte unserer Welt stark geprägt. In diesem Buch, in dem es nicht um eine systematische Darstellung geht, werden charakteristische Grundzüge dieser drei Weltreligionen aufgezeigt.

ADVENTECHO, März 1987

Anton Josef Dierl

Geschichte und Lehre des anatolischen Alevismus-Bektaşismus
286 Seiten, Br., DM 29.80

Das Standardwerk über die Bektaschi-Derwische und damit über die türkischen Aleviten ist das Buch »The Bektashi Order of Dervishes« von dem britischen Orientalisten J. K. Birge. Auf seinen Spuren bewegt sich im wesentlichen Anton Josef Dierl mit seiner »Geschichte und Lehre des anatolischen Alevismus-Bektaschismus«. Er hat aber auch türkische Quellen ausgewertet. Es ist seit geraumer Zeit die erste umfassende religionsgeschichtliche und religionsphänomenologische Untersuchung dieser Richtung des Islam, die von vielen Türken heute verdrängt, von vielen auch gar nicht mehr gekannt wird.

Frankfurter Allgemeine Zeitung vom 25. Juni 1986